東南亞

與海洋

東南亞

與海洋

半島之龍

越南脫離中國追求自由與認同的原動力

小倉貞男——著
林巍翰——譯

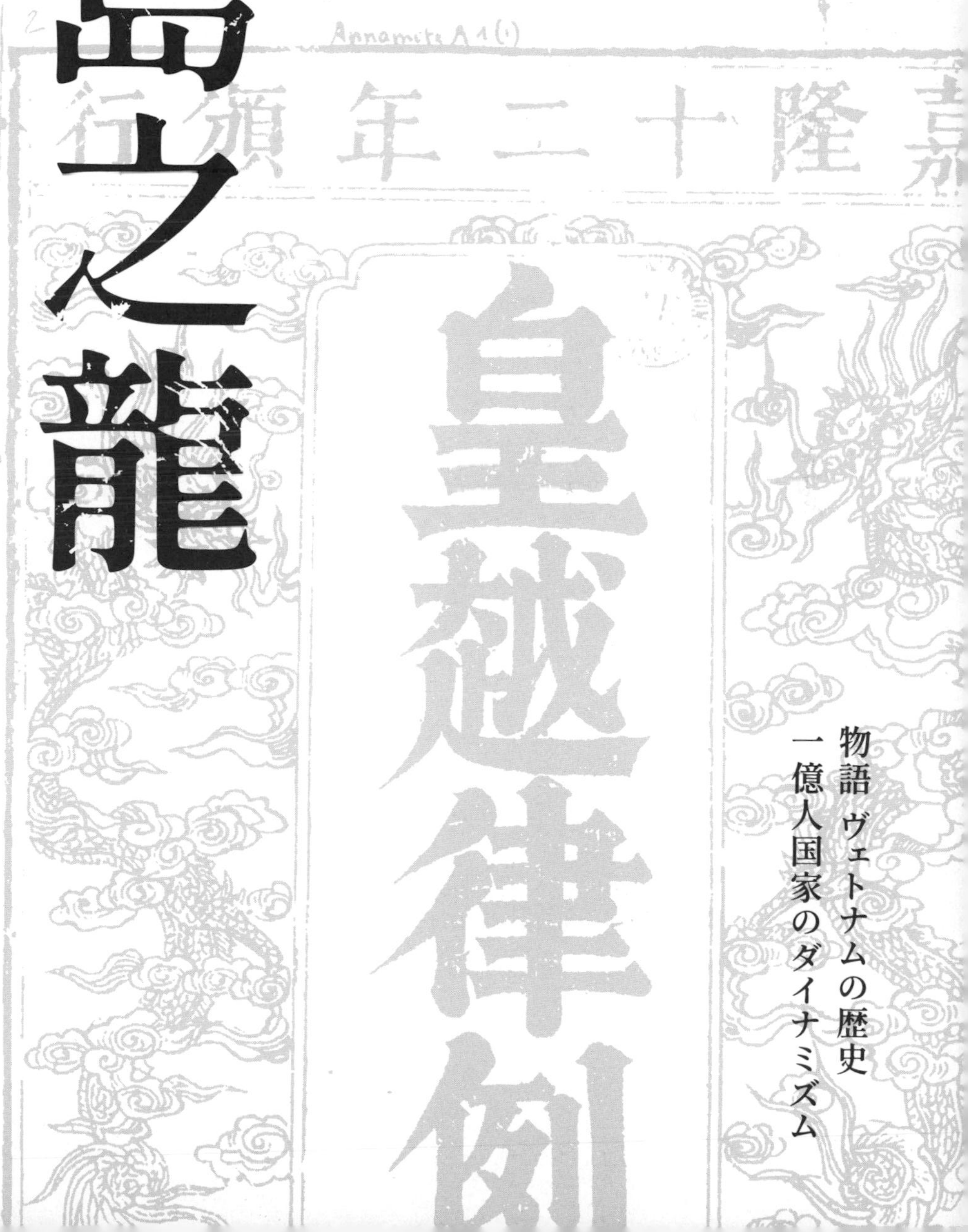

物語ヴェトナムの歴史
一億人国家のダイナミズム

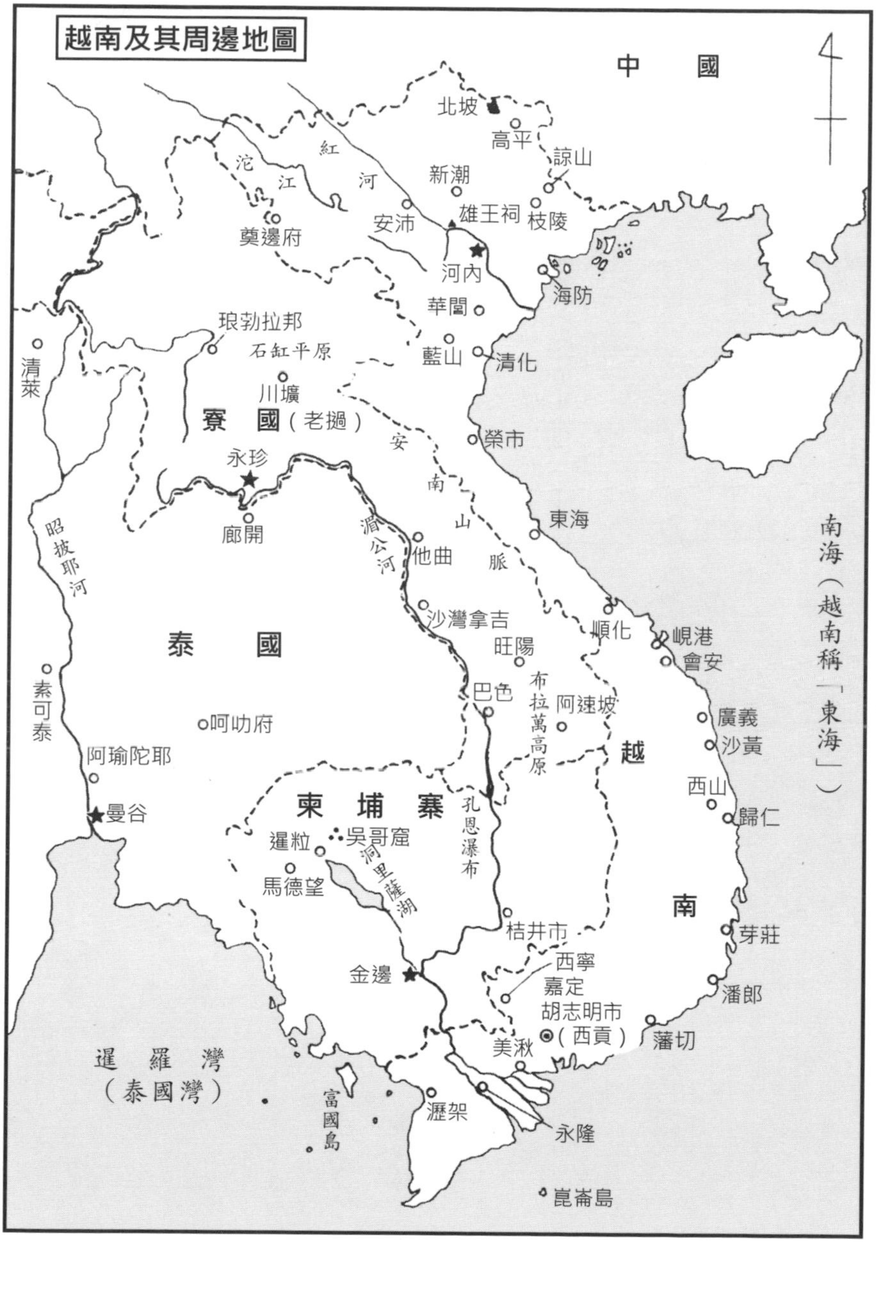
中國
北坡
高平
諒山
新潮
沱
江
紅
河
雄王祠
枝陵
安沛
奠邊府
河內
海防
華閭
琅勃拉邦
石缸平原
藍山
清化
清萊
川壙
寮國（老撾）
安
南
山
脈
榮市
永珍
東海
廊開
昭披耶河
湄公河
他曲
沙灣拿吉
順化
峴港
會安
泰國
旺陽
南海（越南稱「東海」）
巴色
布拉萬高原
阿速坡
素可泰
呵叻府
廣義
沙黃
越
阿瑜陀耶
西山
東埔寨
孔恩瀑布
歸仁
曼谷
暹粒
吳哥窟
洞里薩湖
馬德望
南
芽莊
桔井市
西寧
金邊
嘉定
潘郎
胡志明市（西貢）
藩切
美湫
暹羅灣（泰國灣）
富國島
瀝架
永隆
崑崙島
越南及其周邊地圖

目次

第四章 法國殖民地時代

推薦序一

我的越南史，以及台灣（人）的越南史

張正／「燦爛時光」東南亞主題書店創辦人

如果算得寬一點，我自己的越南史，可以從大學時代說起，只是，當時的我還不知道。

那時，常常去學校附近的燒臘店吃飯，老闆講的是廣東國語，我以為他們來自香港。直到大約十五年之後，我因為要辨越南文《四方報》，才知道燒臘店的老闆是越戰結束後、從越南來到台灣的廣東華人。而「四方報」這個名字，也是一位通曉越南文的燒臘店老闆所建議的。

▼越南初體驗

從我在二〇〇〇年就讀國立暨南大學（以下簡稱「暨大」）東南亞研究所之後，才算接觸到真正的越南。當時是越南婚姻移民來台的高峰期，每年約有一萬名，各地的越南河粉店如雨後春筍紛紛出現，光是暨大所在的埔里小鎮，就有三、四間。

「愛娣越南河粉」是暨大的師生最常光顧的店，老闆愛娣是從越南胡志明市結婚來台的所謂「越南新娘」。她精明幹練，國語、閩南語、廣東話、越南話都通，生意嚇嚇叫。因為我要做田野研究，所以常常待在她的店裡閒聊，彼此算得上是朋友。

在讀研究所之前，我已經在報社工作多年，想要學以致用，於是向愛娣徵詢：「我們來做一份中文、越文對照的刊物好嗎？可以給越南的姊妹們看。」不料，我的善意被愛娣嗤之以鼻地回覆：「她們那些『越南妹』不看報紙啦！」

我默默地抹去鼻子上的灰，心裡納悶：「如果她們是『越南妹』，那妳不也是？」隨即，我懂了。我以為她們都是「越南人」，但愛娣是來自越南的「華人」，兩者之間有著不可逾越的差異。

關於越南，我知道的太少。

▼前進越南

就讀研究所期間，我數度前往越南做田野調查，最長的一次待了四個月，在胡志明市人文與社會科學大學學習越南文。這次的學習歷程和之前一群台灣師生鬥陣作伙的情形很不一樣，少了一群說中文的同伴，也沒有接待的台商或通曉中、越雙語的同學，我成了孤家寡人的「他者」，聽不懂周圍的語言，看不懂街上的招牌，棲棲遑遑。

越南的街道多半以越南人名或歷史事件來命名。我不熟悉越南史，看了沒啥感覺，也看不出什麼明確規則。粗略地說，比較寬闊、重要的幹道會以比較厲害的人或事來命名，例如兩度擊退蒙古大軍的民族英雄「陳興道」，以他之名的街道就又寬又大；相反地，傳聞中曾與胡志明有一段情、後來遭法國殖民當局殺害的「阮氏明開」，以她之名的街道就顯得窄小。不過就算窄小，既然名字能被拿來當作街道名稱，一定也是個重要的角色吧。

雖然語言不通，但只要豎起耳朵、罩子放亮，還是能知道點什麼。除了胡志明市人文與社會科學大學的越南師生之外，與我雞同鴨講的對象還包括房東太太、巷口的摩托車司機、路邊攤小販、理髮店師傅、書店店員等，在這些交談互動中，一點一滴地累積了我對越南的認識。

例如有一次，一位越南朋友語帶鄙夷戲謔、開玩笑地指著另一位膚色較黑的越南朋友說：「你這個柬埔寨人！」。我腦袋轉了一圈才聽懂。原來，柬埔寨比越南貧窮，很多柬埔寨人跨境來打工，被當地越南人歧視。這和台灣人歧視外籍移工的心態如出一轍，許多台灣年輕人也會以「外勞」之名，取笑膚色較深的朋友。

後來，當我更熟悉越南史，知道整個越南南部原本全都是柬埔寨王國的領地，這時回想起「你這個柬埔寨人」的玩笑，便覺得不太厚道。

▼越南文《四方報》

回台灣之後，我憑藉一口殘破的越南文程度（但也許在台灣中文媒體人的圈子裡算前十名了吧），在《立報》老闆成露茜的帶領下辦起了越南文《四方報》，因而認識了更多越南人：來《四方報》上班的越南婚姻移民舒婷、明紅，擔任志工的越南華人羅漪文、月影夫婦，來留學順便打工的越南高材生阮玉俊、明科、小燕、碧玉、寶珠……。在《四方報》的讀者和作者裡，呈現出了更多元的越南樣貌：會寫文章的、會畫畫的、會唱歌的、會教書的、會做生意的、身世坎坷的、好命到令人忌妒的……。

於是，我腦中的越南輪廓愈來愈清晰，卻也愈來愈複雜：當地越南人與海外越南人的差異，越南人與越南華人的差異，婚姻移民、移工、留學生的差異，合法移工與「非法」移工的差異，「高級」越南人與一般越南人的差異，北越、中越、南越的差異。越南絕非頭尾一致，就像台灣也不是。

▼台灣人的越南史

因為讀書和工作的關係，我的確比一般台灣人稍微多懂一點越南。不過，越南是台灣為數不多的鄰國之一，大家或多或少也接觸過越南人吧？你是不是也有對於越南的一番見解？你認為台灣應該怎麼看待這個鄰國呢？

一九七五年越南統一之前，在台灣的中華民國與南越政府是難兄難弟。南越政府被北越擊垮之後，南越總統阮文紹出逃的第一站就是台北，他還在天母住了一陣子。隨之而來的越南難民潮，除了真假交錯的「南海血書」擾動台灣內部局勢之外，一九七七年至一九八八年，在澎湖確確實實有一座存在超過十年的越南難民營。

一九八六年，越南開放，台商一度是越南最大的外資來源。例如「越南王」丁善理將胡志明市郊區的大片沼澤地，開發為高級住宅區「富美興新市鎮」（Khu đô thị Phú Mỹ Hưng），這件事至今仍為人津津樂道。而在二〇〇八年起步、二〇一七年點火啟用的台塑河靜鋼鐵公司，也在台越兩地挑起不少話題。

最近三十年，越南婚姻移民、勞工、看護、留學生紛至沓來，讓越南人在台灣的數字，始終位居前段。街頭巷尾，隨處可見越南河粉店、美甲店，你就算沒有走進去過，也曾路過吧！你應該也見過在安養院或公園裡照顧台灣人的越南看護，見過在火車站或工業區替台灣工廠賣命的越南勞工。你可能也見過在田裡彎腰、在果園仰頭的越南農人，他們是俗稱「逃跑外勞」的失聯移工。

對照這本由日本學者小倉貞男所撰寫的越南史，其實我們每個台灣人，或多或少也有一部屬於自己的越南史吧！

▼日本人的越南史

小倉貞男的越南史從神話時期說起，並依照時序寫下來，特別著墨於幾位著名人物（幾乎都是足以擔當街道名稱的人物），一路講到法國勢力離開越南、北越統一南越。

要怎麼讀越南史？小倉貞男建議以越南和中國的關係為A軸，以越南和世界的關係為B軸，仔細探討這A、B兩軸的脈絡。這對於目前與中國關係緊張的台灣來說，的確很有啟示。何時該軟中帶硬，何時該硬中帶軟？越南的歷史經驗正是台灣的教材。

另外，這本書一如許多人談到越南時，都會談到越南曾擊退多個世界強權的輝煌歷史。作者在書末的謝辭裡說，他梳理越南歷史、執筆此書的目的，在於了解「讓越南能夠如此活躍的動力究竟來自何處」。不過，對於這樣的研究「目的」，我難以苟同。

我不否認越南生猛有力，但是哪一個國家在面對外來勢力時會乖乖順服呢？差別在於，有的反抗成功、有的失敗，有時掌握了天時、地利、人和，有時卻力不從心。越南現在看似成功，但是，並不能就此論斷越南特別活躍、特別有動力。事實上，越南也有很長的一段時間受制於他國異族呀！

▼中國是越南的一部分，越南是世界的一部分

綜觀越南史，有一千年的時間是屬於中國的一部分，有另外一千年獨立於中國之外，與其緊緊比鄰，可以這麼說：「中國是越南的一部分。」不過，除了中國之外，越南也和其他的國家、民族頻繁互動，是世界的一部分。

所以，中國是越南的一部分，越南是世界的一部分，而台灣與越南交流頻繁，是互為彼此的一部分。尤其，越南與台灣近在咫尺，不應該被忽視。當然，完美的越南，也並不存在。

推薦序二

帝國縫隙的玫瑰

蔣為文／國立成功大學越南研究中心主任

不少台灣人受到過去黨國教育的影響，將越南及東南亞國家視為文化落後甚至野蠻的國度。但事實上，黨國時期的教科書常避重就輕且違反史實。中國自古有「五服制」的觀念，總把周邊民族視為番邦並企圖以政治及文化的方式去同化他人。越南不僅是成功抵禦中華帝國侵略的少數國家之一，也是歷史上打敗中國最多次的民族。不僅如此，越南也是目前世界上唯一擁有打敗蒙古、中國、法國與美國經驗的國家。

為什麼是越南？原因很多，也可以從不同角度去解答。這也是我二十幾年前投入越南研究的動機之一。日本學者小倉貞男這本專書從歷史的角度介紹歷代越南人在獨立建國中所做出的犧牲與奮鬥，也為讀者提供了可靠的答案。本書條理清晰，簡單易讀又不失關鍵重點，值得推薦給台灣讀者。

從歷史上來看，中國每次改朝換代後必定出兵攻打越南，而越南軍隊最後一定又將中國軍隊趕回去。按照越南知名史學家陳仲金的分期，越南古代曾有一段被古代中國殖民統治的「北屬時期」，大約從西元前一一一年漢武帝消滅南越國後，一直到西元九三九年越南吳權稱王為止。

為何越南史學界用「北屬」而非「中國統治」？主要有兩個理由：第一，越南位於南方，古代中國位於北方，故以北方統稱來自北方的敵人。第二，「中國」是二十世紀以後才正式使用的國名，在此之前尚無「中國人」、「中國」之意識與正式稱呼。歷來越南均以北方各朝代稱呼來自北方的人，譬如唐人、明人、清人等，直至二十世紀初中華民國建國之後，越南才出現「中華人」（người Trung Hoa）或「華人」（người Hoa）的稱呼，至共產中國建國後才以「中國人」（người Trung Quốc）稱呼當代中國人。

這顯示出越南人相當清楚在當代中國版圖上曾出現許多不同的國家或朝代。譬如，越南的名將陳興道（又稱陳國峻）在越南史書上以成功對抗「蒙古」軍入侵而得名。相形之下，台灣的歷史教育卻承襲過去黨國時期的中華五千年道統思想，誤導中國自古以來政治一脈相傳至中華民國而不變。事實上，所謂的「清朝」或「元朝」，真正的本質是漢人被滿族人及蒙古人殖民統治。

越南自吳權稱王以後，除了幾次短暫受北方入侵之外，其餘時間均維持獨立王朝的地位。何以越南能建立獨立王朝，甚至在一九四五年建立現代的民族國家？我認為最重要的因素之一是越南文化的主體性。譬如，有些風俗習慣是中、越兩國同時存在，但越南總會把它本土化成具有越南特色的風俗。

舉例來說，越南也有農曆新年，但越南不流傳中國式「年獸」的傳說，而是以雄王、粽子及麻糬建構出越南式的新年；越南的端午節不談屈原的故事，而是注重身體及環境衛生的節日；越南的中秋節不是家庭團圓節，而是兒童的燈籠節、不談嫦娥奔月，而是阿貴與神奇藥樹飛上月球的民間傳說；越南的十二生肖有貓而沒有兔子。

不僅如此，越南人甚至提出顛覆當代中國人的既有想法。譬如，越南學者陳玉添教授在其名著《探索越南文化本色》中就主張「龍」的概念及「神農」的傳說係源自越南的祖先——百越民族。換句話說，越南人才是龍的傳人、炎帝的子孫。若對越南歷史文化有深入研究者，對陳玉添的說法應該不意外。若檢視中國的「盤古開天」起源傳說，其內容與龍完全沒關係。在封建時代的中國，龍是皇帝的專屬，一般民眾哪敢自稱為龍的傳人；相形之下，龍在越南並非皇帝的專屬，一般民眾生活中均可出現龍的圖騰。

越南自古以來即有「龍子仙孫」（Con Rồng cháu Tiên）的民間傳說。傳說中，龍種的「貉龍君」娶仙女「嫗姬」後生下了一百個孩子，於是形成越南各民族的起源。傳說中的「神農」為農業及草藥之神。如果「神農」的概念起源自中國，這個詞彙應該照漢語的語法稱為「農神」才對。然而，「神農」（Thần Nông）偏偏符合越南語構詞法順序：詞根（Thần）+詞綴（Nông）。越南自古即為農業社會且身處炎熱地區，對照之下，古代中國發源自寒冷北方的遊牧社會，南方當然較容易發展出又稱為「炎帝」的神農概念。

越南文化的主體性可說是越南抵禦中國入侵的文化抗體。這種抗體是在長期與中國對抗當中而逐漸形成的免疫力。台灣當前面臨中國霸權的政經及武力威脅，除了向美國增購武器以加強國防力量之外，提升文化免疫力也是相當重要的工作。如何才能提高抗中的免疫力呢？透過台灣與中國周邊國家的比較研究將能有效學習他國的生存之道。

在這些國家當中，越南算是相當成功的案例之一，而越南也確實有不少值得台灣借鏡效法之處。譬如，越南曾使用漢字達兩千年之久，卻能在一九四五年獨立建國後，廢除漢字並改用越南羅馬字，這也是越南文化主體性的極致表現。此外，鄭成功去世後，曾有三千名部下前往越南投靠阮主，協助阮主打敗柬埔寨人並開拓南部疆域，這些人被稱為「明鄉人」，後來均與當地人通婚並本土化成新越南人。越南阮主如何讓這些「明鄉人」日久他鄉變故鄉，借重新移民成為越南擴大版圖發展的力量呢？

二次世界大戰日本天皇宣布投降後，麥克阿瑟於一九四五年九月二日發布第一號命令，委託蔣介石至中國（不含東北地區）、台灣及越南北部等地接受日軍投降。越南的國父胡志明深知蔣介石企圖占領越南的計謀，急忙發動成功的八月革命，並於九月二日當天宣布越南獨立建國。即便後來蔣介石仍派二十萬大軍進到北越，並藉機大肆掠奪越南物資且扶持越南國民黨，但完成日軍投降後只得在國際壓力下撤退回中國。當初若無胡志明智慧之舉動，越南恐怕將淪為中國之一省。

總之，再次推薦讀者閱讀本書。台灣和越南同樣面對中國霸權的威脅，認識越南如何在帝國縫隙中求生存將給予我們寶貴又有用的參考經驗。

推薦序三

越南，惦惦的贏家

潘美玲／《經典雜誌》文稿召集人

跟越南算是有緣，十四年前就開始採訪這個國家，報導角度從台商、外配，到越南的中國情結，以及近年來越南國力（經濟）的崛起。

進入越南密集採訪的那幾年，台灣正處於汙名化外來移民的「民智未開」時期，對越南有一種上位者的優越感，甚至高度質疑台越聯姻下的新二代智商（反觀今日，卻視他們為進軍東協的最佳武器）。

那時，《經典》採訪團隊在湄公河畔尋找「新台灣之子」（現在這個名詞已經成為歷史），我們住破落的旅社，入住時必須扣押護照、做清楚的身家登記，因為村裡幹部有可能於半夜進行戶口清查（也只有在這個時刻，才突然警覺自己置身在一個共產國度裡）。我們在稻浪翻飛的九龍江平原四處巡梭，聆聽逃回越南的台灣媳婦阿鸞說起錯綜複雜的婚姻愛情故事，一起陪她喝著在台灣心心念念的酸魚湯……。

如果浸淫得夠久，你絕對不會反對「越南是一個充滿故事的地方」這句話，無論是跨國婚姻的個人情愛，抑或國家近半世紀以來遭逢的巨變創傷。如果你是個小說家，在這兒長住個一、兩年，絕對不乏寫作題材；越南更是社會學研究的極佳場域，我還一度設定此地作為碩士論文的田野。

很多人認識越南，是從美越戰爭開始。

「越戰」這個國際商標，有一段時間一直是世人認識越南的第一印象，甚至成為早期越南的觀光重點。在空氣稀薄的古芝地道鑽進鑽出的某一個時刻，我突然悟出越南人了不起的地方，這樣一個窮人家的精瘦小孩，跟營養超標（大啖麥當勞）的富家胖子，打一場全世界矚目的大戰，最終，讓富家子美帝面子、裡子皆輸！

越南的歷史曾經多災多難，但每一個變局的磨難，總讓這個民族刻下令人敬佩的痕跡。我驚訝地發現，經歷了這麼多的災難變局，眼前的越南人民竟仍能以微笑面對。他們不著痕跡地吸納傷痛，當成養分，儲備成為下一次應戰的能量。

那麼，對台灣人來說，為什麼認識越南是重要的？

早期台灣曾是越南最大的投資國，兩國婚貿關係緊密。當時號稱「越南王」的台商丁善理，在越南打造了第一座信義計畫區規模的富美興，這是我們看到越南經濟崛起的第一線頭。湄公河沿岸的加工出口區林立，許多在台灣被視為夕陽西下的產業，都在這裡找到了第二春（然而，當時的年輕台幹，對於外派在這個中南半島上的熱帶國家大多是半推半就，孰知幾年後，外派越南變成一個肥缺）。

在往來越南頻繁的那幾年，時常在機場看到從越南飛往台灣的飛機上，滿載著穿清一色藍色或紅色工廠制服的越南勞工，到台灣尋找各自的發財夢，那時的台灣是他們追尋的夢土，一片流著奶與蜜的機會國度。

但曾幾何時，在不到兩、三年的時間，當我再次進入越南採訪時，河內、胡志明市這南、北兩大城市已經活力充沛地興建起高樓商場，消費能力令人咋舌，百萬賓利轎車的數量遠遠超越台北。除了日本、中國的及早布局，西方資金紛至沓來，韓國商人的腳步更是飛快地超越了最早在此地深根的台商。

這十年來，越南的變化有點像在坐雲霄飛車，令人驚呼連連，從谷底到高峰，只用了不到半個世紀的時間。

當時我為這一篇報導下了一個大標：「惦惦的贏家」，形容越南這個鴨子划水、惦惦吃三碗公，不容小覷的日昇之國。我深刻地相信，這跟越南的民族性絕對脫不了關係，柔與韌，如同一根竹子，彎得下腰，也挺得住、站得高。

越南的經濟崛起其實是看著老大哥（中國）的後頭，有樣學樣地，在社會主義的爐灶（基礎）上架起資本主義的大鍋，炒著香噴噴的人民幣、美金大餐。

但是越南與中國的關係似乎又不是那麼簡單，從早年「不情不願」的主從藩屬，到今日巧妙的政治運作，背後應該還有一些我們應知，但卻還未知的原委。二〇一四年，越南發生九一三反華事件，我們也開始正視到所謂的「越華關係」，而這個「華」指的是「中國」還是「台灣」？

猶記得以採訪「越華文化」為主題的那一年農曆春節，《經典》採訪團隊在越南首都河內的老街，拍攝被我們視為奇景的「坐地寫字」——留著白色鬍鬚、頭戴瓜皮小帽的越南老者，坐在地上以毛筆揮毫寫下一個大大的「春」字；在北越的書法社團，我們混進一群低調愛好書法的越南老鄉之間，聽他們讚歎漢字之美，也看到一度被視為創新、想要去中國化的「漢喃」字體；來到南部胡志明市，則又見識到被認為「不成體統」的越南書法——以毛筆寫就的越南拉丁拼音。基於獵奇的心理，我也買下了小小的一幅越南春聯，如今仍貼於案頭。

越南對中國「老大哥」既愛又恨的種種情節，從過去的文化歷史、邊境糾紛，到今日的經濟競合，從來不輕易明顯地表現在聲色之間，這也是越南人含蓄隱晦的政治智慧。

回顧十年的越南採訪經驗，對越南從陌生排拒到喜愛迷戀，再到刮目相看，「見山是山，見山不是山，見山又是山」，不只是我箇中心情的起伏跌宕，更令我感到深刻的是見證了台灣對越南的無知和誤解。

我用採訪的腳步踏進現代越南，但是小倉貞男這一本《半島之龍》，透過長時間的頂真研究與書寫，讓我們在傳統越南與中國的恩仇，以及近年來列強進犯的歷史中，清楚爬梳今日的越南「何以致之？」，並從中解密這一個中南半島上不容小覷的國家。

象徵太陽的青銅製石鼓上部的紋樣（河內歷史博物館藏）

序章

越南與印度支那

越南的誕生

▼「越南」之名的由來

「越南」（VIETNAM）這個國名，並不是越南自己取的，而是中國為首次統一這個國度的王朝——「阮朝」所取的名字。當時，越南還沒有權力替自己的國家命名。

一八〇二年五月一日，越南最後一個王朝「阮朝」成立了。史上第一個統一越南全境的阮福映即位為皇帝，並定年號為「嘉隆」。因為當時的越南和中國之間仍維持著朝貢關係，因此嘉隆帝將自己平定全境的消息向中國報告，並提出希望將國號定為「南越」的請求。然而，中國雖然承認嘉隆為國王，卻沒有答應他可以使用「南越」這個國名。

對於中國來說，如此回覆是有原因的。西元前二〇七年，中國正處於秦帝國末年的混亂時期。當時，南方出現了一個反抗秦帝國的政權，這個政權的國名為「南越」，以廣州（過去稱「番禺」）為首都，統治著中國南方廣大的領土。這個政權又稱為「趙朝」，一般咸認此即為越南歷史的源頭。

這個政權的實力不容小覷，即使是滅掉秦帝國的漢帝國，也為之困擾不已。因此，對清帝國而言，當然不樂見有人使用「南越」這個國名，因為這會勾起不愉快的歷史回憶。另外，若是南方的獨立政權擴大其勢力範圍的話，也會成為棘手的問題。但是，對於嘉隆帝成立的新政權來說，當然會執著過去的歷史，因此不難想像，他們為了對海內、外宣傳其獨立的消息，一定會重新搬出「南越」這個國名來使用。最後的結果是，清帝國選擇無視嘉隆帝的請求。

自古以來，中國和越南的關係可說是「剪不斷理還亂」。中國曾征服並支配越南長達一千年之久，而在越南獨立後的九百年間，越南人不屈不撓的反抗活動，更是中國歷代朝廷必須面對的燙手山芋。中國雖然屢次想要重新掌控越南，但總是被對方以巧妙的戰術擊退，損失慘重。儘管如此，每當戰事結束之後，越南仍會立刻向中國納貢，藉此獲得如「安南王」等象徵南國之王的封號。雖然乍看之下，這是越南對中國的屈服，但他們究竟心服到什麼程度，大概只有上天才知道了。事實上，對中國歷代朝廷來說，用「表裡不一」這個成語來形容越南，恐怕是再貼切不過了，因為不知道越南人什麼時候又會舉兵造反。

從越南的角度來看，既然付出了慘痛的犧牲，才終於從中國無理的侵略中贏得獨立，那麼膝蓋軟一點、諂媚一下也是在所難免的。儘管如此，在他們心裡面，其實還是不太情願低頭的。但說到底，中國還是掌控亞洲秩序的帝國，因此中國一聲令下說「國名就叫『越南』」，越南人也只能無可奈何地接受。畢竟，在「華夷秩序」的世界裡，是絕對不能違逆中國的。

「華」，也就是中國朝廷，始終是世界運轉的軸心。從前，在還沒有「亞洲」這個概念時，中國就等於世界的中心，同時也是領導者。至於那些位在中國疆域外的國家，不管有沒有和它接壤，都是所謂的「夷」，只能屈膝奉承、討中國的歡心。

嘉隆帝時代的越南，無疑也是籠罩在華夷秩序之下。中國絕對不會認可越南的國王使用「帝」的稱號。「皇帝」或「陛下」之類的稱號只屬於中國，其他國家的領袖頂多是個「王」而已；就算是日本，也不是什麼「天皇」，而是「倭王」。嘉隆向中國報告自己統一全國的消息以及希望使用的國名時，他交涉的對象是管轄範圍與越南國境相鄰的兩廣（廣東、廣西省）總督。這位僅是區區清帝國邊疆總督的官員，代表清廷命令嘉隆：「我國（清）既然已領有安南全土，汝等理應備妥國書與貢物，遣使入朝請封。」一八〇二年十月，嘉隆帝讓使節帶上國書和貢物，送給這位兩廣總督；然而對方雖然收下了禮物，卻沒有做出任何回應。

到底是哪裡出了問題呢？經過一番明查暗訪後，越方終於知道，原來問題出在中國朝廷裡的朝臣身上，他們對於越方想使用「南越」這個國名大為光火。如果因為這起事件引起兩國的糾紛，可謂得不償失，於是嘉隆逼不得已，只好重新遣使請封，這次提出的國號為「越南」。另有一種說法是，中國朝廷曾做出「雖然不接受使用『南越』這個國名，那麼『越南』如何？」的表示，看來嘉隆是有掌握情資的。

中國於一八〇四年正月派出使節進入越南，得知這個消息的嘉隆帝喜出望外，派出象軍和士兵們到國境迎接使節。但這個使節團其實不是來自北京，而是從隔壁廣西省[1]派出的按察使[2]。在河內的宮殿中，使節受到隆重款待，嘉隆從他的手中恭敬地接過了鍍金銀製的「越南國王之印」。送走按察使一行人後，越方立刻派出使節到北京回禮。同年二月，嘉隆定都於越南中部的順化，並於參拜祖廟時，將國號定為「越南」一事，向先人們報告。

▼自號「大南」

接下來發生的事，可以體現出越南民族的反抗性格。越方在對中國發出的正式文件上，雖然一律使用「越南」作為國名，但在和其他國家的外交文件上，卻都不自稱「越南」，而是擅自使用「大南國」這個國號，後來還愈加頻繁地使用。由此可知，越南人並不喜歡中國強加在自己頭上的國名。

一八七四年，當法國要把越南納為自己的殖民地、和他們締結割讓領土的條約時，就以法文寫著「安南國王陛下」，而越南語的部分，則使用「大南國皇帝陛下」和「大安南國皇帝陛下」這兩個稱號。

為什麼會發生這種情形呢？事實上，在嘉隆帝的繼承人——阮王朝第二位君主明命帝時，就已無法滿足於中國所給予的「越南」國名，而自稱為「大越南國」。一八三八年，雖然宮廷內使用「大越」作為國號的簡稱，但「大越」這個國號，其實早在十一世紀時的李朝就已經使用過了。因此，未免一般人混淆，遂又進一步地改成「大南國」。大南國意味著「南方的大國」，字裡行間隱含「從中國所見的南方領域，皆為我所有」之意；同時，也象徵「稱霸南方領土」，讓自己看起來更為強大氣魄。畢竟，此時的越南已經統一了遠達印度支那半島最南端的土地，因此稱為「大南」倒也不為過。

對於「越南」背著自己在外使用「大南」的種種作為，中國雖然睜一隻眼、閉一隻眼，但心裡其實十分清楚這個情形。儘管如此，中國對於越南國號的問題，不但沒有祭出懲罰，也沒有派

1 即現在的廣西壯族自治區。
2 當時一省的司法長官。

出大軍興師問罪。究其原因，是因為兩國之間的上下關係，已不像過去那樣堅實，因此，只要越南沒有反抗，中國也就默認了。

▼A、B軸呈現的國際關係

由「越南」這個國號所引發、在嘉隆帝和中國之間展開的一連串交鋒，其實是貫串整段越南歷史的主軸——「對立與交涉」的縮影。

一段越南的歷史，就是一段亞洲的國際關係史。這部關係史由A、B兩個軸線所組成。A軸是越南和中國之間對立和交涉的關係史。從西元前開始，中國便對越南進行了長達千年的支配，後來越南才進入獨立的時代。然而，雖說是獨立，但越南始終得提防來自中國的侵略。這段抵抗中國入侵的歷史，同樣長達千年。可以這麼說，越南的社會、經濟、文化、藝術，是在這條和中國的關係軸上發展而來的。在中國的影響下，越南也孕育出了自己獨特的社會體系和文化。

B軸則是越南和東南亞季風地帶各民族之間的關係史，特別是和占族、老撾[3]、柬埔寨以及泰國之間的關係。越南在掙脫了中國長達一千年的統治後，開始向西方和南方拓展勢力。在越南史上，這段向外擴張的時期被稱為「北屬南進」。越南一邊承受北方中國的壓力，持續遵循朝貢體系，一邊又向南方開疆拓土，兼併占族和柬埔寨的領土。這條B軸同時也是越南遊走於歐洲、印度和中國等諸多勢力中，發展海洋貿易、充實國力，形成自身歷史的時代。

越南的歷史，就是A軸（即中國軸），以及B軸（也可稱為東南亞軸或世界軸），相互交叉纏繞所構成的。當我們在討論越南史時，需要不斷在A、B兩軸間取得平衡才行。希望讀者們能記住，A．B軸的表現既不是a．B軸，也不是A．b軸。

在經歷將近一個世紀殘酷的法國殖民時代後，越南又進入了另一個動盪的年代。二戰時，越南被日本侵占；一九四五年，日本向盟國無條件投降以後，由胡志明率領的越南獨立同盟建立了「越南民主共和國」。當時，依照越南獨立同盟的要求，阮朝第十二代皇帝保大帝宣布退位，阮朝就此落幕。然而，當時代進入東西冷戰後，印度支那地區旋即成為各方勢力矚目的焦點；越南北部成立了以共產主義勢力為中心的「越南民主共和國」，而在南部，保大帝再次躍上歷史舞台，先是成立了「越南國」，之後又轉型為共和制的「越南共和國」（即西貢政權）。在這種情況下，爆發了震撼全亞洲的越南戰爭。經過三十年的鏖戰，一九七五年春天，西貢淪陷，越南共和國也隨之覆亡。隔年，統一南北的「越南社會主義共和國」成立，直至今日。在那之後，越南無論在國家、民族、文化等各個領域，總算都是穩定下來了。

▼友誼關和鎮南關

越南的國土形狀彎曲如S型，南北狹長，面積約為三十二萬九千六百平方公里；和日本約為三十七萬七千平方公里的國土面積相比，越南的面積大概和扣除掉九州和秋田縣之後的日本

3 寮國的正式稱呼。

面積相同。越南和日本一樣，都是個多山的國家，有四分之三的國土為山岳、高地，剩下的四分之一為平原地帶。其中，平原地帶又分為兩個三角洲，分別是北方的紅河三角洲，以及南方的湄公河三角洲。這兩個三角洲同時也是越南的農業重鎮和糧倉；從越南的形狀來看，彷彿天秤的兩端。

越南和中國的國境交界處群山林立，在長達一千五百公里的國境線上，兩千公尺以上的高山連綿不絕，在靠近中越的交界處，還聳立著越南的最高峰——覆蓋著終年不融的積雪、美麗的番西邦峰（海拔三千一百四十三公尺）。在險峻的群山之間，雖然還穿插著幾條和中國連接的道路，但其中能通行汽車的僅有六條而已。在這六條道路之中，包含了越南的國道一號線，位於山中的越南—中國國境，是這條道路的起點，也被稱作「〇公里起點」。在殖民時期，為了讓汽車通行，法國殖民政府拓寬了這條道路，還改建成柏油路面；當時，稱為「印度支那公路一號道路」，而上面提到的起點，至今仍是印度支那半島南北縱貫道路的源頭。

在「〇公里起點」的柏油道路上，劃著一條白色的線，這就是中越兩國的國界。「〇公里起點」的路標立在路旁；在中國那側，有一棟巨大的水泥製門樓，在這棟形狀類似鐘樓的建築物正面，寫著「友誼關」三個大字，上方飄揚著五星紅旗。友誼關之名，始於毛澤東時代，在更早之前叫作「鎮南關」，對中國來說，這意味著「鎮壓南方的要衝之地」。

或許是我的錯覺吧，走在位於山間的國道一號線上，總覺得耳邊能聽到噠噠的馬蹄聲。這是一條因果糾結的道路，在越南獨立後的一千年裡，越南屢次遭到經由這條道路入侵的中國兵馬所蹂躪。一九七九年，越南和中國在柬埔寨問題上意見相左而決裂，在那之後，中國的戰車大舉從北方入侵。中越戰爭結束後，兩國在此地交換俘虜。越南的戰俘從中國的護送車下來時，手上還拿著中方送給他們的紀念品包包，但當他們一跨越白線、進入越南領土時，立刻就將手中的包包丟掉，而且還粗暴地扯下中方提供給他們的衣服，把這些衣物扔在地上，全身上下只剩下一條內褲。

這些戰俘似乎都被教導，要用赤腳去踐踏來自可憎敵人的同情，而被越南釋放的中國戰俘，也做了同樣的事情。

雖然俘虜們的行為展示了彼此之間的仇恨，但存在於表演背後的，是越南自中國獨立前後的各一千年、加起來長達兩千年的越中關係史。環繞著「鎮南關」所發生的一段段歷史插曲，究竟該解釋成屈辱，還是越南在走向獨立的過程中，英雄們浴血奮戰的歷史事蹟，其實見仁見智。但如果回頭再來看看中越雙方交換俘虜的「儀式」，可以發現雙方的怨氣其實都已經到了爆發點。對越方來說，中國以統治者自居、騎在自己頭上的傲慢態度，著實令人難以忍受；然而中方也覺得，越南人實在太不惹人喜歡了。

中越戰爭後，中國共產黨和越南共產黨在表面上看似修復了關係，但實際上，雙方的關係依舊處於低點。越方曾表示「就算彼此乾杯後，留下的味道也只有苦澀」。如果深入地看越南的歷史，可以發現中越兩國在歷史上的「蜜月期」，其實只有相當短暫的一段時間。

因為一號公路能往北通到北京，所以又有「官道」的別稱。歷史上，不知道有多少越南人因為想親炙中國的文物之美，而踏上這條通往中國的道路。事實上，我們可以說，這條一號公路，就是整段中越關係史（A軸）的支柱。

一號公路也是一條貫穿南北狹長、呈S型的越南海岸線的道路。通過首都河內後，接著會經過中部的大都市峴港，然後再往南抵達西貢（今天的胡志明市）。過了西貢後掉頭往西走，當跨過柬埔寨的國境後，眼前的風景頓時驟變。水田的四周開始出現茂密的「梲榔」（又稱為砂糖椰子），當矗立著尖塔的寺院映入眼簾後，就離柬埔寨首都金邊不遠了。如果繼續穿越柬埔寨的話，則會到達泰國邊境。

越南的國土南北長達一千六百五十公里，面積為三十三萬平方公里。緯度從最北端的北緯二十三度二十二分到最南端的八度三十分，南北橫跨十五度。經度最寬的地方相差七度，但最窄的地方僅有五十公里而已，越南國土的細長程度可見一斑。在國土的背脊骨部位，橫亙著南北走向的安南山脈。從山脈分出來的群山突出於南海之上，被稱作「海雲關」，位於北緯十六度，此處正好座落在越南的中央，把國土區分為南北兩邊，又因為終年雲霧繚繞，故以「海雲」為名。從越南的歷史來看，海雲關也是南北的分水嶺。自古以來，有很長的一段時間，居住在北方的京族都無法跨過這道關卡。直到十六世紀，他們才突破海雲關，往南邊發展，進而兼併占婆和柬埔寨的土地。越南把以紅河三角洲為中心的北部地區稱為「北圻」，以海雲關為中心的中部狹長沿海地區稱為「中圻」，以湄公河三角洲為中心的南部地區稱為「南圻」。在法國殖民時期，從北而南依行政區域劃分為「東京」、「安南」和「交趾支那」。

依照越南政府發表的數據顯示，一九七九年三月，國內共有五十四個民族；到了一九九五年時，總人口約有七千四百萬人，其中有百分之八十七的比例為京族[4]。在越南北部，居住著芒族、瑤族、儂族、泰族、土族和孟族等民族，中部高原地帶居住著嘉萊族、埃地族和藼橋族等民族，南部則自古以來就是占族和高棉族的領地。華人散居於越南各地，主要來自福建和廣東，人口約在一百萬人左右。在行政區分上，越南共有六十一個市和省，由中央直轄的特別都市有河內（約兩百五十萬人）、海防（約一百六十萬人）、峴港（約三十七萬人）和胡志明市（約四百五十萬人）。

雖然越南是由五十四個民族所組成的多民族國家，但在漫長的歷史中，京族不斷地排擠其他族群，或是同化他們。基本上，京族的居住地以國道一號為中軸，生活在南北兩個穀倉地帶以及中部狹窄的沿岸地帶，換句話說，他們是居住在平地的民族。其他五十三個民族，除了生活在南部平原的高棉族和占族之外，幾乎都是生活在山岳的高地居民。

基本上，越南歷史的大勢，看的是誰能主宰平原地區。從這個觀點出發，當研讀越南史時，自然會把較大的比重放在京族上，但與此同時，我們也不能忘記和京族有互動往來的其他民族。B軸，亦即越南和印度支那諸多民族的關係史，也是形塑越南歷史的另一把重要鑰匙。

4 構成越南人主體的民族。

刺繡上英姿煥發的人物，是象徵越南獨立精神的徵氏姐妹。

第一章
中國統治的時代

國家的起源——雄王

▼雄王祭

在農曆三月十日這一天，越南的北部地區會舉行熱鬧的「雄王祠」祭典。雄王祠祭祀著越南的建國之王——雄王，位於首都河內西北邊約六十公里處的永福省。微微隆起的山丘被一襲深綠所籠罩，當人們氣喘吁吁地爬上陡峭的石階、來到一百七十五公尺高的山頂後，可以看見雄王祠就建在一處小型廣場上。紅、黃、藍等色彩斑斕的佛教旗幟隨風飄揚，整座祠香煙繚繞。從山下爬到山頂的參拜者們，把用來獻貢的水果、點心、白米、蔬菜等食物裝在盤子裡並且頂在頭上，也有些人專心一意地誦經。不分男女老幼，信眾們均在此祈求家宅平安、人丁興旺、財源廣進。對年輕人來說，雄王還是能牽紅線的月老；在祭典開始前後，許多年輕人群集於此並搭設帳棚。年輕人總有用不完的精力，在春夜裡，成群的男女各自扯開嗓子大聲地打鬧嘻笑，歌聲不時從四方傳來。這一天，越南的公司行號基本上都會休假；而近年來，雄王祠又變得更加熱鬧了。

越南人深信雄王是越南的開國之君。儘管有人主張越南建國的歷史可以追溯到三、四千年前，但目前並無足以採信的證據。

雖然雄王是傳說中的君王，但對越南人來說卻相當有親切感。關於由雄王所建立的越南最早的王國，目前隨著諸多研究的進展，已逐漸讓人一窺其真實面貌。

雄王的傳說始見於中國的史書。西元前二八八〇年，炎帝神農氏的三世孫帝明的孩子帝宜出生了。後來，帝明往南巡幸，來到位於洞庭湖南方的五嶺（南嶺）。五嶺是西起中國湖南省的衡山，往東直抵大海的一連串山脈群。帝明在此和婺僊結婚，生下了祿續。「婺」是星座的名字，因此婺僊其實是一位仙女。帝明雖然想讓祿續繼承自己的位置，但祿續斷然拒絕，因此帝明傳位給帝宜，讓他治理北方，然後封祿續為涇陽王，讓他治理南方，並建立了赤鬼國。之後，涇陽王和洞庭君的女兒神龍結為連理，生下了貉龍君。貉龍君名為崇纜，他和帝來的女兒嫗姬結婚後，兩人之間共有一百位子嗣，這些子嗣被視為「百越」的祖先。然而有一天，貉龍君對嫗姬說：「我是龍種而妳是仙人，彼此之間猶如水火般不相容，生活在一起會很困難，因此還是分開為好。」於是，嫗姬帶著五十個孩子進入山裡，而貉龍君則帶著另外五十個孩子留在南方。跟著貉龍君的長子名叫雄王，最後繼承了王位。雄王以峰州為都城，建立了文郎國。

因此，文郎國被視為越南史上的第一個國家；但中國的史書卻記載：

「文郎國東夾南海，西抵巴蜀，北至洞庭湖，南接胡孫國（即占城）。」如果真的是像文獻上所說的話，那麼文郎國的統治範圍就包含了中國洞庭湖以南的地區、廣東、廣西壯族自治區，以及湖南和四川一帶廣大的土地；但是，倘若文郎國位於中國南方一帶的話，那麼由雄王統治的文郎國就不在今天的越南了。然而，有另外一種看法表示，文郎國是位在更南方的國家，大概位於今天越南的中部以北，也就是北部的紅河三角洲地區。

越南認為文郎國十五部中名為「武寧」的國家，乃是位在今天距離河內不遠的越池，而該國的首都豐洲，就是現在的越池市，亦即雄王祠的所在地。文郎國由長子繼承王位，所有的王皆稱為雄王。直到西元前二五八年文郎國被西甌所滅為止，雄王的世系共傳了十八代。雄王治下的兩千兩百六十二年間是越南歷史的搖籃期，也被稱為鴻龐紀；但若是按照上述的時間來計算的話，每一位雄王平均得在位一百四十六年才行。

接著，讓我們再從不同的角度來看看越南這個國家的起源。

▼越南人來自何處？

根據中國史書記載，越南人是由中國南部移居過去的民族：

「越南人屬於支那（中國）人種，他們從中國南部往南發展，將未開化的民族趕入山間，並在陸續占領肥沃的東京三角洲（北部的紅河三角洲）的土地之後，開始建立國家。」

還有其他觀點認為：

「越南人是從在西元前六世紀時，占據現在中國浙江省北部的支那古國——越國所分出去的一支民族。這個國家的人民和原始越南人一樣，都有在身體上刺青和剃髮的習慣。越國在西元前三三三年被楚國消滅後，有些部族成群結隊地往南方避難，並在當地建立起封建制度的國家，這就是所謂的百越。在這些越人集團中，有四支最為重要，其中的三個集團分別在溫州

（浙江省南部）、福州（福建）、廣州等地定居下來，不久之後就消融在中國之中。然而，第四個集團『駱越』卻沒有被中國同化，之後成為了越南人。越南人在西元前四世紀末離開浙江，接著在西元前三世紀初期，抵達今天廣西省的南部，然後在東京，亦即越南北部一帶開枝散葉。」

上文中的「駱越」即是文郎國，而駱王則為雄王。駱越是居住在平原上的民族，他們控制的區域，除了越南北部的三角洲和沿岸地帶外，甚至還包括現今中國廣西壯族自治區的一部分。駱越在新獲得的土地上定居以後，開始建立起具有階級秩序的封建社會組織。駱王底下有十五個部，這些土地會分封給駱侯（駱王的兒子們）以及他信得過的王族們。駱侯的治理是一種文人統治，在各部底下又分為範圍大小不一的聚落，由國王的兄弟或王族們擔任駱將（將軍），掌控該聚落，而受其控制的廣大領地則稱為駱田。雄王、駱侯和駱將均為世襲。雄王的男性子孫稱為官狼，以雄王為金字塔頂端的社會組織，現在依然可見於越南北部的高地和山地民族之間。居住在河內西邊高地上的芒族，被認為是越南民族的祖先。芒族有世襲的村長，村長也稱為官狼。在部落裡，統治和從屬的關係，把每個人緊密地連結在一起。

文郎國的社會已經發展出高度的文明，他們不只繼承了赤鬼國時代的技術，還進一步向上發展。國王開墾土地，教導民眾種植穀物；越南人還會使用由石頭磨製的鋤頭進行火耕，之後還會根據潮汐漲退導致的河川水位變化，進行水田的灌溉，因此水田耕作相當發達，推估已經能進行二期稻作；稻作栽種的是粳米和糯米。越南人會把糯米裝進竹筒以製作料理，把糯米塞滿竹筒，用炭火燒烤後食用或製成保存食品，這種做法目前仍可見於高地和山地民族之間；聞到這種食物的香氣，不禁讓人聯想起數千年前的既有習慣。

越南的民間故事相當豐富，其中，有關雄王和越南人生活習慣的內容特別多。之所以如此，或許和民眾對雄王的信仰有關，這是因為他們打從心底對雄王感到親切的緣故吧！在眾多雄王與越南民族重要生活習慣的故事中，有一則以糯米為主題的故事，講述在越南飲食文化中，獨特而又深受歡迎的米製品——方粽（Banh Chung）的由來：

「雄王六世共有二十個孩子。某天，國王對他們說：『我的年紀大了，想要找一個繼承人，我希望你們能去找出讓我心滿意足的稀世珍饈。誰找得到，我就把王位傳給他。』聽完國王的話，王子們無不使出渾身解數地尋找山珍海味。然而，第十八王子蘭柳（Lang Lieu）既沒有家臣，也毫無頭緒，只好一個人待在家裡冥思苦想。突然在某天夜裡，一位年邁的神仙出現在王子的夢中。神仙聽完王子的煩惱後告訴他：『讓我教你用米製作兩種食物吧！首先把糯米浸泡在水裡蒸煮，然後放到臼裡擊打使其軟化，接著再揉成圓形就完成了；這種食物代表廣闊的蒼穹。另一種用來象徵大地的食物，是用清香的粽葉，把泡過水的糯米、青豆和豬肉一起包成方形。』蘭柳王子依照仙人的話做出這兩道食物後，將其獻給國王，國王吃後相當滿意。蘭柳說出自己在夢中接受神仙指點一事，這更讓國王龍心大悅，接連說：『我想這就是要你繼承王位的徵兆吧！』於是，他便把王位讓給了蘭柳。在那之後，每年十二月到隔年一月，人們便開始料理這兩樣食物，象徵『天』的稱作圓粽（Banh Day），象徵『地』的稱作方粽。直到今天，這兩樣食物仍會在佳節慶賀時被人們端出來享用。」[1]

貉越的人民也以漁業為生，但卻經常苦於遭到蛇吻，於是國王心生一計，教導子民們用筆墨在身上畫出水中的龍或鱷魚的圖案，此後，再也沒有聽過有人被蛇咬傷的事情了。這個習俗後來還衍伸成人們在船隻的船首畫上大量水中妖怪的頭部或眼睛的習慣，繼而成為刺青文化的濫觴。除此之外，貉越還有把牙齒染黑的風俗。

在武器方面，貉越會使用大弓來發射毒箭，擁有鑄造青銅器的技術，並且使用青銅製的箭頭。在服飾方面，他們會用植物纖維編織衣服，也會製作蓆子。在住宅方面，因為害怕遭到野獸襲擊，所以他們都住在高腳屋（干欄式建築）上。目前，越南人的住房雖然已改為夯土版築式的建築，但在高地生活的居民，至今仍是生活在干欄式建築裡。貉越人留長頭髮，結上髮髻後用頭巾包起來。然而，在古代越南的故事中，人們因為要在山間密林裡行走，為了方便而把頭髮剪短。

關於雄王，還有下面這一則逸聞：

「雄王膝下有一位美若天仙的女兒。某天，兩個追求者出現在雄王面前，他們分別是山精和水精。雄王和他們兩個約定：『你們誰能最先拿出讓我滿意的聘禮，我就把女兒許配給他。』速

1 出自《越南民間故事》（ベトナム民話集），矢野由美子編譯，現代教養文庫，一九七九。

度快的山精拔得頭籌，因此抱著美人回到山中；而晚了一步的水精勃然大怒，引起了一場大洪水，最後還是由山精出面平定了這場災難。在那之後，每年的同一時間，水精都會興風作浪發起洪災，但最後總是以山精戰勝水精收場。」

從這則逸聞透露出來的歷史事實是，生活在越南北部三角洲地帶的居民們，每年只要到了雨季，就得面對洪災，但在握有強大權力的執政者的領導下，人民興建堤防，成功控制了狂暴的水勢，也就是一段越南人克服天災的故事。

不論是在亞洲或世界各地，都有類似的傳說故事，或是變形、經過統整後的版本，越南的傳說故事當然也不例外。

但是，將生活相關的故事和開創國家的雄王相結合，從這種敘事型態，我們可以看出，對越南人而言，雄王不只是一種傳說，更是極為重要的存在。

在靠近現今中國國境的高地區域，曾有個西甌王國，首都高平位於這片高地之中的一處盆地。西甌王國的居民被認為是泰族和儂族等民族的祖先，這些族群散布在中越交界的廣闊高地區域以及中國南方。貉越不時會和這些民族發生戰爭，且大多能擊退對方。然而，第十八代雄王因為承平日久，鬆弛了戒心，只顧飲酒作樂，直到有一天，西甌發動進攻時，雄王竟渾然不知，還在呼呼大睡。在倉促應戰後，貉越潰不成軍，據說最後連雄王都投井身亡了。就這樣，西甌摧毀了貉越，並且在西元前二五八年成立了甌貉國。

第一代君主名為安陽王，其統治範圍從現今的越南北部到三角洲地帶南部。安陽王把首都從高地遷到平原，定都於封溪。今天，這片土地的名稱為古螺，遺跡位於河內北邊約二十公里處。該遺跡的土壘呈三重螺旋狀，外圍周長八公里。土壘的高度約三到四公尺，上方的寬度為十二公尺，下方基部為二十五公尺，結構厚實，因為建在河川旁，讓此城易守難攻。一九五九年，在距離南面城壁約三百公尺處，出土了數千個青銅製的箭頭，之後還發現了三個犁（或鋤頭）的刃部。從這些出土文物中，人們可以得知，古螺建城時正值青銅器文明處於高峰的「東山文化」時期。

關於甌貉王國是一個怎麼樣的國家，學界基本上有兩種看法：其一是該國具有高度發展的經濟體系，並擁有武力強大且經過組織的正規軍隊（出土的數千枚箭頭可以佐證）。戰爭時所逮捕到的俘虜，會被當作奴隸強制從事農業和手工業，以及參與堡壘的建設工程。這個觀點認為，甌貉王國是一個奴隸制國家，存在著具有特權的統治階層。另一種看法則認為，甌貉雖然形成了相對發達的社會，但並非存在一個單一的社會組織，而是由許多部落組成的原始村落共同體。這個觀點認為，我們尚無法斷定甌貉王國是否為奴隸社會，要將其視為階級社會也過於牽強。

▼印度支那文化的起源

當我們觀察印度支那的文化發展時，會發現起初人類並沒有居住在低濕的三角洲地帶。雖然北部三角洲地帶的紅河流域到處都是廣袤的濕地，但對於史前時代的人類來說，三角洲絕非一個適合居住的地方。位於印度支那半島北部和中國接壤的地區，有一圈平緩的高地環繞著三角洲的外圍，在其背後則是高達兩千多公尺的險峻群山。當人們實際來到印度支那半島的北部，一定會驚訝於這裡的洞窟數量之多。這裡的地質主要由石灰岩所構成，構成喀斯特台地，洞窟也隨處可見。在遍布水田的區域，林立著像蠟燭一樣細長的山頭，像是在欣賞一幅中國的南畫，散發出一股神祕的氣息。

直立的山壁上長滿了樹木，但如果我們細看，便會發現岩壁上到處都是洞穴。印度支那半島是由喜馬拉雅造山運動所形成的一道地球上的皺褶，過去曾經是位在海底的山脈，後來才被抬升起來。台地和山地上的洞窟圍繞著富庶的盆地，在漫長的歲月中供人類生息。

大量的洞穴為人類提供了適宜的生存空間。適合人類居住的洞穴，一般高度在二十公尺上下，入口的寬度約為十五公尺，洞內平緩的空間則約二十公尺，在那之後還可以繼續深入下去。當人們攀上岩壁進入洞穴後，映入眼簾的是可以容納數十人的生活空間。涼風從外頭吹進，在幽暗的洞穴深處突然出現一道通往底部的陡斜面，還可以聽見潺潺水聲。這樣的居住空間讓人們能夠避開猛獸，還能安全取水。之後，人類走出洞穴，開始過上狩獵生活，並朝向植物栽培的方向發展；印度支那的洞穴對人類來說簡直就是寶庫。

有報告指出，印度支那曾經出現過原始人。一九六五年八月，位於北部諒山省新萬坊的洞穴裡，發現非常接近原始人的骨頭和牙齒，經過學者的一番討論，認為這是距今五十萬年前的東西。一九六〇年十一月，在清化省的水田中央、一座名為度山的低矮丘陵上，在約二十至三十公尺高的地方，發現了數千個礫石器。其中，有些帶著利刃，有些則是磨製石器，製作皆相當精巧；這些石器還和一些呈杏仁狀、蛋尖形的有肩石斧混在一起。今天，關於越南是否存在舊石器時代文化的討論，依然相當熱絡。

目前在越南北部的丘陵地帶，已經發現許多石器的加工場。在安沛、寧平和廣平等地，也挖掘出應該是屬於智人的下顎和牙齒；位於南部丘陵地帶的同奈、瀧閉和春祿等地，更因為相繼出土了可能是原始人的骨頭和牙齒，讓過去是否有原始人類在此生活的討論至今未歇。目前，主流的看法認為，在舊石器時代結束時，人類還沒遷徙到北部的紅河三角洲，而是仍居住在丘陵地的洞穴裡。洞穴的位置靠近河畔，周圍有豐富的森林資源，小河邊則有大量的礫石可供使用。

▼和平文化[2]

一九六八年，雄王祠所在的永富省[3]（現在的富壽省），挖掘出應屬於中石器時代（Mesolithic）晚期的遺跡，推估其存在時間約在西元前兩萬到兩萬五千年前，取名為「山圍文化」。在山圍文化出現後，接著登場的是「和平文化」，其後則發展出「北山文化」。在位於紅河三角洲河南寧省一處丘陵地上的昆蒙洞（Con Moong Cave）中，發現了山圍、和平、北山三個文化堆疊的遺跡，因此我們可以推定這三個文化之間有著連續關係。

和平文化的特徵在於它的遺跡主要是位在洞穴之中；遺跡中還發現許多杏仁形、圓形和方形

2 原文稱作「和平洞窟文化」，但一般資料多表示為「和平文化」。

3 譯注：永富省是越南從1968年到1996年期間的省分，省蒞越池市，今屬永福省和富壽省。

等形形色色不一的單刃礫石器。洞穴中貝殼層的厚度從一公尺到三公尺不等，其間還混雜著動物的牙齒，由此可以證明，生活在這裡的住民會食用鹿、山豬、山貓等動物；同時還發現了人類的墳墓。從這點來看，和平文化時期人們的生活，應該正處於狩獵和採集的階段。

有些看法還認為，這是最早出現稻作的時期，也有人主張，當時的人們已經懂得如何栽培蔬菜了。雖然，人們確實有找到大量的小黃瓜和豆類種子，但當時是否已經開始栽種蔬菜，目前仍無法蓋棺論定。

學界認為，和平文化曾廣泛分布在東南亞一帶。一九二四年，法國學者在和平省（現在的河山平省）進行遺跡挖掘工作，找到了許多具有特色的石器。接著，在一九三二年於河內召開的學術會議上，他們據此主張存在著所謂的「和平文化」。之後，越南的考古學者持續挖掘出九十九處被視為和平文化的遺跡；在這九十九處遺跡中，有九十八處位於洞穴內，另有一處位於陀河畔的露天挖掘現場。這類洞穴一般都位於面對小河兩側的山上，以便人們就近取用河中的貝類。和平文化的遺跡也可見於柬埔寨、泰國、馬來西亞、緬甸，以及中國南部。法國學者推估，和平文化出現的時間大約在西元前三千到五千年之間；但越南考古學者卻主張，應該是在西元前八千到一萬兩千年之間。

另外，也有學者認為，這個地區在西元前五千到六千年左右，人們就已經開始耕種稻作；可以在一些丘陵地帶找到許多於西元前五千年左右，以礫石製作、精巧細緻的銳利磨製石器。在北山文化時期，人們的生活仍是以狩獵和採集為主；但在同一時期，越南中部的沿岸地帶出現了以貝類為食物的人類群體，並發現了大型的貝塚，而且還在貝塚裡發現鹿、水牛和狗的骨頭。

研究人員在調查了從和平、北山文化時期的遺跡中出土的人類頭蓋骨後，確認這些人屬於南島語系的矮黑人種。然而，其中也發現了從北方南下的蒙古人種，因此，學界認為兩者之間應該有過混血。雖然蒙古人種的足跡也往南方發展，但在越南南部，南島系的矮黑人種似乎較占優勢。目前生活在越南中部到南部山岳地帶的少數民族中，有許多都屬於矮黑人種。

▼東山青銅文化

一九二四年，在流經清化省的馬江右岸、一個名為東山的村莊裡，農民們發現了幾件古代的青銅器。一九二五到二八年間、以及一九三五到三九年間，法國遠東學院對此進行了大規模的挖掘調查。結果，他們在地下發現了大量的磚造墓地，以及石製的手環、中國貨幣、青銅箭頭、槍尖、刀、有肩青銅斧、小鈴鐺、飾品和大小不一的青銅鼓等。從出土的木柱推測，這個考古現場在過去應該是一棟建築物。雖然法國學者認為出土的青銅鼓應該是在越南製作的，但因為當他們發現時，這些鼓四散在各處，所以無法確定是屬於哪一個地層，進而沒有辦法做出判定；「東山文化」的發現可謂「一石激起千層浪」。

究竟，製作青銅鼓的技術是源自歐洲，經過中亞民族之手傳播到中國，最後再輸入越南？還是其實這些鼓是在中國製作好之後，再運到越南的呢？關於以上的議論，在法國殖民時代時，越南人是無緣置喙的。直到獨立之後，越南才開始獨自進行大範圍的調查工作。東山文化的遺跡不只出現在紅河三角洲的丘陵地帶，沿岸地區也發現了五十九處，在馬江流域的丘陵和平原地帶則發現了二十一處，藍江流域的山岳、丘陵、平原和沿岸地帶則發現了十處。

但其中最引人矚目的，還是非東山遺跡莫屬。一九六〇年代，經過兩次大規模的考古調查後，挖掘出大量的青銅鼓、武器、飾品，以及總計達一百五十處的土墓和六處磚造墓。從調查結果來看，東山遺跡群全都是人類的居住地，時間始自西元前八百到三百年之間。到西元前四世紀時，我們可以看到它的文化產生了明顯的進步；接著，從西元前四世紀到西元前三世紀為止，進入了第二階段的發展時期。

從遺跡中出土的青銅鼓，為今天的人們提供了大量的訊息。其中一件玉縷（Ngoc Lu）青銅鼓高六十三公分，直徑達七十九公分，鼓身典型的圖示和紋路是它的特徵。鼓面上繪製著太陽，陽光向四面八方飛散。十六個同心圓的周圍都有鋸齒狀的紋路。鼓身部分的畫所描繪的，應該是東山文化時期人們的生活樣貌：一艘大船上，許多水手正奮力划槳，還有插著水鳥羽毛的男性；有些人正在杵米，有些人則在擊鼓；大型的水鳥準備振翅高飛，此外還有鹿和正在搬運斧頭和弓箭的人。上面這些內容，一絲不苟地被畫在青銅鼓上，由此可見，當時的鑄造技術已相當高明。

大部分深埋土中的青銅鼓都是在距離遺跡很遠的地方被找到的。因為很明顯地可以看出先人刻意埋藏的意圖，所

玉縷（Ngoc Lu）青銅鼓（圖片來源：維基共享）

以總讓人覺得背後似乎還有什麼隱情。青銅鼓是掌權者贈與有功者的禮物，推測應該是斜吊起來擊打的，至於其用途，則有可能是在稻米收成時期的祭典上、或是在祈雨的時候登場；但若是用裝了水的竹管來擊打它，又會發出類似打雷的聲音，所以用在祈雨的可能性略高一些。不只如此，對執政者來說，青銅鼓是極為重要的祭器，絕不能落入侵略者的手裡，所以在平日時，青銅鼓很有可能是被藏起來的。

一九五八年，雄王祠所在的永富省馮元一地也挖掘出遺跡，並在其中發現了石器和青銅器。因為考古學者在附近也找到了同類型的遺跡，所以被命名為「馮元文化」。這個文化可以追溯到西元前兩千年左右，考古學者在對這些石器、土器和青銅器進行考察後表示，從馮元文化到東山文化時期，原本生活在北部丘陵地帶的人們，開始往三角洲地區移動，並逐漸在平原上定居。從永富省挖掘出的馮元、銅豆（Dong Dau）和捫丘（Gò Mun）這三個遺跡中，學者們推定，原本被視為傳說人物的雄王，就是在永富省建立起了越南的第一個國家——文郎國。

從越南的歷史和考古的研究中，我們可以大致了解的內容如下：

（一）舊石器時代，越南已經有人類活動的痕跡。

（二）透過從石器時代到鐵器時代的人類社會連續發展，我們可以確認在越南境內，存在著獨立發展的文化樣式。

（三）有資料證明，在青銅器文明持續的數世紀間，原始的國家已經成立了。

（四）為了建設治水所需的設施，開始出現中央集權的組織架構。

挖掘調查的結果，證明了傳說中的人物真實存在過，並強化了「越南國起源於永富省」的說法。對越南來說，這樣的結論有兩個重大的意義：其一是越南可以主張，他們不是在中國的影響下，而是在自己的土地上，建立起屬於自己的國家。雖然越南從史前時代開始就受到中國的控制，同時也受到中國強烈的影響，但在波濤動盪的歷史進程中，從中國獨立的渴望逐漸匯聚成一股能量，而這股能量也成為形塑越南歷史的原動力。

第二項論點是，和平文化是一種廣泛散布在東南亞的文化，而其後的東山文化，更曾在泰國、印尼、馬來西亞、寮國、柬埔寨和中國南部等地被發現，尤其是在馬來西亞出土的兩個青銅鼓，都具有可被認定為東山銅鼓的特徵。

越南的學者們均主張「東山是廣泛流傳在東南亞一帶的文化的發祥地，越南和周邊國家具有相當緊密的關係」、「四千年前開創了越南的雄王，在紅河三角洲建構了東山文化，因此，越南是一個有別於印度和中國文明的文化發祥地」。越南充滿自信地宣稱，自己在中國、以至於在東南亞的文化發展中，扮演著重要的角色。

悲劇的抵抗——徵氏姐妹

▼南越王趙佗的反抗

接下來，越南將要進入長達一千年的中國統治時期。越南的歷史總是會受到中國局勢的左右，而中國對越南的統治具有雙重的意義：中國歷代王朝把官僚體系、社會組織、儒教、佛教和道教等帶進越南。除了使用漢字，中國還以軟硬兼施的手法，透過各種文化元素，把越南打造成一個複製版的中國社會。這樣的做法，當然會對越南社會產生複雜的影響。越南人一方面接受中國文明，但另一方面也因為中國的支配，產生出民族認同的能量。在支配越南的中國統治者中，不乏熱衷傳播中國文明、備受越南人敬重的人物；而從中國移居到越南的人們，後來也都落地生根，逐漸越南化。但與此同時，越南的歷史也是一段面對中國苛政、不斷反抗與尋求獨立的歷史。中國的統治為越南帶來了吸收文明與反抗暴政的兩面性，就算是在當代的越南社會中，依然對中國存在著錯綜複雜的情感。

中國在經歷了春秋戰國時代之後，最後由秦始皇在西元前二二一年統一天下。

秦帝國在國境南方設置了桂林郡[4]、南海郡[5]和象郡[6]，並任命任囂為南海尉，由他來治理這

4 今天的廣西壯族自治區。

5 今天的廣東、海南、福建南部等地。

些地方。秦帝國從各地徵集了五十萬人的大軍，命令他們搬運糧食往南推進，接著對任囂和他的部下趙佗下達入侵越南的命令。此時，秦帝國的領土已經越過了長江和五嶺。

然而，秦末天下大亂，任囂和趙佗趁勢建立了獨立的國家。任囂病逝後，趙佗於西元前二〇八年攻陷甌貉王國。接著，趙佗進一步違抗中國朝廷，在廣大的中國南方稱霸一方。最後，他在西元前二〇七年成立南越國，把首都設在南海的番禺（今天的廣州）；而甌貉王國僅立國五十年就滅亡了。

雖然趙佗對南海和桂林進行直接統治，但他卻把越南分為交趾[7]和九真[8]兩個郡，並設置代為治理的總督，對當地的封建首長們實施間接統治。

西元前二〇二年，漢帝國建立。漢帝國對趙佗政權的反抗態度相當反感，因為當時南越的力量，有將中國分裂為南北兩邊的趨勢。有鑑於此，漢帝國端出了懷柔政策，西元前一九六年，漢高祖派陸賈攜帶授予屬國的印璽，拜訪趙佗。

然而，趙佗並未輕易向漢帝國屈服。他在南越自稱皇帝，還派兵越過五嶺、揮軍指向長沙，沿途攻破了漢帝國的數個縣，直到漢軍開始反擊才撤兵回國；他還致力於維持國內的穩定。這時，漢文帝再次派陸賈前去責問趙佗，問他為何擅自使用帝王的稱號。於是，趙佗想到了一個辦法，他對漢稱「藩」，但在自己的領地內仍自稱皇帝。

6 今天的越南北部。
7 今天越南北部的紅河三角洲地帶。
8 今天紅河三角洲南邊的清化地區。

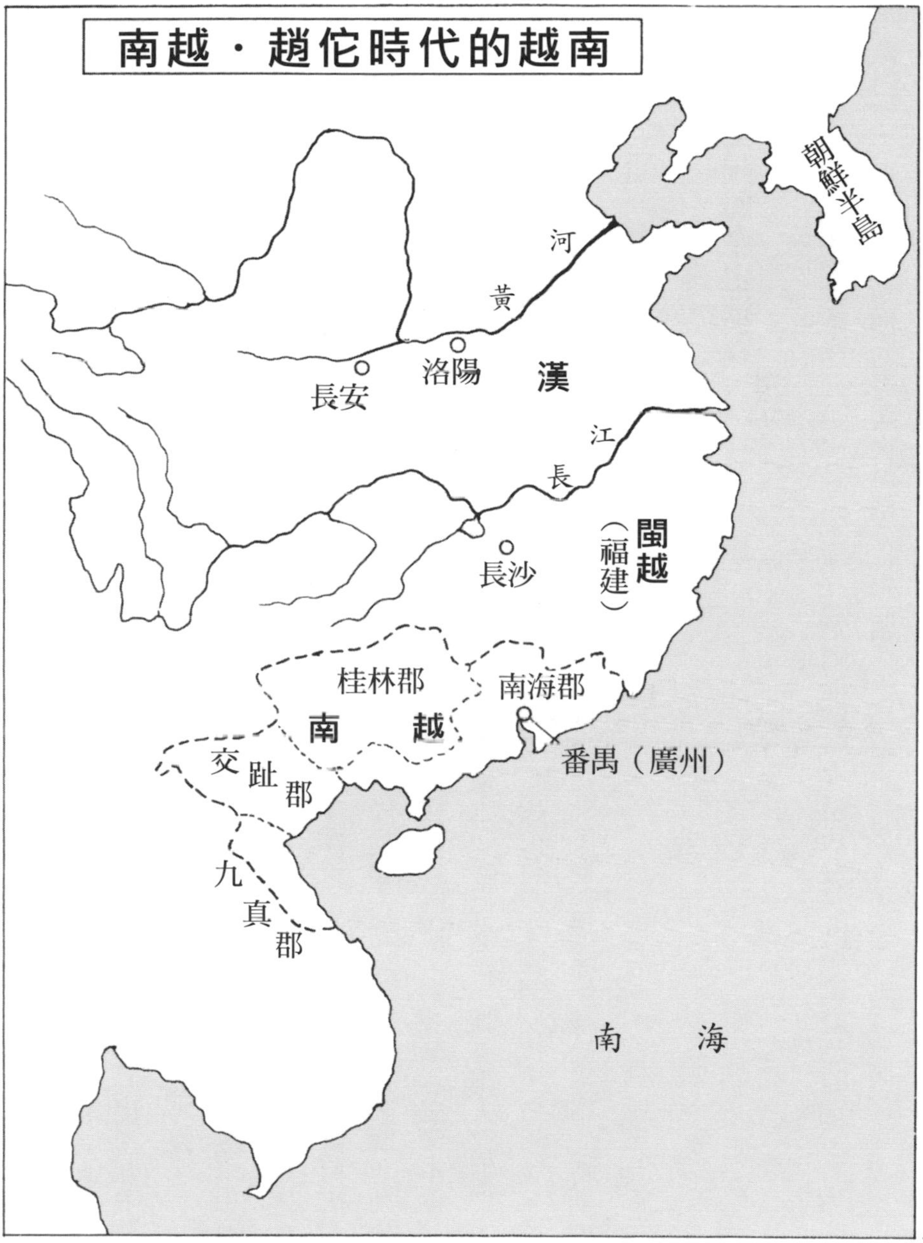

南越・趙佗時代的越南

這件事讓我們知道，趙佗雖是中國人，卻一身反骨，敢和中央作對。趙佗在位的時間長達七十一年，過世時享嵩壽一百二十二歲。或許各位讀者很難相信，越南人對趙佗建立的南越王國評價並不差。趙佗過世後，南越受到漢軍攻擊，西元前一一一年，趙氏政權在歷經了五代共九十七年後滅亡了。在聽聞趙氏被擊敗的消息後，交趾和九真兩郡的代表帶著戶籍簿向漢帝國投降。

從越南的歷史脈絡來看，趙佗是出身自中國北方的漢人，而南越國的都城也設在廣州。因為南越國征服了越南的本土政權甌貉王國，因此，關於中國統治越南，應該從甌貉王國滅亡開始算起。不過，在越南人的觀點裡，趙佗的南越國並沒有被視為中國統治越南的起點，究其原因有以下三點：（一）當時越南接受的是中國間接統治，而非直接統治；（二）當時在越南一地稱為「國家」的政權，真的能算是國家嗎？還是只能稱為原始的村落共同體集合呢？（三）不知該說是傳統或情感投射，把中國視為霸權國家、對「漢」的霸權主義進行批判，讓越南人習慣把中國統治越南的時間，從漢帝國開始算起。在這種思考方式下，趙佗對漢帝國的反抗，自然容易讓越南人感同身受，也充分顯露出越南人對中國的複雜情感。因此，他們把趙佗統治越南的時期納入越南史，也就不難理解了。

▼中國支配的歷史進程

漢帝國的支配，是中國對越南長達千年統治的濫觴。在這段漫長的中國統治時期，若和中國史做對照，可以將此時期的越南史再劃分為三期：

	越南	中國
第一期 西元前一一一年至西元三九年	發生越南史上著名的二徵起義、獨立運動（西元四〇至四四年）	西漢（西元前二〇二至西元九年） ↓王莽篡漢（西元九至二三年）
第二期 西元四四至五四四年	李賁（南越帝）的統治（西元五四四至五四七年）	東漢（西元二五至二二〇年） ↓三國時代（西元二二〇至二六六年） ↓晉（西元二六六至四二〇年） ↓南北朝時代（西元四二〇至五八九年）
第三期 西元五四八至九三九年	九三九年，越南脫離中國的統治	隋（西元五八一至六一八年） ↓唐（西元六一八至九〇七年） ↓五代（九〇七至九六〇年）

▼漢帝國時期的行政組織

漢帝國剛開始治理越南的時候，依然沿用原有的貉侯（掌管民政）和貉將（掌管軍事），之後才逐漸改用自己的行政組織。漢帝國把治下的領地分為不同的「部」，由皇帝任命的「刺史」進行全權統治。「部」之後被「州」取代，州下面再劃分出「郡」或「縣」，由「太守」來治理。然而，漢帝國其實沒有對越南所有的領地進行直接統治，而是把土地以「封土」的名義交給越南人和高地、高山民族，委託他們來管理。因此，一些當地民族的統治者，仍舊保持著獨立的統治權力。

漢帝國把趙氏南越王國的領地改為「交趾部」，然後再劃分出九個郡（縣），分別為：（一）南海[9]、（二）蒼梧、（三）鬱林、（四）合浦[10]、（五）珠崖、（六）儋耳[11]、（七）交趾、（八）九真、（九）日南。其中，屬於今天越南地區的有交趾[12]、九真[13]、日南[14]，三處都位於北緯十八度線以北；根據紀錄，當時三郡的人口有九十八萬一千三百七十五人。

▼引進漢字

儘管在中國統治越南的一千年間，主政者不斷將中國的制度、文物引進越南，但對越南人來說，以下四位是特別為越南社會帶來重大變革、來自中國的歷史人物：錫光、任延、士燮和杜慧度。越南人認為錫光帶來了儒教，任延把農耕和婚姻儀式的習慣教給越南人，士燮引進漢字，杜慧度則建立了學校。

有一段關於士燮引進漢字的故事。士燮出生於蒼梧[15]，是東漢末年交趾郡的太守。他的祖先在王莽篡漢[16]時，往南逃到了越地。經過六代人之後，他的父親士賜成為了日南郡的太守。士燮從小就勤勉向學，尤其擅於漢學。他被任命為交州刺史，三位弟弟也分別當上合浦、九真和南海的太守。士燮的性格寬厚講義氣，待人謙遜有禮；當中國處於亂世時，他在自己的領地推行仁政，而且還熱心教育事業，讓越南度過一段承平時期。越南人稱士燮為「士王」，對他敬愛有加。中古時期，某位著名的越南史家對於把漢字傳入越南的士燮，做出這樣的評價：「我國通詩書，習禮樂，為文獻之邦，自士王始。」

然而，學界的主流觀點認為，早在三世紀士燮將漢字引進越南之前，漢字就已經出現在越南社會了。趙佗雖然入侵越南，但他本人其實是一位出色的儒學者；而在趙氏政權滅亡後，由漢帝國派任當地的太守如錫光、任延等人，也都積極引進中國文化。大約在西元一世紀左右，錫光擔任了交趾郡的太守，他的重要政績是把儒教傳入越南。法國語言學家昂利・馬伯樂[17]（Henri Maspéro）認為，「在王莽篡漢、天下大亂時，有大批官僚和學者逃離中國，來到越南，他們建議錫光在當地推廣中國的文化。」錫光聽取這些人的意見，不但建立學校，還在當地採行和漢帝國相似的行政制度。

9 今天的廣東。
10 蒼梧、鬱林、合浦皆位於今天的廣西壯族自治區。
11 珠崖、儋耳皆位於今天的海南島。
12 山岳地帶以外的東京地方。
13 東京三角洲的南邊。
14 越南中部地區的北邊。
15 位於現在的廣西壯族自治區。
16 西元九至二十三年，王莽篡奪皇位，建立新朝。
17 編注：法國語言學家，專精於壯侗語系和南亞語系方言的研究。

擔任九真太守的任延還在歷史上留下這樣的記載：

「九真的人民以漁業為生而不知農事，於是任延教導人民耕作使百姓富足。此外，任延還制定了婚姻的儀式，如仲介和聘禮等制度。」[18]

但事實上，越南各地曾出土石製鋤頭，顯示在中國統治之前，越南人就已經懂得開墾耕作；但任延為越南的農業發展帶來顯著的發展，依然是不容置疑的事實。

任延和錫光努力在越南推廣中國文化，他們的政績也由繼任的太守們承續下去。西元二世紀之後，越南人李進和李琴到中國留學。課程結束後，一七八年，李進被任命為史上第一位擔任刺史的越南人。此後，越南的貴族與知識分子更加熱衷於學習中國文化。因此，我們可以清楚得知，在士燮成為越南統治者之前，越南人對漢字的認識和教育制度的運作，應該已經到達到了一定的程度。

錫光、任延和士燮之所以能獲得越南人的尊敬，在於他們寬大的施政，杜慧度也是如此。關於交州刺史杜慧度，史書有這樣的記載：

「杜慧度布衣疏食，儉約質素，能彈琴，崇修學校。歲荒民饑時，則以私祿賑給。視民如己出，為政有如治家，由是威惠沾洽，姦盜不起，乃至城門不夜閉，道不拾遺。」

四二三年，五十歲的杜慧度過世了。當他在世時，他曾經果敢應戰外敵，並且擊退了來自南方占婆的侵略。

和上述幾位寬大的執政者相比，許多由中國派遣到越南的官僚卻是橫征暴斂、為所欲為。這些行政官僚的苛政，招致了越南人民的反抗。在中國統治越南期間，反抗事件層出不窮。

▼目無法紀、冷酷無情、慾望深重

在漢帝國的統治下，越南的土地全都是皇帝的私人財產，人民是皇帝的臣民，需要繳納稅金和服賦役。儘管越南自古以來就有的村落共同體（Làng）仍大致維持了自治狀態，但漢帝國把軍人、政治犯和一般罪犯，以及從中國來到越南的貧民、越南本地的貧民和沒有土地的農民全部集結起來，把他們編列成屯田兵，在官員、幹部們的指揮下，對濕地和荒地進行拓墾、開發。

另一方面，漢帝國的官僚也會把土地分配給當地原有的統治階層和名士，作為他們效忠新權力的賞賜。西元二世紀以後，學習成績優異或取得官位的越南人，都可以擁有私人土地，而奴隸只能在屯田兵的開墾地或私人土地上勞作。開墾地的周邊設有監視塔，其內則有房屋、穀倉和牛舍等建築。隨著時間推移，從漢帝國來到越南的官僚及其子孫逐漸「越南化」，他們和越南本地的官僚及地主們一起成為當地的統治階層。

---

18 譯注：出自《後漢書》卷七十六〈循吏列傳〉第六十六。

當中國處於混亂的時局、權力進行轉移時，越南的行政區劃也會隨之改變；在這種時候，漢帝國便會派出新的統治者前去越南赴任。然而，一旦中央權力開始衰退，處在邊疆地區的越南就很難收到中央的指令，於是它脫離中央，自行其是。

另外，越南的統治階層也開始相互對抗，他們的權力鬥爭往往無視人民的死活，曠日持久地進行下去，結果受害最深的總是普羅大眾。

越南人對中國統治的批判之所以會愈演愈烈，主要原因還是在於從中國派來的官員，有太多人只為了中飽私囊，獲取個人的利益。安坐在宮廷裡的皇帝，原本就不太關心位處偏遠南方的越南，所以才讓到越南當官的人有肆無忌憚、為所欲為的機會。這些貪官只想搜刮當地的民脂民膏，根本無心提升人民的生活品質。越南的教科書如此批評：「從中國派遣到越南的官員們，實在是目無法紀、冷酷無情且慾望深重。」

▼漢帝國的同化政策

對於漢帝國的統治，越南人的看法有以下兩點：一是人民為重稅所苦；二是就算被中國統治，依然保有了越南的傳統。一般來說，越南的主流觀點如下：

「在漢帝國統治下，民眾需要上繳兩種類型的貢物。呈獻給宮廷的物品，主要是熱帶地區的珍稀物產，例如象牙、珍珠、白檀等豐富且多采多姿的事物；除此之外，還有熱帶水果、手工紡織品、金銀製工藝品、珍珠鑲嵌工藝品等。民眾為了滿足宮廷的需求，有些人從事手工業，有些人則被動員起來，深入密林捕獵大象和犀牛，還有些人要潛入海中尋找珍珠和珊瑚。此外，人們還得負擔人頭稅以及土地稅。另外，開鑿運河、鋪設道路和建造堡壘等工作，也都是由人民來承擔。於是，民眾開始頻繁地進行反抗。」

「漢帝國為了推行同化政策，可謂無所不用其極。其中最重要的一點是，要求越南人把皇帝當作天子來景仰，而且還在官方文件上強制使用漢字。在普及儒教的同時，他們也教導人民，皇帝不只統治人世間的一切，連天界都由他來管理，因此對君主的絕對忠誠，是身為一個人的基本義務。這些多如牛毛的義務和規範，箝制了社會和個人的生活。從親子、夫婦和朋友之間的關係，以至於所有的事物，都受到宮廷的行政機關所控制，儒教的原則改變了越南傳統的習慣、法律和體制。」

「在漢帝國統治下，在越南自古以來的傳統技術中，農業領域被妥善地保留下來，並加入漢帝國的技術，得到進一步的發展。西元一世紀時，居住在越南平原地帶的人們已經開始使用牛和水牛的犁來耕作水田。我們還可以看到，這時的人們透過興修水利設施、運河、堤防等來管理水資源；他們也使用肥料、發展勞力密集的農業、二期稻作和興建完整的灌溉設施等。農民栽種薯類、甘蔗、桑樹，以及種類多樣的蔬菜和果樹，還把蠶繭拿來作為外銷的特產；檳榔樹的果實、草藥、竹、籐等植物的栽培也很興盛。越南人民還會製陶，甚至已經懂得上釉；他們使用磚頭和磁磚來建造城池、寺院和墓地的技術更是精湛。此時，越南傳統的紡織和竹編工藝等手工業技術也臻於成熟，棉、絹織品和由竹、籐編織的籠子，都是炙手可熱的商品。到了三世紀，中國的造紙術傳入越南，玻璃的製作工藝也從中國和印度輸入；此外，漆藝技術也得到了發展。

此一時期，越南獨特的手工藝品，開始走上獨自發展的道路。」[19]

▼二徵揭竿而起

面對中國官僚的殘暴統治，越南的反抗聲勢日益浩大。其中，最具代表性的當屬「二徵」的反抗。二徵指的是「兩位徵夫人」，亦即「徵氏姊妹」。這場起義是由越南女性所領導的第一場獨立運動，在越南史上具有重要的意義。

徵側為峯洲麊泠縣[20]一名貉將的女兒，她嫁給了朱鳶縣[21]的詩索。時任交趾郡太守的蘇定恣意妄為，還把詩索給殺了。憤怒的徵側在得到妹妹徵貳的協助後，於西元四〇年揭竿而起。在徵氏姐妹的振臂一呼下，有六十五個地方的土豪起兵響應，為叛軍所震懾的蘇定則逃往南海[22]。徵氏姐妹的起義獲得南海、九真、日南、合浦等地的呼應，在壓制了嶺南六十五個縣後，定都麊泠，實現了越南獨立，號為「徵王」。以上是廣為越南人所知的二徵起義故事的開頭，然而，故事卻和史實有些出入。

在徵氏姐妹起義的時代，越南仍處於母系社會。徵側為貉將的女兒，她之所以會起身對抗中國，和丈夫詩索（也是貉將）被殺無關——因為詩索根本沒死。徵側要反抗的，是中國課徵的重稅。徵側向越南原有的統治階層貉侯、貉將喊話，希望他們一起來「調整」中國的稅金和賦役。對於負責越南最初的王國——文郎國的政治事務的貉侯、貉將等地方豪強來說，既有的稅金被中國官僚奪走，堪稱是生死存亡的大問題。因此，所謂「調整稅金」，說白了就是要廢止中國的徵稅體制，回到原來貉侯、貉將主政時的作法。

過去，稅金的內容主要為賦役和貢物（熱帶地方出產的珍稀產物）。貉侯、貉將們非常厭惡中國官僚直接徵收的作法，他們希望能以交換貴重物品的方式維持世襲制度，創造出對雙方都有利的結果。

西元四〇年三月，響應徵側訴求的六十五縣地方豪強（貉侯、貉將）之所以集結起來，原因在於徵側是文郎國的中心——麊泠地方一名政治家的女兒。隨著妹妹徵貳的加入，徵氏姐妹成為反抗勢力的核心人物。文郎國中心地區的貉侯、貉將們尊徵側為女王，並在麊泠建立宮廷。他們在兩年的時間裡，不斷打出「調整稅金」的口號。和二徵站在同一陣線的地方豪強中，出現許多婦女的名字，這件事也反映出當時的社會結構。因此，因丈夫被殺導致憤怒的妻子揭竿起義的故事，乃是後世的歷史學家融合了越南在進入父系社會後產生的變化所創造出來的。

東漢光武帝將越南的反抗行動，視為動搖中國統治根本的重大挑戰，於是派出宿將——伏波將軍馬援前往討伐。馬援帶著八千名正規軍、一萬兩千名從中國南方徵調的民兵向越南進擊。進入越南後，馬援在重要的戰略高地浪泊布陣。到了四二年四月，進入雨季之後，酷暑和高濕的氣候中止了漢軍的進攻，此時能做的只有等到乾季到來。馬援曾說：「這裡惡疫流行，酷暑難耐。

19 《越南的歷史》，阮克援著。
20 此地為雄王時代的都城，位於今日的河內西北邊。
21 今日的山西市社。
22 今日的廣州。

因為實在太熱了，我還看過鷂（體型較小的老鷹）從天上掉下來。」

然而，在和漢軍對峙的過程中，越南的貉將們逐漸喪失了戰意，陸續出現了背叛者。最後，徵氏姐妹主動發起戰鬥，結果卻大敗而歸，有數千名戰俘人頭落地。二徵雖然撤回根據地麊泠，但在同一年年底就遭到馬援軍隊的逮捕。隔年（西元四三年）一月，兩人的首級被浸泡在鹽水中並送往洛陽。在越南的民間故事裡，關於二徵的過世有諸多版本，例如戰死沙場、死於馬援刀下、被馬援下令斬首、病死、消失在雲中等等。但其中可信度最高的，應該是姊妹倆被逼到走投無路後，手牽著手一起縱身跳入河裡。

因太守的惡政所引發的二徵起義，雖然讓越南實現了三年的短暫獨立，但最終仍以悲劇收場。

不過，越南民眾為徵氏姊妹的死感到惋惜，因此為她們建祠祭拜；也因為二徵的反抗讓越南第一次完成獨立，故受到高度的評價。姊妹倆被塑造為獨立運動領袖的形象，既是悲劇的主角，也是受人尊敬的民族英雄。

在三年這段轉瞬即逝的時間裡，對抗中國統治、為越南人爭取到獨立的「二徵起義」，成為日後越南抵抗外敵的象徵，並且被一代代的越南人傳頌下去。這場起義是越南舊有體制的反撲，從中國看來，如果當時鎮壓失敗的話，很有可能成為失去領土的大事件；因此，中國才會出動大軍，對越南的傳統勢力進行斬草除根式的掃蕩。

徵氏姐妹的行動只能維持短暫成功的原因，在於原本共同起事的地方豪族，對二徵見死不救的關係。這些貉將的麾下並沒有訓練精良的士兵，所謂的軍隊，其實也只是雜湊起來的烏合之眾。他們在衡量得失後，覺得跟隨中國才是上策。事實上，我們可以這麼說：貉將們的倒戈顯示越南社會在中國長期的統治下，已經逐漸轉為父系社會，對中國的傾斜也益發明顯。

馬援到越南平定反抗的真正目的，其實是要確立中國對當地的直接統治。如前所述，馬援在越南實施屯田，讓麾下的士兵在當地殖民，然後巧妙地利用人們對土地的感情，來正當化中國的直接統治。另外，他還在中國官員的聚落周圍，建立了用作防禦的圍牆。此外，馬援也興修水利，但與其說他是為了提升稻米的產量，不如說是藉此對過去由貉將所擁有的土地進行整理，然後在開墾新的農地時，一舉清除舊有的權力基礎。就這樣，在貉將被驅逐後，他們的位置被外來漢人或祖先為漢人的越南人所組成的郡縣行政官僚所取代，從而建立起一套直接統治的體系。當時，芒族因為避開了馬援推行的直接統治，直至今日，他們仍保留著和過去幾乎完全相同的越族社會結構。

馬援在平定了二徵起義後繼續帶兵往南，追討尚未投降的貉將餘部，直到抵達當時越南的最南方，也就是今天的義安。在那裡，有三千到五千名越南兵被捕後遭到屠殺。另外，還有好幾百個貉將的家庭被強制遷徙到中國的南方居住。西元四四年春天，馬援在平定越南、確立中國的直接統治體制後，才回到中國。

▼趙夫人的起義

趙夫人趙嫗指揮的起義是越南人琅琅上口、知名度和二徵起義相當的故事。雖然在中國的史書中並沒有記載趙夫人起義的事情，但在越南坊間，趙夫人的奮鬥故事依然相當膾炙人口。西元二四八年，年輕的趙夫人在九真[23]舉兵起義，掀起大規模的反抗行動。趙夫人曾說：「我要乘著勁風，入海殺鮫。驅逐侵略者，光復故國。幫人民掙脫農奴的枷鎖，不對敵人卑躬屈膝。」她騎著大象，率軍衝鋒陷陣。據說，趙嫗的乳房長達三尺，她總是把胸部擔在肩上，大聲地激勵士氣。然而，在經過幾個月的激戰後，趙嫗被漢軍打敗並遭到殺害。為什麼趙夫人的起義會受到越南人的重視呢？因為這是一場聯合當時中國人和越南人的領導階層，共同針對橫征暴斂的中國所進行的反抗。這是越南由女性所領導的最後一次叛亂，同時也是傳統社會中，貉將們最後一次的反撲，也是古代越南的統治階層的最後一搏。不論是「徵氏姐妹」或「趙夫人」，她們的故事皆感動著越南人；今天，在首都河內的市中心，還有以她們的名字命名的街道。

▼層出不窮的反抗

其實，只要從中國派任到越南的統治者能善待老百姓，基本上都能維持當地的和平；但如果赴任的太守或刺史是那種只想中飽私囊的貪官污吏，那就會導致人民的反抗。反抗軍會攻擊官方設立在紅河三角洲及其南邊的軍事堡壘，以及皇帝的領地。

一三七年，日南郡象林縣的區憐因無法忍受中國人的恣意妄為，聚集了數千人興兵反抗，並且殺害了該縣的中國官吏。後來中國雖派遣了數萬大軍前來平定，但有許多中國將士不願意參加遠征；同時，中國朝廷也認為，與其讓部隊投入戰鬥，倒不如推行清廉的政治更為重要。於是，中國指派了新的交州刺史張喬，最後終於緩和了當地的局勢，並和區憐達成協議。區憐在日南郡象林縣以南的地方成立了林邑國（占婆），並成為政權首長，這就是占婆王國的起源。

一五七年，九真縣的民眾對當局不滿而起義，反抗軍人數高達五千多人。太守不但被殺，更令中國震驚的是，首謀者竟然還是中國人的後代。這場叛亂最後被由中國、越南所組成的聯合軍所鎮壓，由此可知，在當時的中國軍隊裡也可見到越南人的身影。

一七八年，梁龍率領數萬人起兵反抗，後來雖被平定，但因為交趾刺史的統治實在過於橫征暴斂，因此在一八四年，民眾殺死了交趾刺史，並向中國朝廷提出申訴。於是，漢靈帝派遣優秀的人才走馬上任，除了減輕賦役還推行善待農民的政策。過了三年，越南人李進被任命為刺史。在這件事情之後，越南人終於得到與中國人相同、可以擔任刺史和太守的權利。在經過一百四十四年的中國統治之後，越南終於迎來了統治政策上的巨大轉變。

在中國的南北朝時期，梁政權的交州刺史因執行高壓統治造成民怨沸騰。當時，有一位名叫李賁的人，他的祖先原是中國人，為了躲避戰亂而逃到越南。五四一年，李賁企圖掀起一場反抗行動；當他起事後，響應的州數頗多，聲勢一時浩大，連交州刺史都嚇得逃到廣州。當時，林邑國看到越南陷入混亂，便決定北上侵略日南地區，卻被李賁擊退了。五四四年，李賁定都龍編，自「稱南越帝」，國號「萬春」，越南人尊其為「李南帝」。對此，中國的梁政權在五四五年任命新的交州刺史，並派出軍隊討伐李賁。

23 今天的清化。

雖然李賁率領三萬人的軍隊抗敵，但仍然敗陣下來，最後撤退到位於河內西北邊的森林裡，潛入洞穴進行晝伏夜出的襲擊，讓梁軍頭疼不已。五四八年，李賁病死，這場反抗中國苛政的起義也隨之落幕，前後僅僅持續七年而已。

李賁過世後，他的部下趙光復和李佛子開始內鬥，李佛子雖然擊敗了趙光復，但還是在六〇二年被中國給平定。這一連串反抗中國的行動，始於李南帝（李賁），經過趙越王（趙光復），最後再到後李南帝（李佛子），一共經歷三帝六十二年。

▼阿倍仲麻呂的鎮壓

唐帝國建國後，朝廷在交州地區創立了安南都護府，統轄十二州。當我們提到安南都護府，以及越南與日本的關係時，絕不能忘掉阿倍仲麻呂這號人物。仲麻呂在十六歲時被選為遣唐留學生遠赴中國，之後成為了中國朝廷的官員，備受唐玄宗的厚待。他的漢名為朝衡（又稱作晁衡），和李白有著深厚的友誼。七五三年，阿倍仲麻呂原本要和遣唐使藤原清河一同從楚州出發，回到日本，卻在途中遭遇暴風雨，船隻被吹到越南。阿倍仲麻呂在楚州時曾留下「回首舉目望蒼穹，明月皎潔掛空中。遙思故國春日野，三笠山月亦相同」[24]這首廣為人知的詩作。後來，阿倍仲麻呂再次回到中國，被唐代宗任命為安南都護，前往越南赴任。在越南史中有這樣的記載：「時生蠻侵德化、龍武二州境，詔朝衡往平之。」[25]當時，山岳地帶的部族發起反抗活動，朝衡前去當地平定。後來，阿倍仲麻呂再次回到長安，最終客死中國。

即使進入唐帝國統治時期，越南的叛亂仍無止息。六八七年，李嗣先和丁建的反抗特別表現出農民頑強的一面。這次事件源於安南都護把賦稅的金額調高兩倍，激起地方舊勢力的反抗，並集結農民殺害了安南都護。

七二二年，有位名叫梅叔鸞的人，因為河靜地區的行政首長過於暴虐，於是怒不可遏，舉兵占領了驩州[26]。梅叔鸞自稱「黑帝」，並受到南方占婆、柬埔寨的支援，聲勢一時浩大，但最後仍被唐軍平定。

七六六年，交趾的馮興和其弟馮駭，以及一群痛恨安南都護苛政的民眾包圍了都護府。兄長馮興十分勇猛，能夠徒手擊退老虎、絞殺牛隻，弟弟馮駭也是個能抱著大石步行數里的大力士。都護過世後，馮興進入羅城，自號為「都君」。七九〇年馮興過世後，他的長子馮安繼承其位，號為「都府君」，而馮駭則帶著部下潛入山中。在這之後，越南開始出現祭祀馮興的寺廟，民眾把馮興當作神明一般敬重，尊他為「布蓋大王」；向馮興祈求長壽、生意興隆和幸福的香客絡繹不絕。從事貿易的商人和船長們，也會到祭祀馮興的寺廟上香，祈求航海順利。在當時，「布蓋」一詞有「父母」之意，因此，「布蓋大王」就是「偉大如父母的王」，進一步衍伸為「宛如人民父母的大王」。馮安雖然聽從了中國的勸說，把城池交還給朝廷，但直到今日，越南人依然

24 日文為「天の原ふりさけ見れば春日なる三笠の山に出でし月かも」，是一首和歌，中文翻譯者不詳。
25 譯注：出自《安南志略》（《四庫全書》本）卷八。
26 今天的義安省。

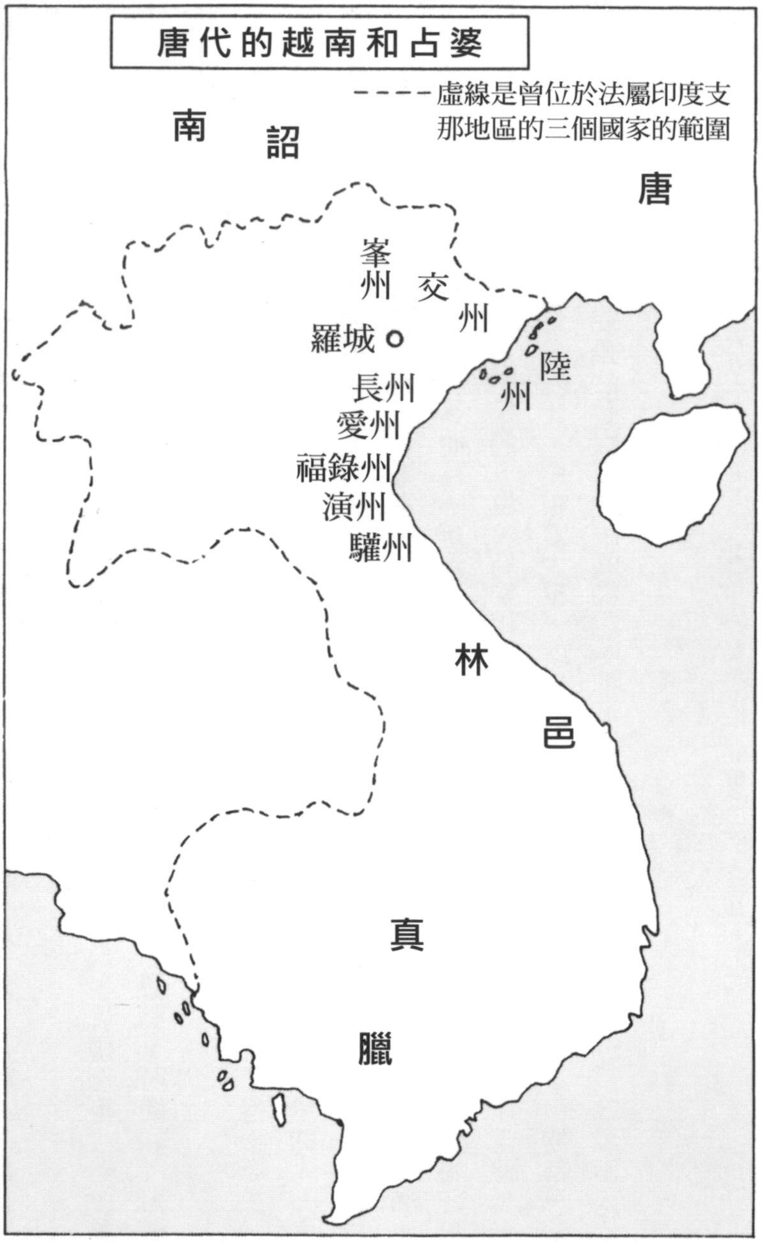
唐代的越南和占婆
虛線是曾位於法屬印度支那地區的三個國家的範圍
南詔
唐
峯州
交州
羅城
陸州
長州
愛州
福祿州
演州
驩州
林邑
真臘
唐代的越南和占婆

稱那個時期為「馮興時代」；此時也是中國統治越南最為繁榮的一段時光。

▼南詔的征服

唐帝國建立之際，亞洲大陸上的局勢也產生了一連串的劇烈變化。中國北方的渤海、契丹、突厥，西方的吐蕃（西藏），以及南方的南詔，這些勢力都在逐漸增強。

南詔位於今日中國的雲南省，和越南北方的國境接壤。在這個以泰系民族為主體的地區，過去曾經存在著六個小型的封建國家，國家的統治者稱為「詔」。

開元年間（七一三至七四一年），一位強而有力的君王在得到中國的相助之後，統一了這六個政權，並且把新的國家取名為「南詔」。八五九年，酋龍稱帝，將國號定為「大禮」，之後則改為「大理」。

當唐帝國的國力強大時，和周邊的國家互有往來；然而，當國勢開始衰退時，就開始提防起這些鄰國了。為了對付南詔，中國把交州當作據點，發動先發制人的攻擊；南詔也不甘示弱，一抓到機會就伺機反擊，侵略交州。交州經略都護使王式主政時，曾經成功抵抗過南詔的入侵。然而，八六〇年，當頗負名望的王式轉調他處之後，南詔眼見機不可失，立刻動員軍隊攻擊交州。八六三年正月，南詔的五萬大軍發動總攻擊，前湖南觀察使蔡襲雖然奮力抵抗，但最終仍因寡不敵眾而戰死沙場。雖然蔡襲的部下們奮勇殺敵，消滅敵軍兩千餘人，但在南詔的援軍面前也只是螳臂擋車。據聞，此役結束後，交州共有十五萬人遭到屠殺。

▼龍神與高駢的故事

唐懿宗在位時，中國朝廷認為如果再不設法擊退交州的南詔軍隊，則帝國南方危矣。因此，朝廷調集了全國各地的軍隊，固守嶺南道[27]，並且在八六四年，任命饒衛將軍高駢[28]為總指揮官，開始轉守為攻，發動攻勢。高駢一邊鼓舞士氣，一邊發動總攻擊，最後終於奪回城池。在此役中，唐軍殺敵三萬，並壓制了原本聽命於南詔的地方勢力，殺掉了這些地方勢力的領導者。後來，當地土豪們帶著一萬七千人歸順中國。十一月，唐懿宗在南方局勢穩固後，於交州設立靜海軍，並且任命高駢為節度使。高駢在交州掌政九年，民眾稱他為「高王」。高駢是一位極有教養的人，他和許多學者都有深交，只要一有空閒便手不釋卷，而且深受將士們的信賴。在他即將到交州赴任時，曾看見兩隻雕正在空中飛翔，於是張弓說道：「我後大富貴，當貫之」，結果真的「一箭雙鵰」。

越南再次回到中國的統治之下，和高駢這位優秀的當政者有關；同時，他也廣受民眾的愛戴。當時，越南由靜海軍所領有，而高駢正是靜海軍節度使。在高駢的治理下，荒廢的國土得以重建，記錄賦稅的名簿也得以重新整理起來。高駢還大興土木，建設規模相當於首都等級的羅城。羅城的城壁高五點八五公尺，基底寬五公尺，周長四點四五公里，擁有五十五座監視塔。這座城池成為了越南的首府，稱為「大羅」，城內有五千戶人家。

雖然高駢被人們當作「雷神」一般敬重，但他在傳說故事中的形象，卻呈現出略為不同的一面。據說，在越南功績卓著的高駢之所以會早早地離開，竟然和一個「妖怪」有關：[29]

某日清晨，高駢獨自一人走出大羅，到城外散步。他信步走到河邊，眺望著水面。突然，一陣強風吹拂，河面上捲起一陣漩渦，天空被烏雲遮蔽，瞬間黯淡下來，霧氣籠罩大地。接著，高駢看到一位高得嚇人的男人站在水面上，男人的身長約有六公尺，身著黃色長袍、頭戴紫帽，手上拿著黃金卷軸。高駢被眼前的景象震驚了，心中暗自決定要對付這個怪物。是夜，當高駢入睡後，妖怪出現在他的夢裡，對他說：「我知道你想對付我，但我乃龍神，是這個國家中最有力量的靈中之長。我聽說你要在這片土地上建立一座新城，因此前來相見。沒想到你竟然想把我趕走？」高駢不顧龍神的勸告，依然決心要對付祂，於是製作了由青銅和鐵搭造的祭壇。然而，就在一陣激烈的雷雨交加之中，祭壇突然冒火並燒成了灰燼。高駢見狀便說：「此地有大能的靈異之神，我不可於此久留，否則將惹禍上身，應盡快北歸。」

這則故事顯示出，為了統治越南，中國也曾經使用過道教。高駢的堪輿之術遠近馳名，他曾說出「（越南）這片土地上不會有王者出世，因此由唐朝天子來治理該地」這樣的話，藉此說服紅河三角洲的民眾。高駢還在當地建立了二十一座道教廟宇，把越南人傳統的民間信仰巧妙地和

27 位於唐帝國南方、和交州相接的地區。
28 饒州位於今天江西省北部的鄱陽縣。
29 譯注：出自《嶺南摭怪》卷二《蘇瀝江傳》。

道教融合在一起。另一方面，生活在紅河三角洲的人們也創造出守護山、河的神靈。在這則故事裡，河川的守護神龍神和高駢的法術（代表唐帝國）進行對決，並以後者的失敗告終。高駢的法術奈何不了龍神，不禁感嘆地說：「南國神靈，威窮無極，亙古長在。」

就算是政績卓著的高駢，依然無法改變他是外國人的身分。這則具有代表性的故事充分顯示出，越南的土地絕非外國人囊中物的氣概。因戰亂而導致國土一片荒蕪的越南，終於要準備擺脫中國的統治，進入獨立國家的時代。

河內文廟—越南最古老的大學

第二章

越南獨立和國家體制

英勇大將——李常傑

▼中國派和越南派的對決

當唐帝國的統治開始鬆動後，越南面臨著被鄰近諸國侵略的困擾。然而，此時卻也是越南掙脫中國統治、千載難逢的機會。九〇七年，唐哀帝命喪朱全忠之手，唐帝國正式滅亡，中國陷入漫長的混亂狀態。中國史上稱這個時期為「五代十國」，在中國北、中、南部分別興起了許多國家，時間的順序為「後梁↓後唐↓後晉↓後漢↓後周」。

九〇六年，亦即唐帝國覆滅的前一年，不過是交州海陽一名領主的曲承裕，竟然自稱交州節度使。然而，當時中國朝廷已經沒有制裁他的力量，只能承認這個結果。由此可見，當中央失去掌控能力，地方的節度使便會為了奪取權力，各自蠢蠢欲動。曲承裕過世後，其子曲承顥進入大羅城，同樣自稱為節度使。曲承顥先規劃路、府、州、社等行政區劃，接著進行土地劃分，然後創設租稅制度、整頓戶籍，把人名、鄉（村）、貫（稅金）確立下來，並且讓甲長[1]進行管理。曲氏的統治崇尚寬簡，人民也因此獲得喘息。

九一七年，廣州的地方勢力建立「南漢國」。曲承顥之子曲承美無視南漢政權，遣使到掌控中國中部地區的後梁，希望能獲得節度使的稱號。然而，當南漢王得知這個消息後，對曲承美的行為感到相當憤怒。南漢就像當年不動聲色地等待後梁滅亡（九二三年）一樣，九三〇年，他們揮軍進攻交州，在擒獲曲承美後班師回到廣州。

我們可以透過這場紛爭看出當時越南所處的複雜立場。南漢王破壞了唐帝國的統治秩序，而曲承美雖然握有交州的統治實權，但為了主張其權力的正當性，還是決定依附唐帝國的繼承者——後梁。越南在受中國長達一千年的統治後，無論是權力機構、社會和經濟組織等，都已是中國官僚體系的翻版；而且，繼續維持這個體系也相對方便。因此，曲氏一族才會做出「與其追隨南漢這個中國的南方勢力，還不如依照過去很長一段時間裡所遵循的唐帝國制度，藉此穩定權力」的決斷。在曲氏一族的統治期間，越南不但維持了一段和平的時期，還吸收了中國文化，在境內推廣佛教和道教。

雖然交州成為了南漢的領土，但實際上統治的範圍僅限於紅河三角洲的中心地帶，三角洲南方的愛州[2]並不在其統治範圍之內。當時，愛州的統治者是當地出身的曲氏舊部楊廷藝將軍。相較於曲承美希望維持唐帝國的秩序，在遠離交州中心的地方長大的楊廷藝較少接觸中國文化，因此他更傾向重視地方社會的傳統，將注意力擺在「越南式的」事物上。

九三一年十二月，楊廷藝組織了一支三千人的軍隊，進攻大羅城並取得了勝利。因為倉促率領軍隊前往馳援的將領被殺，所以南漢政權也只能承認楊廷藝為節度使。然而，九三七年，楊廷藝又被部下矯公羨所殺害。

矯公羨出身自紅河三角洲中心地區的領主家族，他想把楊廷藝的政治立場調整回親近中國的

1 也就是鄰長。在宋代，一鄰約為十戶左右。
2 今天的清化。

路線；他也以節度使自居。這時，身為楊廷藝女婿的部將吳權，正負責愛州的政事。聽到岳父遭到暗殺的消息後，他決定挺身而出。於是，越南遂分裂為兩個陣營，一方認為應該和中國攜手合作，以保障自己的權力，另一方則認為應該排除中國在越南的勢力；雙方的衝突一觸即發。吳權能夠成為反中勢力的領袖，不只因為他和楊廷藝一樣都出身自愛州，再加上他還娶了楊氏一族的女性為妻，也因為他深具領導者的資質和能力，所以廣受眾人推崇。

▼吳權——白藤江決戰的奇計

吳權這個人「及長魁悟，目光若電，緩步如虎」。根據越南的傳說，「王生有異光滿室，狀類特殊，背上有三黑子，相者奇之，謂可為一方之主」，因此取名為「權」，被認為是長大以後可以奪取天下的大人物。吳權的力氣很大，「力能扛鼎」[3]，鼎的重量很重，通常要兩個人用扁擔才能挑起來。此外，他還是一個有謀有勇的優秀人物。

接獲吳權起兵的消息後，矯公羨向後漢的南漢王求援。南漢王也想利用這個機會奪下越南，因此，他任命兒子萬王劉弘操為靜海軍節度使，並封為交州王，率領一萬多名士兵參戰。劉弘操自己率領船艦，從海上進入白藤江，再溯三角洲而上，對吳權率領的防衛軍發動攻擊。面對南漢步步進逼的大軍，吳權想出了一個奇策。

白藤江河口位於今天的下龍灣，是越南北部首屈一指、風光明媚的觀光勝地。在沿岸地帶，翡翠般碧綠的海面上聳立著無數的奇岩巨石。據說，那些由岩山組成的島嶼，總數在三千座左右。在這些由石灰岩所構成的島嶼上，有著無數的洞窟。形狀如蜆的帆船在水面上航行，捕魚的戎克船安靜地穿梭其間；還有無數的灰蝶，也都以鄰近下龍灣的海域為棲息地。白藤江的上游源自中國邊境附近的山區，中間則流經組成北部紅河三角洲的海陽和廣安兩地，不斷地吸收其他河川的支流。在越南人爭取獨立的戰役中，白藤江曾幾度被鮮血染紅。

九三八年秋天，吳權透過奇襲消滅了矯公羨，接著轉頭到白藤江靜候南漢的軍隊。吳權先把士兵帶到河口附近，然後在白藤江的水面下打上前端包覆著鐵的木樁。當下龍灣漲潮時，白藤江口會變的既廣且深，吳權的士兵們乘著吃水淺、移動輕快的小舟和南漢軍作戰。兩軍交戰時，越南軍隊假裝不敵南漢強人的軍隊，大量的小船往上游移動；當南漢船隊的總指揮劉弘操看到越南軍隊開始逃跑，於是下令全軍追擊。然而，不久之後開始退潮，水流的速度陡然上升。南漢軍的船隊紛紛撞上鐵樁，完全無法操作船舵。在這種情況下，許多船隻翻覆了，有半數的士兵溺水而亡。就在此時，吳權的軍隊開始反擊，捕殺了劉弘操，剩下的南漢士兵則四散逃竄。

關於白藤江之戰，還留下這麼一則軼事：

雖然吳朝的第一位國王——吳權，完成了建國大業，但北方的南漢軍隊仍然為了劫掠我國而發動侵略，這件事讓國王困擾不已。一天深夜，吳權做了一個夢，夢中出現一位滿頭白髮、氣質高雅，身穿莊重服飾，一手拿著羽毛扇、一手拄著拐杖的威嚴老人。他告訴吳權：「吾乃馮

3 一種擁有三隻腳的中國大鍋。

興。」接著又說：「我將率領一萬名不死之身的士兵，在重要的戰略地點上伏擊敵軍，因此，請將軍盡快對敵人發動攻勢，我會在暗中助你一臂之力，請你不用擔心。」當白藤江決戰的時刻迫近時，天空突然傳出許多馬匹的嘶鳴聲和雙頭馬車移動的聲音，後來吳權的軍隊果然凱旋而歸。戰爭結束後，國王建立了寺院和廟宇，在裡面進行古老的儀式，鹿皮製的大鼓上裝飾著羽毛、黃旗和黃銅製的銅鑼；人們揮舞著刀和戰斧，跳著傳統舞蹈，並宰殺牛隻來祭祀馮興之靈。

▼越南獨立和吳朝建立

九三九年春天，曾在白藤江決戰中大破南漢軍的吳權公然稱王。他沒有把首都設在大羅，而是以古螺為都；古螺是西元前三世紀由安陽王所建立的甌貉王國的首都。吳權這麼做，是為了否定象徵中國秩序的大羅，進而表明越南的意志。但在當時，想要全面擺脫中國秩序是不可能的。因此，吳權還是遵照一直以來的作法，設立行政機關、設置諸多官職，以及舉行朝廷儀式。每當中國的王朝更替時，朝廷都會更換官吏衣服的顏色；為了表示越南脫離中國的統治，越南的新政權也依樣畫葫蘆。

可是，儘管越南獨立了，但政權的基礎仍相當薄弱。當反中的吳權於九四四年逝世後，國家立刻陷入群雄割據的局面。對時局敏感的越南地方豪族察覺到中國的統治鬆動後，便爭先恐後地投入權力的爭奪之中。雖然各地的族長高喊著獨立，卻完全看不出最後能夠勝出的人是誰。在這個時期投入權力鬥爭的族長共有十二位，因此又被稱為「十二使君」時代。這些族長不過是半斤八兩，誰也沒有能力把權力統整起來，而吳權的繼承者也只是十二使君中的一位而已；吳氏政權的統治只維持了二十九年。

在這持續不斷的鬥爭中，一位卓越的人物走上了歷史舞台，此人就是出身自華閭的丁部領。可以這麼說，直到丁部領完成統一後，越南才算真正從中國的影響下脫離出來，實現徹底的獨立，而越南的歷史也從此邁入新的篇章。

▼水獺——丁部領的故事

在「十二使君時代」，不在十二使君之列的丁部領就像彗星般出現在世人面前，完成了越南的統一。丁部領之所以能夠完成統一，其背景和農民社會的支持脫不了關係。

丁部領出生在位於今天首都河內南邊約九十公里處的華閭[4]。他的父親丁公著是楊廷藝麾下的部將，日後還成為了驩州[5]刺史，並且效力於吳權。當丁部領還年幼時，丁公著就過世了，所以他由母親一手拉拔長大。年幼的丁部領曾留下這麼一則故事：

當丁部領還是孩童時，雖然也和其他孩子一樣去牧牛，但他卻顯得聰明又大膽。在孩子群

4 今天的寧平。
5 位於占婆王國的國境附近。

裡，他一直都是個孩子王，玩遊戲時也總是擔任發號施令的角色。丁部領會拿葦花當旗子、竹子作武器，帶領同伴們列隊玩戰爭遊戲；他總是騎著水牛，指揮自己的夥伴和其他村的孩子打仗，而且一次都沒有輸過。輸掉的那一方還得交出食物和薪柴。成人後，許多仰慕丁部領的人都聚集到他身邊，和他共事。

還有一則故事是這麼說的：

某天，一位長者說道：「我看這孩子的言行舉止實在非比尋常，將來某一天，肯定能為村里帶來幸福與和平。如果現在不好好教育他，將來一定會留下遺憾的。」於是，村民就把丁部領當作領袖一般景仰，還為了他圍起柵欄、建立領地。然而，只有丁部領的叔叔不服他，把自己的土地用柵欄圍起來。有一天，丁部領率著一隊人馬襲擊了叔叔的領地，但在遭到反擊後，他在逃跑途中的一座橋上遭逢橋體崩壞，整個人摔到泥濘裡。當叔叔見狀，拔槍就要刺向丁部領時，突然出現兩條纏繞在丁部領身上、像是要保護他的黃龍。見到此景，叔叔終於知道丁部領並非常人，於是就歸順他了。

關於丁部領擁有異於常人的能力、像超人一樣的傳說還有很多：

丁部領的父親其實是一隻水獺。某天，當丁母在河裡沐浴時，突然出現一隻巨大的水獺與之交合。丁公著在不知道孩子並非自己親生的情況下，於幾年後過世了。長大後的丁部領是一位聰敏的年輕人，特別善於游泳和跳水。一天，丁母聽到村人們抓到水獺並將其烹煮來吃的事情，於是她連忙到垃圾堆裡翻找水獺的遺骸，並把骨頭裝進骨灰罐裡帶回家中，放在灶上的架子裡，然後告訴丁部領：「這是你父親的骨骸。」

在地方信仰和道教滲透到社會的每一個角落後，越南出現了許多像上述這樣、關於統治者擁有超能力的傳說。之所以會出現這麼多昭告世人、關於丁部領擁有異常能力的故事，並非單純只是為了讚揚一位傑出人物，而是企圖呈現丁部領並未沾染中國風俗，是越南地方社會土生土長的人才。

▼丁部領掌握主導權

年輕的丁部領不只有才幹，還相當聰明。起初，他聽聞十二使君中的陳覽（又稱陳明公）乃有德之人，於是前往投靠。陳覽的祖籍為中國廣東，在越南屬於移民家族。他掌控著位於紅河河口沿岸的布海港，因為此處是外國貿易貨物的集散地，因此他從中獲得了巨大的利益；也藉由這份利益，他和其他地方土豪維持著深厚的關係。陳覽慧眼識出丁部領的能耐，於是授予他兵權。有一則故事是這麼說的：

當丁部領拿下了父親過去統治的驩州、以及自己土生土長的故鄉愛州之後，卻受到來自十二使君之一——吳昌熾兄弟的攻擊。因為丁部領的根據地華閭位在狹窄的峽谷中，憑藉著堅固的防禦體系，他拒絕向吳氏兄弟投降。但儘管如此，他還是把自己的兒子丁璉當作人質送到吳氏兄弟那裡，想藉此當作維持友誼的保證。然而，吳氏兄弟卻批評他：「你自己不來是怎麼一回事？」於是，把丁璉綁在柱子上，接著出兵攻打丁部領。吳氏兄弟威脅丁部領：「你要是不投降，兒子的命恐怕就不保了。」沒想到丁部領卻憤怒地回答：「一個胸懷大志的人，不會因為兒女私情就妥協的！」接著，隨即朝丁璉的方向射出十幾支箭。吳氏兄弟被這個行為震驚了，只好束手無策地打道回府。後來，丁璉以巧計脫身，再次回到丁部領的身邊。

在擊敗吳軍、掌握群雄割據時期的領導權後，丁部領又把矛頭指向其它使君。因為他每戰皆捷，所以民眾都稱呼他為「萬勝王」。

丁部領之所以能掌握主導權，其中一個原因就在於，他和根據地華閭附近、控制紅河河口貿易港這個經濟中心的陳覽維持著同盟關係。丁部領率兵保護陳覽的領地，彼此相互保障對方的安全。陳覽過世後，丁部領成為他的繼承人。當丁部領擊敗吳氏兄弟後，過去曾經幫助過後吳王[6]的范白虎（十二使君之一）也答應歸順丁部領。丁部領靠著維持和陳覽之間的緊密關係，來確保他的經濟實力。這個作法打破了三角洲地帶割據勢力之間的權力平衡，讓他橫空出世，成為統一越南勢力的領導者。

▼國號「大瞿越」

丁部領結束「十二使君」時代的重要性在於，他掃平了依賴中國的勢力，完成了越南史上第一次靠自己的力量創建國家的壯舉。雖然在越南的正史中，吳權擊敗中國軍隊、完成越南的獨立在先，但從現實面來看，其實在丁部領執政時期，才真正完善了統一國家的體制，實現了越南的真正獨立。

丁部領把國家首都設在自己的根據地華閭而非大羅，除了考慮到華閭乃易守難攻之地，應該還和大羅是那些親中勢力的大本營有關。丁部領決定不和那些舊有的統治階層合作，而是以地方的農村為權力基礎。

九六八年，丁部領稱帝。在他得到「大勝明王」的尊號後，開始馬不停蹄地構建一個獨立國家所需要的體制。此外，他還不斷地向中國報告越南的局勢，以取得對方的理解。對內，丁部領把國號定為「大瞿越」，在首都華閭大興土木、建造宮殿與房舍。在他強而有力的推動下，有計畫地執行國家的重建工程。雖然丁部領相當清楚，皇帝這個稱號，只有中國的統治者才可以使用，但他仍敢冒險使用皇帝之名，展現出獨立國家的氣概；他的兒子丁璉只是自稱「南越王」。西元三世紀時，「南越」這個名稱曾被趙佗當作自己的帝號。當時，中國曾對他施加了巨大的壓力，由此可知，「南越」是中國不樂見的稱號。

6 吳氏兄弟中的弟弟吳昌文。

從九七〇年起，越南開始使用自己的年號，並且稱這一年為太平元年。同一年，丁部領派出使節前往中國謁見宋太祖，和結束五代亂世的宋帝國締結友好關係。中國經歷了漫長的戰亂後，終於由宋帝國劃下句點。對越南來說，這是第一次跳過南漢，直接和中國北方的統一政權進行接觸。

越南堪稱是在中國內亂的脈絡下，透過丁部領的統一和治理，成就了實質上的獨立。國號「大瞿越」的意思是「偉大的越」。「瞿」這個漢字，原來的意思是「眼睛」，但因為當時的越南還沒有屬於自己的文字，所以「瞿」在越語中，便成為用來表示「大」（cu）的借用字。漢字在中國統治時期傳入越南後，所有的文件都是用漢字書寫記錄下來的；如果要把越南語用文字表現出來，就只能借用發音近似於越南語的漢字。後來，越南的知識分子們雖然創造出越南獨有的漢字——喃字，但借用漢字來表音的作法，從很久以前就已經出現了。在丁部領統治時期，將這種方式應用在國號上，是想展現越南脫離中國的氣概。「大瞿越」這個國名一直使用到一〇五四年，之後才被李朝改為「大越國」。

九七一年，丁部領首次指定了行政官僚之長、軍隊總司令官、以及佛教僧侶、尼姑和道教道士的最高領袖。當時，被任命為十道將軍的人物名叫黎桓。丁氏政權時期，越南的領土相當於今天越南的北部，一共分為十道。九七四年，大瞿越將軍隊組織分為十個軍管區（道），創建了一支約十萬人的軍隊，稱為「十道軍」。一道下轄十軍、一軍十旅、一旅十卒、一卒十伍、一伍十人。士兵們頭戴皮製方帽，這種帽子的造型一直沿用到十五世紀為止。丁部領做出這樣的軍制設計，主要是希望能動員三角洲地區的農民兵。此外，他還在自己的故鄉愛州徵兵，組織了一支能夠信賴的近衛隊。

丁部領宮廷的所在地華閭，儼然就像一個軍事基地，法律規範極為嚴格，犯法的人都要遭受嚴酷的刑罰。例如他的宮殿裡有關著猛虎的大籠子，犯法的人會被送進籠中。為了維持政權的穩定，丁部領從實力強勁的世家大族中，迎娶五位女性為皇后，然而，此舉卻成為日後宮廷內部發生鬥爭、招致政權滅亡的原因。

九七八年，丁部領無視長子丁璉，立當時年幼的丁項郎為皇太子，還把次子丁璿封為衛王。一路和父親在戰場上出生入死的丁璉，對父親的行為相當不滿，於是派人暗殺了丁項郎。以這起事件為導火線，九七九年十月，朝臣杜釋在宮廷晚宴結束後，殺害了醉臥宮中的丁部領，還連帶除掉了南越王丁璉。事情爆發後，杜釋潛匿在城裡的洞穴內，三天後，他因為口渴，在探出身體準備接雨水來喝時被人發現。遭到斬首後，他的身體被碎屍萬段，甚至還被民眾分食。

丁部領統一越南並實現獨立的壯舉，受到後世高度的評價。過世之後，他還得到「丁先皇」這個諡號，至今仍深受越南人敬重。此外，因為他具有許多超能力，也讓人對他抱著敬畏之情。每當越南慶祝農曆新年時，裸身乘龍的丁先皇化像，一直是受人熱愛的圖像與商品。

▼黎桓──白藤江大破宋軍

華閭政權失去強而有力的領導人後，由年僅六歲的丁璿登上帝位。此時，由十道將軍黎桓擔任攝政，他集中權力，自稱「副王」。因為黎桓大部分的時間都在宮中處理政務，所以他和皇太后的關係自然就親密了起來。當這件事情曝光之後，宮裡的高級官員和其他把黎桓當作對手的將軍們發現他有篡位的企圖，於是集結兵力發動襲擊，但他們反而被黎桓擊敗，落得身首異處的下場。

對於丁朝內部發生的變化，中國一直密切掌握著相關情報。當時，鎮守廣西南寧的將軍侯仁寶向朝廷進言：「安南郡王及其子璉皆被弒。其國垂亡，可因此時，以偏師取之，舍今不圖，恐失機會。」[7]一九八〇年六月，黎桓命心腹范巨倆為大將軍，負責防禦工事。出兵前，范巨倆在宮中召集諸將士，對他們曉以在國難當頭之時應推舉黎桓為帝，於是將士們紛紛高呼萬歲響應。就這樣，黎桓廢了幼帝，自立為皇帝，成為前黎朝的開國之君。

九八一年，宋軍兵分兩路進攻越南。黎桓在得知宋軍已進入越南的領土後，身先士卒地到諒山布陣，準備攻勢。諒山位於今天的中越邊境，是國道一號線會通過的要衝之地。黎桓先是攻擊宋軍總大將侯仁寶的前衛軍，然後佯裝撤退。等到兩軍來到軍事要地支稜時，黎桓假裝要投降，卻暗地奇襲了宋軍的陣地。面對突如其來的攻勢，宋軍潰敗四散，大部分的士兵都死於此役。在白藤江的水戰，黎桓一樣要部下詐降宋軍，接著，等到侯仁寶消除警戒後，再活抓他並斬殺於陣中。中國皇帝得知戰敗的消息後，立刻下令全軍撤回。

這場勝利讓黎桓的聲勢大漲。黎桓抓住這個機會，趁勢遣使赴中國，要求中國承認他領有越南一地。雖然中國千百個不願意，卻也只能封他為安南都護、靜海軍節度使。看來，中國對越南的政策，基本上只希望息事寧人而已；畢竟，不趕快撤退的話，恐怕會再損失好幾萬人。在這場戰役中，酷暑也是宋軍吃敗仗的原因之一。另外，當時中國北方已經出現了新興勢力，因此，中國也不希望把力量分散在處理南方的事情上。從以上幾點看來，黎桓相當熟悉中國內部的情勢。

九八四年，越南反過來成為侵略者的角色，發兵進攻南方的占婆王國，除了占領占婆首都因陀羅補羅（Indrapura）[8]，還破壞城市、大肆搜刮金銀財寶，帶著一大批俘虜回國。越南因為和中國彼此節制、建構起良好的交往關係，所以享受了一段和平繁榮的日子。一〇〇五年，黎桓於六十五歲時逝世，他在位共二十四年，死後被尊稱為「黎大行」。

雖然黎桓在生前就已經指定第三子黎龍鉞為他的繼承者，但黎龍鉞卻遭到兄弟黎龍鋌殺害，王位也由黎龍鋌繼承，是為前黎朝的末代皇帝。在越南的歷代帝王中，黎龍鋌因殘暴而惡名昭彰，他不但經常殺人，還喜歡用酷刑對待犯人。例如他會用浸過油的草蓆把人捲起來，然後點火燃燒；或是當犯人爬上大樹後，命令人把樹根砍斷；又或者是要求獄吏把犯人的手腳逐一砍斷，折磨犯人至死。此外，他還在河邊設置水牢，並且把犯人關進去，在退潮時把水牢置於水面上，等到漲潮時再開心地看著犯人被上升的河水淹死。除此之外，黎龍鋌不只酗酒，還患有痔瘡，導致他只能躺著處理政事或接見朝臣，因此被人揶揄為「臥朝皇帝」。

黎龍鋌於一〇〇九年過世，因為繼承人過於年幼，所以大臣們共同推舉同僚李公蘊為皇帝。根據中國的史書記載，李公蘊是宮中的近衛隊長，當宮廷爆發繼承人之爭時，他殺害了年僅十歲的皇帝，自己則成了九五至尊。但根據越南的歷史紀錄，李公蘊是在百官高呼萬歲之下登基的。到底哪一則記錄才是正確的呢？現在已經無法判斷了。黎桓建立的前黎朝只維持了三代共二十九

7 譯注：出自《大越史記全書》本紀卷之一。
8 今天的廣南。

年就滅亡了。

▼勇將李常傑

從十一世紀起，越南正式進入建設國家的時代，而一個國家該有的樣子，也逐漸在此時形塑起來。李朝是越南王朝中最早的長期政權，國號為「大越」，首都設在今天的河內。李朝一共傳了九代，國祚共兩百一十五年，後來再由陳朝接替李朝。陳朝的前、後期合起來共傳了十四代，持續了一百八十一年。李朝和陳朝的國祚加起來共有三百九十六年，在這段將近四個世紀的時間裡，既是越南的國家成形時期，也是國家面臨存亡危急的時代。因為，越南不但得面對來自北方中國的軍事行動，南方的占婆（有時還加上柬埔寨和老撾等國家）也對越南虎視眈眈。然而，越南總是能堅強地面對挑戰，以少勝多、以柔克剛。在大破宋軍、戰勝蒙古帝國的過程中，越南的國家輪廓逐漸清晰了起來。越南人究竟創造出了什麼樣的國家？形成國家的關鍵又是什麼？而越南又是如何擊退宋、蒙古大軍呢？就讓我們繼續看下去。

一〇一〇年，李公蘊開創了李朝。雖然那是一個多難的時代，但李氏王朝也是越南自建國以來，第一個長期執行中央集權體制的政權，而李朝時完成的兩項事業，日後也成為越南快速發展的基石。

第一，是他們靠著勇將李常傑，擊退了中國宋軍的入侵。其後，李常傑更率軍南征占婆，捻熄了占婆威脅越南的氣焰，為國家的安全更添保障。第二，李朝名君輩出，除了建構行政組織、編整軍隊、整理稅制、搭建堤防外，還開設了越南第一所大學。在政治、經濟、社會組織等都整飭完善後，國家建設才算正式上了軌道。

李公蘊當上皇帝後，有鑑於華閭腹地狹窄，所以把首都遷回大羅，並把名稱改作「昇龍」。在後來的阮王朝時期，則將昇龍更名為「昇隆」，成為今天越南的首都河內。營建昇龍城內的宮殿時，因當時的政權相當重視佛教，所以在城外建立了四大寺。另外，李公蘊還在自己的故鄉北江（位於河內東北邊）和故都華閭興建了許多佛教建築，並著手修復地方上的寺院。李公蘊被稱為李太祖，在他和繼任者李太宗即位時期，越南馬不停蹄，不斷和周邊國家征戰。

到了第三代的聖宗，國號改為「大越」，並且被之後越南的歷代王朝繼承下去。一〇七〇年，聖宗在河內建立文廟（孔子廟）；一一二七年，第四代的仁宗在文廟設立國子監，成為越南最古老的大學。目前，這間文廟仍安靜地佇立在河內繁華的鬧區中，默默地散發著歷史的芬芳。

然而，李仁宗在位時，越南面臨了建國以來最大的危機。仁宗即位時，還只是個七歲的小孩。當時，中國正值宋朝；宋帝國從九六〇年建國以來、直到九七九年統一全中國為止，一直都苦於來自北方的壓力，以及在中越國境接壤處層出不窮的紛爭。宋神宗時，宰相王安石向朝廷建言，中國應該要收回交趾（即越南）。在中國漫長的歷史中，王安石是少數幾位赫赫有名的大政治家。他以富國強兵為目標，制定了壓抑官僚和地主階層等保守勢力的政策。儘管他的做法讓國家分裂為兩個對立陣營，但他深得宋神宗的信賴。王安石出身中國南方江西的臨川，曾任江寧[9]

9 今天的南京

知府，所以他相當關心南方的事務，對越南的動靜也有所掌握。

王安石並非毫無由來地建議中國朝廷應該對越南用兵。因為當時居住地橫跨越南和中國南方地區的儂族發起叛亂，一〇四一年，族長儂智高在今天越南的高平建立了大曆國，之後還占領了中國南方的南寧，勢力甚至擴及到廣東一帶，讓中國相當頭痛。儂族控制的國境地帶廣源州[10]，擁有黃金等豐富的貴金屬資源。雖然中、越雙方都宣稱擁有該地，但越南搶先一步，和當地的族長們維持著友好的關係。儘管越南和中國的國境糾紛起因於儂智高的反覆叛亂，但中國的無所作為，暴露出其南方政策的弱點。

王安石認為，儂族的叛亂起因於越南的煽動，因此建議宋神宗發兵攻擊。宋帝國建國以來，一直把注意力放在北方強大的國家，宋神宗因王安石的建言，才把視線移到了南方，並決定對越南用兵。一〇七四年，為了籌備戰爭所需的物資，中國南方的沿岸地區開始徵兵和建造軍艦，並且發出命令，禁止國境和越南接壤的地方州郡和越南進行貿易。

另一方面，因為當時的李仁宗還只是個十歲的孩子，所以一切權限都掌握在將軍李常傑手中。李常傑允文允武，深受宮廷信任。

▼「南國山河南帝居」

精確掌握宋軍動靜的李常傑決定制敵機先，率先發動攻擊。一〇七五年，他動員十萬大軍，從海、陸兩面殺向中國。李常傑進攻邕州[11]時，雖然遭到宋軍頑強抵抗，但李朝士兵用堆土囊的方式攀上城牆，最終攻陷城池。此役中，中國犧牲了八千多名士兵，還有許多人被當作俘虜帶回越南。李常傑進攻中國時，高舉著反對王安石改革的口號，聲稱自己是來解救被惡政所苦的民眾。可以這麼說，他相當巧妙地利用了中國民眾對王安石推行變法的不滿。

後來，中國派遣使者到占婆和真臘（柬埔寨），與兩國共同出兵對付越南。但李常傑又渡過如月江[12]並發動進攻，對宋軍帶來一定程度的傷害。一〇七六年三月，宋軍抵達富良江[13]，計劃攻擊對岸的李朝首都——昇龍。然而，李常傑把大約四百艘的軍船並排在河道上，率領水軍前來迎戰。兩軍鏖戰了一個月，最後宋軍依舊無法成功渡河。

在這場激烈的戰事裡，李常傑於軍陣中寫下了一首詩，並下令公布其內容，讓每一位士兵都能知道。這首詩完成於宋軍的陣前，展現出越南人的膽識，是一首傳頌至今的名作：

南國山河南帝居，截然定分在天書。
如何逆虜來侵犯？汝等行看取敗虛。[14]

10 位於今天越南高平東邊的廣淵。
11 今天的中國南寧。
12 今天的梂江。
13 今天的紅河。
14 南國的江山由南方的帝王來統治，這件事明白寫在天書上。但為何野蠻人（宋軍）還要試圖來侵略呢？看來你們是注定要吃敗仗的。

「南帝」指的當然就是越南的皇帝。在面臨首都可能被攻陷的危機時，李常傑麾下的將士們相信這首詩是紅河河神對他們的喊話，於是士氣突然大振，擊退了宋軍。據說，在此役中，宋軍戰死將近三萬名士卒，但也有一說認為死亡人數多達二十萬人。不過，雖然宋軍自昇龍城周邊撤兵，但還是奪下了位於兩國邊境附近的五個縣。為此，李常傑立即向中國餽贈大象、展開和談，希望中國能交還越南國土。最終，中國把位於國境地帶的廣源州等宋軍占領的土地歸還給越南，雙方並於一〇七六年簽訂了和議。

一一〇五年，李常傑過世，享壽七十，並於死後被追贈為「國公」（大公爵）。越南的史書評價李常傑「實為我國的一員名將」。[15]李朝初期的皇帝都頗能知人善任，李常傑的出身雖低，但因為具有將才，又深諳戰略、戰術，因而獲得重用。史書上記載，在李仁宗臨朝的五十六年裡，不但信任部下還革新制度，使國力得到長足的發展。

一一六四年，中國不再使用「交趾郡王」一詞，在冊封第六代皇帝李英宗時，使用的是「安南國王」；越南從「交趾國」正式更名為「安南國」。從此以後，其他國家在稱呼越南時，皆不使用正式國名，而是使用「安南」（Annam）。之後，「安南」一詞雖然用來指稱越南的中部一帶，但在第二次世界大戰期間，日本依然以「安南」來代指越南整體。因此，直到今天，還是有不少人稱越南為「安南」；但不論在國名或地名上，越南人都不曾使用「安南」這個稱呼。

▼首度出現的中央集權國家

李朝初期是越南首次建立中央集權國家基礎的時代。當時，越南國內的行政區劃分為二十四個路（州），皇帝任命王族或他身邊親近的人物為首長；至於中央集權體制，則是以貴族為基礎來運作，王子們會從國王那分配到領地和武裝勢力。過去，高級官員都是依靠從領地內的農民那裡所徵收到的地租和稅金來維持生計，但到了李朝，改由國王支付官員薪水。國王的收入有地租、手工製品、森林物產以及市場交易產生的稅金等。稅制中規定了六種稅，分別是（一）沼地、稻田、菜園；（二）桑園、寄洲[16]；（三）天然生成的礦物、林產和海產等會拿到市場販賣的物產；（四）鹽；（五）犀角、象牙、香料；（六）高地地區的林產、花卉、水果等。

為了教育貴族子弟，李朝初期還設有國子監，同時也充實翰林院。朝廷召集有文才和武略之人，並且把軍和民加以分離，實施軍、民兩邊平衡的行政分制。李朝同時也制定了行政官員的階級制度和職稱，以及各種條例。這個時期是越南自獨立建國以來，國力最為充實的時代。至於地方上的防禦工作，則主要交由當地的豪族來執行。

李朝初期，朝廷進行過不少南征北討的軍事行動，向鄰近國家展示了越南的軍事實力。因此，這也是一個整飭軍備、組織齊備的時代。李太祖首先編制了宿衛十軍，整頓兵制，然後進行

15 陳仲金，《越南史略》，戴可來譯，北京，商務印書館，1992。

16 在風力和海浪作用下，於河口等地自然形成的沙洲。

軍制改革，編組陸、水軍，並且建立徵兵制，十八歲以上的壯丁稱為「黃男」，二十歲以上的稱為「大男」。為了保衛首都，李太宗編組了近衛軍。到了李聖宗時，制定了武勝、神電、雄略、萬捷等部隊的名稱，並在士兵的額頭刺上「天子軍」的字樣。李仁宗時，集結國內的勇士並創建了六支部隊；除此之外，他還編制了負責補給任務的部隊，這支部隊負責物資的調度，只要一有戰事發生就會隨著部隊移動，補充其所需。步兵、弓兵和騎兵被分為一百隊，然後再區分為陣地戰、攻擊戰和警備隊三種類別，分門別類地進行組織；不論局勢發生什麼變化，都能靈活採取對應態勢。上了年紀的老兵或身體素質較差的士兵，則負責城塞的守備工作。充實的軍備讓越南能夠三度遠征占婆，一〇六九年，李聖宗第二次率兵遠征時，還從占婆手上奪下相當於今天越南廣平和廣治的三個區域。

然而，中央集權體制的權威只滲透到平原地區。高地、山地仍是其他民族生活的空間，一旦中央的力量減弱，他們就會成為叛亂勢力。不論李朝初期的國力如何強大，也終有走向衰敗的一天，因此，到了李朝末期，越南各地又開始出現反抗中央的勢力。

李朝的末代皇帝惠宗，總是把國事交給他人管理。他對治學毫無興趣，更畏懼征伐之事，導致朝政日衰，國力快速下滑。當時，人民的生活陷入困境，各地又爆發飢荒，真可謂「盜賊橫行天下，百姓苦不堪言」。李惠宗的女兒佛金於七歲時登基為女帝「昭皇」，後來則亡於陳守度之手。

據說，陳氏的祖先為中國福建人，代代以漁業為生。陳守度有顛覆李朝的野心，在強迫惠宗把王位傳給他的女兒佛金後，便讓惠宗到寺院裡過著隱遁的生活。接著，陳守度讓八歲的姪子陳煚當昭皇的玩伴。某天，昭皇把包在四角方巾裡的檳榔和蔞葉拋向陳煚，這個動作被視為以身相許的暗示，於是陳守度讓兩人成親，把姪子推向了王位，自己則掌握實權。後來，陳守度為了進一步鞏固王權，開始計畫除掉李惠宗，李惠宗知情後便在寺院裡自殺了，但陳守度竟然在李惠宗的葬禮上，把李氏宗親全數抄家滅門。越南史書雖然記載陳守度是陳朝的開創者，卻也嚴厲批判他違反人道的行徑。

救國救民——陳國峻

▼遭遇元軍三度進攻的國難時代

儘管越南在李朝時，費了好大的力氣才擋下中國的進攻，然而，在進入陳朝之後，又遭遇到消滅宋帝國的元軍三次入侵，不但首都淪陷，國土也被鐵蹄無情蹂躪，甚至一度陷入再次被中國統治的絕境。面對這一連串的危機，越南的總司令官陳國峻（又稱為陳興道）勇敢地扛下了護國重任。

一二五七年八月，陳朝第一任皇帝陳太宗在位期間，從越南和鄰國「大理」[17]邊境上的村寨傳來「元帝國的使者已經到了」的緊急消息。征服大理國後，元軍的下一個侵略目標就是越南。那年歲暮，元將兀良合台率領大軍進攻越南。

率領越南人抵抗蒙古的民族英雄陳國峻（圖片來源：維基共享）

十三世紀初，成吉思汗建立了蒙古國。蒙古國先是統治了蒙古高原，然後憑藉蒙古民族強大的軍事力量，往西侵略俄羅斯、土耳其和波斯，又往東亞征服了西藏、中國和朝鮮，建立起一個世界性的大帝國。到了蒙古帝國第五代君主忽必烈時，他開始著手經略中國。

忽必烈在中國建立元朝，成為王朝的第一位皇帝。統治中國的元政權將目光放在和南方的商貿往來，進一步參與擴及亞洲的貿易活動。征服朝鮮之後，元軍也曾攻擊日本。當時整個東南亞無不受到元帝國的南下政策所震撼。元軍首先侵略雲南泰族的大理王國，並於一二五三年征服該國。接著又在一二七七年占領八莫（上緬甸），於一二八二年攻擊高棉帝國，一二八三年，再對勃固王國（下緬甸）和占婆用兵，並且於一二八七年消滅蒲甘王朝，一二九二至一二九三年間又遠征爪哇。

為了讓南宋俯首稱臣，元軍本來就擬定了從南邊進攻的計畫，因此，元軍向越南提出借道的要求，結果卻遭到陳朝拒絕。於是，元軍沿著紅河南下侵入越南，一口氣攻到首都附近，不一會兒的功夫，昇龍城就被元軍攻陷了。雖然陳太宗好不容易逃過一劫，但昇龍城內的住家卻遭到焚毀，首都附近滿目瘡痍。

然而，明明是元軍取得勝利，卻因為無法徵調到糧食，加上元軍不耐炎熱的氣候，於是兀良合台決定把軍隊撤回雲南。此時，陳國峻領兵對撤退中的元軍發動襲擊，取得了很大的戰果，讓元軍不但攻擊南宋失利，還在越南嚐到慘痛的敗績。但實情是，元軍那時才剛征服雲南不久，也沒有占領越南的興致。

陳朝受到元軍攻擊後立刻遣使赴南宋，希望能和南宋攜手合作。然而，元帝國使節卻在這時來到越南，要求陳朝對元帝國入貢，並提高稅收。在無力抵抗的情況下，陳朝只好屈服，答應對方三年一貢的要求。一二七四年，為了躲避元軍的攻擊，大批宋人亡命越南；這一年也是日本的

17 位於今天中國雲南省的國家。

文永十一年，大量的元軍對日本九州的北部發動攻擊。

▼興道王陳國峻被任命為全軍總指揮

一二七六年，元世祖忽必烈平定中國的江南地區後，再度對越南提出了新的要求：（一）國王親自入朝晉見；（二）以國王子弟作為人質；（三）提交戶籍簿；（四）服元帝國軍役；（五）對元帝國納稅；（六）在越南境內設置地方官。陳太宗對元帝國提出的要求忍不可遏，在無計可施之下，竟於翌年撒手人寰。一二七八年，元軍擊敗南宋最後的抵抗勢力，南宋重臣揹著皇帝縱身跳入海中，至此，南宋算是完全滅亡了，而越南也到了危急國家存亡的關頭。一二八一年是日本的弘安四年，元軍率領舊宋軍和高麗軍共十四萬人，乘著四千艘軍船再次襲向日本博多。

一二八三年十月，陳朝第三代君主仁宗封興道王陳國峻為國公，統領全國兵馬。一二八五年一月，元軍以烏馬兒為總帥進攻越南。越南軍雖然奮勇作戰，但實在難以抵抗元軍的強大攻勢，因此陸續出現投降的情形。元軍在攻破都城後，還對平民進行殘酷殺戮。陳平仲將軍在浴血奮戰後被元軍虜獲，因為元帝國將軍欣賞陳平仲的武勇，為了勸降他，還給予他特殊的待遇和飲食。然而，陳平仲卻不為所動，而且拒絕進食。元軍將領問他：「難道你不想當北國的國王嗎？」陳平仲回覆：「我寧可為南方的厲鬼，也不做北國的王。既然我已經落到你們手上了，如何處置，悉聽尊便，和我說什麼都是沒有用的。」元將聽完後大怒，遂處決了陳平仲。

眼見越南軍隊節節敗退，心痛不已的陳仁宗說：「敵軍占盡上風，我們再做抵抗也是徒然，反而會置人民於困境中；為了避免戰禍，我想還是投降吧！」但陳國峻卻回答：「陛下的見解從人道面來考量是正確的，但如果真的要投降的話，請先砍下我的頭吧！只要臣下還有一口氣在，就絕對不會讓國家滅亡！」聽完陳國峻這番慷慨激昂的說詞後，仁宗下定決心要和元軍奮戰下去。三月，陳仁宗隨著陳國峻移師到南方的清化。元軍的攻勢依然勢如破竹，投降的人絡繹不絕，甚至連昭國王陳益稷[18]都投降元軍了，元帝國甚至還封背叛陳朝的陳益稷為安南國王。

為了把越南逼入絕境，唆都將軍率領另一支五十萬人的軍隊，從雲南展開迂迴作戰。這支軍隊計劃經由老撾進入占婆，然後往北轉進，從南方向越南發動進攻。然而，元軍雖然人數眾多，但他們為了控制整個越南，反而分散了兵力。陳國峻發現元軍在各地堡壘的防禦體系並不完備，於是下令陳軍撤退到叢林或山岳地帶，用游擊戰來反擊元軍。另外，因為紅河三角洲的居民們在逃難前就已經把糧食藏起來了，導致元軍無法順利徵調到食物，陷入和上次進攻越南時同樣的窘境。

雖然屢戰屢敗，但陳軍的士氣依舊高昂，在各地和元軍展開激烈的戰鬥。陳軍在紅河三角洲地區尤為善戰，把元軍逼退至三角洲的北部。此外，陳軍還派出一支五萬人的部隊阻擋元軍的退路，讓元軍吃足苦頭。元軍從海上發動的攻勢也被越南擊退，讓首都再次回到陳朝手中。最後，元軍總管張顯向越南投降，唆都戰死，烏馬兒逃走；陳軍還擄獲了戰俘五萬人，據說許多元軍將

18 譯注：陳太宗第五子。

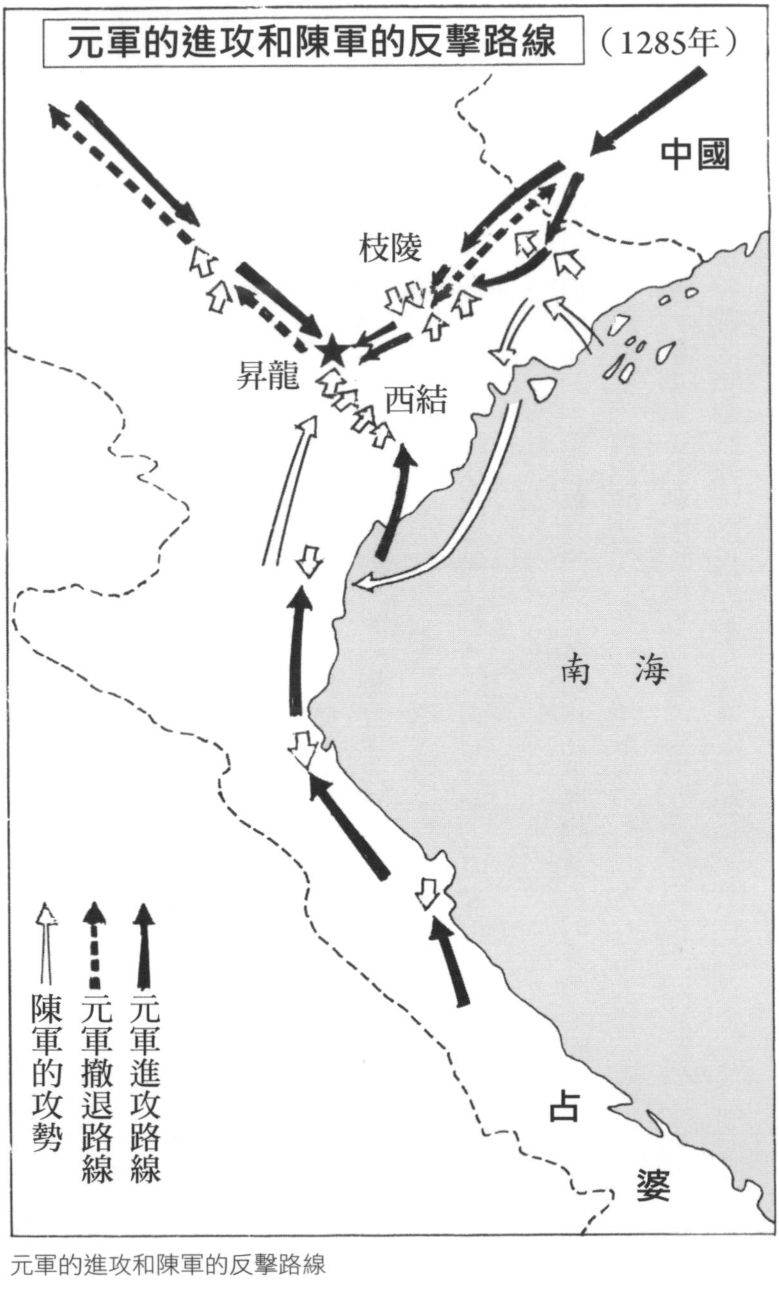

元軍的進攻和陳軍的反擊路線

士都死於毒箭之下。元帝國的五十萬大軍在損失過半的情況下，只能狼狽地撤退。最後，陳仁宗終於回到了昇龍城。

戰爭結束後的隔年（一二八六年），五萬名戰俘獲得釋放。從數字上來看，元、越兩方其實都有些誇大。這場戰役結束後，元軍將領全都受到陳朝嚴厲的懲罰，但士兵們並沒有被問罪，連一個人都沒有被處決，最後他們全都回到中國。這樣的寬大處置，至今在越南仍是一段家喻戶曉的歷史佳話。

▼陳國峻於白藤江大破元軍

儘管有過兩次的失敗經驗，但元帝國仍然沒有放棄，準備第三次對越南用兵。本來，元帝國也有第三次進攻日本的想法，但因為征服越南是優先目標，因此不得不擱置出兵日本的計畫。一二八六年，忽必烈一聲令下，元軍展開了第三次征服越南的軍事行動。在吸取前兩次缺糧的慘痛經驗後，元帝國建造了五百艘專門用來輸送軍糧的船艦。發覺北方的動靜後，陳仁宗命陳國峻為總督，開始訓練軍隊，打造武器和戰船，召集各王子並訓誡他們：「敵軍的數量不足為懼，我們的素質可以與之抗衡。」還說：「我軍訓練精良，屢屢擊敗入侵的敵軍，想必敵人現在一定士氣低迷，勝利就在我們面前了。」

一二八七年十二月，元軍總司令脫歡率三十萬兵力跨過國境攻入越南。在上一次和越南的戰爭中，脫歡曾在陳軍的追擊下，躲進青銅製的棺材裡才逃過一劫，但這次他卻以陸軍總大將的身分出陣。另外，上次吃敗仗的烏馬兒則發下豪語，警告陳國峻：「不論你逃到空中、潛入海底，抑或躲進叢林深處，我都會逮到你。」他率領五百艘船艦駛向越南沿岸。從陸上發動攻勢的元軍不斷攻城掠地，陳仁宗只能再次逃離昇龍城，城內的居民也在藏好糧食後，各自逃難去了。攻入首都的元軍，放了一把大火焚城，然後對紅河三角洲展開攻擊。然而，陳軍依然驍勇善戰，元軍只能築起堡壘、艱苦防守。

當兩軍熱戰方酣時，陳慶余將軍的部隊在位於今天鴻基[19]附近一處名為雲屯的軍事要地，監視沿岸敵軍船艦的動向。陳慶余發現了由張文虎將軍率領的大型船隊，這些船中裝滿了米糧和武器，從中國南方來到越南，為戰場前線的軍隊提供補給。於是，陳軍等烏馬兒指揮的護衛水軍通過後，發動伏兵襲擊了張文虎負責的輸送船隊，此舉不但奪取了大量的糧食和武器，並且燒毀三百艘元軍船隻，還殺掉了船隊的將領和船長。

當時正在紅河三角洲上作戰的元軍在聽聞這個噩耗後，無不震驚萬分。元軍將領們認為「現在連防禦的堡壘都有危險，如果沒了補充的物資和軍糧，局勢會更加惡化。而且，馬上就要進入越南的雨季了，天氣狀況不利於作戰，還會爆發流行病」，於是，元軍開始從海、陸兩道撤退。

但陳國峻早已命令范五老將軍率軍埋伏在位於中越邊境的諒山，阻斷元軍撤退的陸路，接著往白藤江移動。一二八八年三月，由烏馬兒率領的船隊順白藤江而下，正面和陳國峻的軍隊交鋒。陳國峻在白藤江布好陣勢後，向全軍宣告：「如果沒有消滅全部的敵人，我們誓不回化江！」[20]陳國峻照著前人吳權的方法，依樣畫葫蘆，於退潮時在白藤江的江底打上木樁。四月三日，元軍軍艦發動攻擊，抓準滿潮時間的陳軍派出小艇前去迎戰，等到元軍的大型船艦出擊後，陳軍的小艇立刻開溜，元軍見狀後則立刻展開追擊。接著，潮水開始退去，元軍的大船反而被木樁困住，動彈不得，這時換陳軍給元軍一記回馬槍。陳軍充滿勇氣，抱著必死的決心衝向敵陣。埋伏在兩岸的陳軍也在此時加入戰局，在這樣的夾擊之下，元軍只能任人宰割。最後，陳軍擊沉元軍一百艘戰船，擄獲四百艘敵艦，元兵多數溺死，烏馬兒和許多元軍將領都成為了階下囚。走陸路撤退的脫歡部隊，在中越邊境的諒山遭到范五老軍隊的攻擊，吃了一場犧牲慘烈的敗仗。

陳國峻的白藤江大捷，成功拯救了越南。陳仁宗回到首都後，下令免除了因戰爭而荒廢的地方的租稅。戰爭結束後，朝廷除了獎賞作戰有功者，還把興道王陳國峻封為「大王」。作為一位民族英雄，今天越南城市的主要街道都有陳國峻的名字。

越南精於外交之處，可以從他們在戰場上擊敗元軍後，立刻派遣使節赴元進行朝貢的行為窺知。戰爭結束後的隔一年（一二八九年），陳朝把俘獲的元軍將領和士兵鄭重地送回中國。儘管如此，元帝國還是希望不只成為越南的宗主國，更進行直接統治。陳朝在知悉元帝國算盤的情況下，故意於當年二月送還元軍將領的過程中，在宿敵烏馬兒乘坐的船底打了個洞，讓他溺斃身亡。一二九三年，元帝國再次要求陳朝君主進朝拜謁元帝，但陳仁宗託病無法成行，另外派遣了使者赴元。元帝國扣留使者，似乎又要準備興兵討伐越南，但就在一二九四年正月，忽必烈過世了，出兵越南的計畫也因而取消。

19 這裡就是日本人所熟悉的「鴻基煤」的產地。

20 化江為太平江的支流，是流經太平和海陽兩省交界重要的河川。這句話背後的意思是，沒有消滅敵人就不班師回首都。

一三〇〇年，越南發生大地震，陳國峻也在這一年，結束了他戎馬倥傯的一生。陳國峻過世前，陳英宗曾親自到將軍府的病榻前探望他，並問道：「如果北方又來侵略我們，該如何是好？」陳國峻如此回答：

「北方軍隊靠的是人海戰術。面對他們時要頑強以對，並適時地一鼓作氣發動攻擊；但能不能做到，得看我們自己的實力。如果敵人像熊熊烈火或暴風雨般狂亂進攻，則容易對付；但如果敵人好整以暇、不求勝速，採取蠶食戰術，按部就班地推進，而且還維持嚴整的軍紀，沒有出現劫掠的狀況，那我們就必須派出最優秀的將軍，像下棋一樣規劃出有效的戰術來應戰才行。軍中士卒的關係也要情同父子、團結一致。除此之外，朝廷還要善待人民，厚植民眾的力量；在山中修築道路，建設能夠永續經營的基地。」

直到今天，陳國峻的遺言依然受到越南人傳頌。不論是在抵抗法國的統治、發動獨立戰爭，或是和美軍作戰時，越南人民之所以能夠同舟共濟地團結在一起，無疑都是受到這些歷史故事的影響吧。

越南的國家體制

▼「李、陳時代」

李朝和陳朝是越南脫離中國統治後，最初的兩個長期政權。從十一世紀到十四世紀的四百年間，被稱為「李、陳時代」。在這個時代裡，越南的政治、軍事、社會、經濟、文化都獲得了長足的發展。

然而，越南也經常被視作中國的「拷貝版」。畢竟，受到中國長達一千年的統治，儒教早已成為越南的核心規範。結果，不論在政治體制或社會、經濟體系，以及文化傳統上，越南仍有很多部分很像中國。

但是，我們也不能把越南的歷史看得這麼簡單。越南這個國家的形成，經歷了複雜的過程，不能簡單地將其視為中國體系的複製品。像是在政治制度上，越南就可以稱為「分散型國家體制」。在長達一千年的統治中，中國能夠直接控制或發揮影響力的地方，其實只限於省、縣層級，至於作為越南自古以來的社會體系基礎──「村落共同體組織」，則一直維持現狀，沒有多大的改變。就算越南從中國獨立出來之後，皇帝的權力也沒有滲透到村落共同體的自治組織和自主運作中，傳統的「村落」仍具有相當強大的力量。「李、陳時代」就是在傳統社會的基礎上，慢慢形成中央集權國家體制的一段大變革時期。

▼皇帝的出身是族長和漁民……

作為越南國家型態的框架，是由王權、族長和農民三者，在該國獨特的歷史中形塑而成的。首度擊敗中國勢力、完成越南獨立的吳權雖然自稱為王，但其實也只是一個地方豪族出身的族長而已。為了抵抗入侵的敵人，吳權糾結了一群紅河三角洲的族長及豪族們，成功組成了救國聯盟。然而，他本人並非控制整個紅河三角洲的獨裁者；更進一步來說，吳權的政權其實也稱不上王國，因為當吳權過世後，紅河三角洲的地方豪族和族長們，立刻陷入了群雄割據的狀態，也就是所謂「十二使君」相互攻伐的時代。在這十二位使君中，有不少人都是過去的貉侯、貉將的後裔，他們於中國統治期間在地方上頑強地生存下來，並且割據一方。

在這段群雄割據的期間，不屬於十二使君的丁部領如彗星般躍上歷史舞台。丁部領是一州之長和未婚女性的私生子，他小時候在農村生活時就是「孩子王」。抵抗宋軍侵略的黎桓曾是丁部領的家臣，之後才成為越南的統治者。目前，雖然還不清楚他的身世，但他曾在宮廷內接見外國使節後脫下禮服，全身赤裸只剩一件兜襠布，隨即跳進河裡用魚叉捕魚。在丁部領和黎桓的時代，君主身邊都是一些過著像農民般簡樸生活的人，他們基本上都不懂漢語。據聞，因為黎桓本身也是一個文盲，所以當宋帝國使節來到越南時，他都會找來兩名優秀的僧侶，一位扮演船長，讓使者搭上他的船來移動，另一位則假扮成黎桓本人，代替他和宋帝國使節談話。

李朝開國之君李太祖的出生一樣撲朔迷離，目前只知道他於孩提時期曾在寺院修行過。至於陳朝的第一位君主陳太宗，在他五代之前的祖先原本居於中國福建，之後才移民到越南從事漁業。正因為陳氏一族從事漁業，所以在開創陳朝之後，才能為越南帶來勇敢、寬大且開放的嶄新氛圍。

雖然原本居住在紅河三角洲的人們過得並不寬裕，但自從陳朝建立政權後，他們便將視野轉向海洋，變得遼闊了起來。這些人除了開拓沿岸地帶，還在河口附近建立港口城鎮，更進一步和近海的島嶼以及東南亞地區展開積極的貿易。據說，陳朝的宮廷貴族和將軍們，都有在船上生活的習慣。皇帝和地方上的豪族們，也都分別擁有各自的船隻，船上的空間可以處理政事、休憩、晚餐和下棋。陳朝的水軍也相當強盛，在水上作戰的能力堪稱一流。

根據記錄，就在陳朝三度擊敗元軍、意氣風發的一二九一年，當時的越南已經能夠建造需要一百名水手才能操作的遠洋船隻；到了十四世紀，越南甚至已經擁有數艘砲艦。陳朝還組織了東海艦隊和西海艦隊，控制了將近今天越南一半的沿岸區域，並時常注意疏濬重要的河口地帶。當國內發生戰爭並且遭敵軍壓境時，陳朝經常採取的戰術是先撤退到河口附近，於海上重整旗鼓後再發動反攻。

陳朝的宮廷貴族們和沿岸地區的漁民一樣，也都有刺青的習慣。一二九九年，陳仁宗曾告訴兒子英宗：

「我們家出身庶民，幾個世代以來都特別重視膽識。族人為了彰顯勇敢，會在大腿刺上龍的圖案。這個龍的刺青，是提醒我們莫忘自己的出身。」

▼君主和農民

「李、陳時代」的統治階層所留下來的逸事，都像前述這般充滿了濃厚的人情味；在宮廷貴族面前，穿著一條兜襠布就下水捉魚的君主是如此的樸實。當然，如果換個角度來看，或許說他是個野蠻人也不為過。在越南的歷史中，開國之君都不是出身世襲的貴族階級，這是一個有意思的特徵。也就是說，這些君王都是和他的伙伴們一起胼手胝足打天下的；而最具有越南特色的一點，莫過於不論是君主、貴族或宮廷官僚，似乎都離不開村莊。統治階層和農民之間幾乎沒有隔閡，為政者也和農民一起在農村中生活。

「李、陳時代」的歷代君王都居住在河內舊城——玉河地區的王宮裡。這裡建有一些宮殿、城門和樓閣，木造的建築物上雕有龍和鳳凰，並塗上象徵神祇的紅色顏料。在王宮主殿的門上建有鐘樓，當有人有事情拜託國王時就會鳴鐘。國王身穿深黃色的長袍、披著紅色的大衣。雖說是宮廷，但並非中國或歐洲那種大型的城堡，當元軍入侵越南時，首都昇龍還幾度遭到棄城。

李朝的皇太子生活在宮廷以外的地方，皇帝這麼做是希望能藉此讓皇太子知道人民的生活方式。王子和貴族們一般都居住在自己的領地，只有工作時才會前往宮中。「李、陳時代」的行政組織高層，都被出身王室的皇親國戚們給占據了，而朝廷官員的出身又來自地方豪族，不過，實際執行政務的官僚則出自庶民，他們透過科舉考試來獲得功名，至於軍中司令官等級的將領則是徵募而來的。地方上的統治階層由社會名流來擔任，這些人是在中國統治期間，從地方族長中茁壯起來的階層。

擊敗宋軍侵略的英雄人物李常傑，從國王那裡得到四千戶的農民家族和領地。這些農民家族需要對領主李常傑繳納地租和稅金，還有義務服領主規定的賦役和兵役。除此之外，李常傑還另外再得到一萬戶的農民家族和領地。這一萬戶除了要繳納地租和稅金給領主外，還要對國家納稅和服勞役，受到國家的控制。領主並非世襲，只要國王沒有答應由領主的子孫來繼承的話，領地就會被國家收回去。

農民們生活在不同村落共同體的群體中，根據共同體的規範來過生活，就算是領主，也不能對農民私下的生活指手畫腳。當農民違反了村落共同體的規範時會遭到除名，無法繼續在原本的村落生活下去。如果這個農民又不被其他村落接納的話，他就會喪失自我認同。因為越南的農民以這種形式從屬於村落共同體，所以領主無法將領地裡的農民當成農奴來對待，要是領主無心和農民們生活在一起，更是無法經營自己的領地。

隨著時代的發展，李朝時期私有化的土地持續增加，這個現象讓朝廷必須制定土地買賣的相關法令來加以因應。就這樣，社會上出現了擁有大規模土地的地主階層，其勢力強大到足以和貴族對抗。

進入陳朝之後，領地的數量更是大幅增加。貴族或朝臣只要宣稱擁有某塊新土地的所有權，基本上那就是屬於他們的財產了；不論是村莊或個人的土地，他們都可以靠力量強行占為己有。雖然領主在自己的領地內，已經擁有大批的農奴，但很多時候，還是有數量可觀的農奴隨著土地一起被轉賣。雖然李朝規定不能買賣年輕人，但陳朝卻自動省略掉這條法令。

奴隸包括罪犯、破產的人、戰俘，還有些人是在饑荒時期被父母賣掉的孩子；一些貴族擁有數千名農奴和奴隸。奴隸不但沒有自己的財產，也失去和公領域的一切關係；就連佛教寺院也擁有農奴和奴隸，以及大片的土地。然而，陳朝同時也是一個加強中央集權的朝代，由中央指定的地方官會統轄兩到四個村落，這樣一來，從中央到村落層級，全都掌握在朝廷手中了。

陳朝之所以能夠三次抵抗元軍的侵略，其中一個最直接的原因是，紅河三角洲的農民在國難關頭時，可以參軍成為農民兵。雖然要正面抵抗元軍的集團戰鬥並不容易，但農民兵會把糧食藏起來而不是交到敵人手上，然後在各地組織游擊戰，進行頑強的抵抗。陳國峻擔任陳朝總帥時，他的麾下擁有二十萬大軍，其中有許多人都是居住在三角洲的農民。可以這麼說，越南抵抗元帝國的原動力，正是從以農民為主體的社會中所蘊育出來的。陳國峻麾下的農民兵，既是為了領主，也為了國家而戰。

陳朝軍隊司令部的指揮權，完全掌握在地位最高的貴族手上。當國家遇到緊急狀態時還可以徵用屯田兵，適時進行大規模的動員，這對朝廷來說實在很便利。陳朝時，越南軍隊訓練精良，陳國峻還為麾下的將領們撰寫了軍事戰術手冊，這些手冊依然流傳到今天，堪稱家喻戶曉。

▼「救國全靠民眾的力量」

越南是一個以農業為主的國家，歷代王朝均把農業當成最先處理的事務。據說，從黎桓開始執政後，每當新年伊始，宮廷都會舉行國王手拿鋤頭、模擬耕田動作的儀禮；在這個儀式結束後，接著還會進行祭拜農神的儀式。一〇三八年正月，正值李朝第二代皇帝李太宗執政，在舉行新年的儀禮上，宮裡的人向太宗進言：「像這樣的事情，不需要由皇帝親自來做。」但太宗卻回答：「如果我沒有耕田，並向神明祈願的話，還能在人民面前成為大家的表率嗎？」從上面這則故事可以得知，掌握越南最高權力的人，也是農業禮儀的司祭者。同時，對於歷代王朝來說，最要緊的事情莫過於如何好好地和農民統合在一起。

還有一則關於李太宗的故事。某年，越南的農作物歉收，於是農民們向朝廷請願，希望能夠免除地租和稅金。朝臣詢問太宗：「如果答應人民的要求，那麼該如何確保宮中的糧食呢？」李太宗淡定地回答：「只要人民能夠溫飽，我就心滿意足了，還有什麼好煩惱的呢？」

李朝第三代皇帝聖宗的妃子倚蘭出身民間，在聖宗過世後成為皇太后。她曾經替因為貧困而被販賣的女子贖身，還幫她完成婚事。第四代仁宗時，身為皇太后的倚蘭還與兒子一起推行仁政，人民都尊稱她為「慈母」。在李朝兩百年的國祚中，幾乎沒有爆發過農民叛亂，這或許和歷代皇帝都很關心農民有關吧！

關於陳朝的開國之君陳太宗，越南史書是這樣評價的：「寬仁大度，有帝王之器，所以能創業垂統，立紀張綱。」關於陳太宗的好評其實不少，例如以下這則記錄：

因為國內的河川時常氾濫，所以要在各地修築堤防；如果有人因築堤工程必須交出自己的田地，則可以得到相對應的補償。此外，國家還設有稱為「河堤使」的監督官員，每年在農閒時期修築堤防，為了預防水災，事前就會進行河川的疏濬。

除了兩度擊退元軍，陳仁宗也相當重視細節。例如，當他外出時，經常會和貴族底下的傭人們說話，還禁止護衛們去欺負這些傭人。陳仁宗過世時，大批群眾湧向皇宮，為他的死致哀，人數之多甚至讓送葬的隊伍動彈不得。

▼重視堤防的修築

在越南，不論是國王、領主或村落共同體，都相當重視堤防的修築。說到堤防建設，很多人都會聯想到大規模的土木工程。然而，在越南，小規模的堤防修築工程反而是其特色。

越南的村莊是由少數村民所聚集形成的。因此，栽種水稻所需的土地開墾、以及水利設施的建設，都需要村或郡等級的單位共同作業才行。然而，如果田地既要保水又要排水的話，就不得不縮小耕地面積；而堤防和水利設施的構造也很複雜，需要費心修建。另外，三角洲地帶的農民還需要避免海水在漲潮時灌入田裡，因此對農民來說，充實防止海水的水利工程也是一件重要的事情。

隨著人口增加和國土的擴大，興建大型堤防、修建運河、疏濬河道，以及設施的修復和維持等，成為了國家的重要事項。於是，海岸線開始出現了堤防；而若要開發新的田地，還需事前開墾河口附近的沉泥土地。在越南的編年史中，存在著許多關於水利建設的記錄；一三八二年，首都昇龍城便興建了木造堤防。陳朝進行了許多大規模的堤防修復和疏浚運河的工程，例如在一三八二年於清化和義安省興修水利，一三九〇年在田杜興建運河工程等；另外，每年還會定期對紅河、太平江、馬江、朱江等河川進行堤防建設。

朝廷官員們肩負著維修堤防的責任，當農忙時節結束後，他們就會開始視察各地堤防的狀況，並監督當地的維修工程。一三一五年八月，當水上升到危險水位時，陳明宗甚至還親自主持堤防的修建工程。當時，朝廷裡有一位朝臣反對皇帝的作法，他對明宗說：「希望皇上不要做這種事，帝王要顯示出威儀，不應該插手去處理這些瑣碎的事情。」但其他朝臣則回應：「當國家遭遇大洪水或旱災時，帝王理應採取必要的措施。因此，此刻不正是陛下展現威望的時候嗎？」上面這則故事反映出水利建設對「李、陳時代」的政權來說，是何等重要的大事。

▼佛教的普及與發展

越南在「李、陳時代」的國家成形過程中，宗教也起到了相當大的作用。此外，在越南獨特的歷史背後，正是王權的確立和村落共同體之間的關係。

一般認為，雖然越南有著自古傳承下來的民間信仰，但印度傳來的佛教和從中國傳來的道教，在長時間移入越南的平原地區，並且和民間信仰接觸後，廣泛地滲透到民眾的生活之中；至於儒教，則主要是受到統治階層的青睞。然而，不應該用這麼簡單的歸類方式來看待宗教在越南的發展，事實上，宗教在越南是一段複雜的變遷過程。

佛教確實受到一般民眾的普遍接納，但在越南脫離中國勢力的控制後，佛教走進了統治階層，特別是李朝的歷代帝王無不信仰佛教，讓佛教幾乎成為了當時越南的國教。然而，在進入陳朝之後，帝王們的目光開始從佛教轉向儒教；到了後黎朝和阮朝時，儒教更是變成了控制整個國家的指導手冊。「李、陳時代」完成了從佛教興盛到儒教的轉換過程，同時，也是一個為後來的「儒教時代」打下基礎的變革時代。越南形塑國家的過程其實就是佛、道、儒三教互相消長的歷程。

主流觀點認為，佛教大約是在二世紀中葉時，從印度經由海路傳入越南的。根據最近的越南佛教史研究指出，在佛教首度從印度傳入東方的過程中，越南的羸陵[21]，是最古老也最繁榮的佛教傳播都市。

羸陵過去曾為交州的首府，也是紅河三角洲水陸交通網的匯聚之處，以及物資的集散中心。在這裡，你可以看到三角洲的農作物和手工藝品，以及從高地、山地運送過來的白檀、沉香和象牙；羸陵則輸出衣服、壺和玻璃製品等貨品來進行交易。另外，羸陵附近有許多茂密的桑樹，可以生產繭和生絲，並用來製作絹質衣物。此地聚集了來自印度、中國和中亞地區的商人們。從印度、斯里蘭卡和中亞出發、準備前往中國的僧侶們，也會把此地當作進入中國之前的中繼站，在這裡學習中國的語言和習慣後再踏上旅程。從中國前往印度學習佛法的僧侶們也會來到羸陵，再從這裡往印度出發。在羸陵，隨處都可以聽到梵語、越語和中文交雜的聲音，是座充滿活力的城市。此外，這裡還曾是進行佛教經典翻譯的地方。羸陵就是這麼一個充滿外國人，以及農業、醫藥、天文、風俗、信仰等技術和文化薈萃的地方。三世紀中葉時，這裡已經有二十多座佛塔，約有五百多位僧侶聚集在此，翻譯出十五部佛教經典。

在之後的數百年間，羸陵成為中國統治越南的政治中心。然而，九世紀時，某天太守因為見到附近的河水逆流，便決定放棄此處。這位太守因篤信道教，經過占卜後得出民眾會群起圍攻此地的結論，因此將首府轉移至龍編（鄰近河內），此後，羸[21]陵就開始走向衰敗了。

▼印度僧人和美麗女子的故事

二世紀下半葉時，越南曾經流傳過一則關於摩羅耆域和伽羅闍黎[22]這兩位印度僧侶的故事。

摩羅耆域從印度走海路，並且在扶南[23]上岸，隨後沿著海岸線繼續往北走，一路過著餐風露宿的生活，最後終於抵達義安[24]。摩羅耆域想在這裡搭船渡河，但船長看他衣衫襤褸，便拒絕讓他登船。可是，就在船長把船開到河的北岸後，令人驚訝的事情發生了：這位衣衫襤褸的男人竟然已經渡過河流，而且還在撫摸兩頭老虎。接著，摩羅耆域繼續前行，但看到這副景象的民眾無不在後頭追著他。後來，摩羅耆域流浪到中國洛陽，並在沿途施展神通法力，救治了許多病人。還有一則故事指出，有許多村人們偷偷對摩羅耆域說：「請您就在我家待下來吧。」並且邀請他到家裡接受款待。摩羅耆域欣然接受了村人們的邀請，而他隔天竟然同時出現在五百戶不同的人家中。

---

21 在中國統治越南時期，這裡曾是太守坐鎮的交州首府；今日則是河內近郊河北省的羸陵村。

22 或稱「丘陀羅」。

23 一世紀時，在印度支那半島南方繁榮一時的國家。

24 今天的榮市。

接著，我們再來看另一位印度僧人伽羅闍黎的故事。伽羅闍黎曾經與越南河北省佛雲寺一位名叫蠻娘的女性有過一段故事。

當摩羅耆域和伽羅闍黎兩人抵達羸𨻻時，一位名為圖定的僧人建議伽羅闍黎留在這裡。某天，伽羅闍黎預言，圖定美麗的女兒蠻娘將會倚借未來佛的力量，成為一名能拯救世人的女性。後來，伽羅闍黎在一棵榕樹下搭建了一棟小屋，並且住了下來。有一天，當他結束傳教並且回到家中時，因為看見蠻娘在小屋的門前睡覺，無奈之下只好跨過她並走進屋內。但就在此時，蠻娘卻懷孕了。懷胎十四個月之後，蠻娘於四月八日產下一名全身發著光的女嬰。生下女嬰後，伽羅闍黎帶著蠻娘來到老榕樹前並開始唱誦咒語，然後敲打樹幹，擊出一個裂口。接著，在伽羅闍黎把女嬰放進去後，裂口就闔上了。伽羅闍黎對蠻娘說：「如果發生旱災的話，請立起這根杖子，如此一來就會有清水湧出。」在他把杖子交給蠻娘之後就不知去向了。很久之後，某一年恰逢久旱不雨，百姓都為無水所苦，因此向上天祈求，希望能早日天降甘霖。這時，蠻娘按照摩羅耆域的指示，把杖子立起來並開始祈禱。接著，水立刻從四面八方湧出來，民眾們對眼前的奇蹟嘖嘖稱奇。

在某個子年，老榕樹因暴風而被吹倒在河裡，地方上的壯丁們雖然想把樹拉上岸，可是就算使出渾身力氣還是徒然無功。但是，當蠻娘走到河邊洗手時，榕樹卻像是很開心地動了一下。當蠻娘把內衣的帶子拋入水中後，榕樹就自行靠向岸邊了。

某一天夜裡，當地太守彷佛自夢中聽見神明要他用榕樹做成四尊佛像。在完成第一尊佛像時，天空出現了五色雲彩，因此，這尊佛像就被命名為「佛雲」，並為其舉行了落成儀式；第二尊佛像完成時，因為天空下了一陣大雨，因此將其命名為「佛雨」；第三尊佛像完成時因為天上打雷，因此將其命名為「佛雷」；等到第四尊佛像也完成時，因天空光彩耀目，因而將其命名為「佛光」。後來這四尊佛像分別被安置在四間不同的寺院中，並在每年的四月八日當天，一同舉行盛大的灌佛會。

中國東晉政權的皇帝聽聞這件事之後，就動了派兵去奪取這四尊佛像的念頭。然而，實際搶奪之後，卻接連發生士兵死亡，或佛像突然重到難以搬運的怪事。結果，東晉皇帝只能作罷，讓佛像留在原來的寺院裡。在李朝一代，「佛雲」是越南人在面對中國侵略時，祈禱戰爭勝利的精神象徵；而在承平時節，則成為農民們祈求風調雨順、五穀豐收的祈禱對象。直到今天，「佛雲」仍然被虔誠的越南人所膜拜，並且廣受尊崇。

▼對超能力的信仰

雖然一般認為中國佛教（以下稱「漢傳佛教」）早在三國時代，就已經隨著因動亂而逃難的難民帶進越南，但其實要等到唐帝國時期，漢傳佛教才真正在越南弘傳開來。禪宗從中國傳入越南的時間約在六世紀晚期，當時，佛教已經在民間廣為人們所接受。佛教之所以能在越南獲得普遍接納，與它和道教融合在一起並進入越南社會有關。越南人相信，佛教僧侶具有超自然的力量，不但可以治病，還能為人民實現過上和平、安定生活的願望。佛陀是能夠出現在任何地方、知曉世間所有事情、可以創造出奇蹟的神。從中國傳入越南的道教一樣得到農民的關注，而統治階層也沒忘了利用道教帶來的政治效果。

農民會祭祀多樣的神明，例如中國神話裡的神、精靈和神格化的動物；魔法師、魔術師、占星術士、堪輿師、手相師和巫女，也都廣受民眾的尊敬。藥草等醫藥相關的事物，也都深入民眾生活當中，並且和民間信仰結合後廣泛地傳播開來。相較之下，親中國的統治階層則利用道教作為博取人民信賴的手段。他們威脅農民，如果不相信占卜的內容，就會遭到嚴厲的報應，藉此維持統治階層的權威。雖然親中勢力的統治仍是以儒教為尊，但運用這些信仰來鞏固統治組織、維持官僚體制，同樣是他們慣用的手法。

公然反抗中國勢力的李佛子，是一位佛教的擁護者。當時，統治階層對於儒教的重視大過佛教。雖然李佛子可以加入親中勢力的組織，但因為他身為傳統社會的領導人物——族長，所以他選擇了支持在民眾之間廣為流傳的佛教，並且抗拒儒教。因為，如果他尊重儒教的話，就等於屈服於中國勢力。於是，他自稱「南帝」，並且起兵抵抗中國（隋朝），但最後因兵敗被捕，並在押送的過程中遭到處決。越南的民眾因仰慕李佛子，於是為他建祠供養。

分布在各個村落的佛寺，還擔負起教育民眾的作用。寺院僧人教導民眾識字，也關心農民在生活上遇到的問題。僧人們憑藉著民意基礎，吸收反抗中國的勢力，並對政治和外交發表意見。越南獨立以後，歷代皇帝無不尊崇佛教僧侶和道教道士。丁部領於九七一年掌握實權後，首次界定了越南文武僧道的位階。僧人吳真流獲封「匡越大師」，被任命為大僧統，負責統管所有的僧侶；道士鄧玄光則獲封「崇真威儀」。黎桓執政時期，曾有兩位僧人被召入宮中，負責在越南與外敵中國及占婆修補關係時，擔任交涉的工作。

▼習禪的帝王——陳太宗

佛教在李朝時所受到的尊崇，達到了最高點，甚至連王權的授予儀式，也會由僧侶來主持。僧侶不只享有高位，著名的僧侶還能以國師的身分參與國政；而當遭遇國難時，僧侶也會擔負起喚醒人民救國意識的重要角色。當時，被任命為國師的僧侶們，一般都住在偏遠的地區，只有在國王請他們出山時才會到宮中。儘管僧侶也負責培養官員，但並不涉入宮廷內部的事務。不過，因為李朝歷代君王皆熱心於學習佛教的基本義理，所以僧侶也成為宮廷的顧問。

佛教寺院擁有大範圍的土地，由農奴和奴隸負責營運。僧侶們也被免除納稅和服兵役的義務。國王和王子們熱衷於出資建造寺院，奉納鑄鐘和獎勵傳布佛教經典。王族們建立的許多美麗佛寺，大多數都得以留存到今天。歷代君王的思考和行動方式在在顯現出他們是虔誠的佛教徒。陳太宗曾留下這樣的文字紀錄：

當我還是個孩子時就已經成為皇帝，但從登基那一刻開始，我就失去了自由。那時，父母都已經不在我的身邊，沒有人能給我建議，但我卻必須贏得人民的信賴，到底該如何是好呢？在冥思苦想後，我找到了答案。我認為退隱山林學習佛法，認識自己的天命，孝敬雙親才是正確的道路。於是，我偷偷溜出皇宮，告訴警衛：「我想要和其他人交流，了解他們的辛苦，知道他們在想什麼。」聽了我的話之後，有七、八名侍衛願意隨我出宮。渡過一條河之後，我才向這些人坦白自己真正的想法；聽到我的想法，他們都哭了起來。隔天，在普吏的渡船頭，我遮著臉讓其他人認不出來。那天晚上，我在寺院裡過了一宿，隔天接著一鼓作氣地爬上山頂；那裡住著竹林聖人，他熱情地接待了我。

聖人說：「我年歲已高，隱遁在這片山林裡，身體只剩皮骨尚存，以草木的果實充飢，喝溪水以及樹上滴落的清水。心如白雲般輕盈，隨風飄移。陛下為何要離開富裕的皇宮展開這趟旅程，來到這人跡罕至之處，可以讓老衲知道箇中原因嗎？」我流著淚回答：「我很孤獨，因為我是在沒有任何人支持的情況下，成為君臨百姓之上的帝王。但是，這樣的王位隨時都會崩壞。是故，我才依著自己的心意來到深山中，想要在這裡成就佛道。」聽完我的話，聖人對我說：「陛下不能這麼做，這座山裡並沒有佛，佛在我們的心中。只要內心能夠保持平靜明晰的狀態，佛陀就會在那裡。」

聖人握著我的手並告訴我：「您身為國王，國家的意志就是國王的意志，王國的心就是陛下的心。國家所有的事物，都等著您回到宮裡處理。這樣您還能拒絕嗎？重要的是，當陛下回到宮廷之後，還是要繼續學習佛教經典。」聽完這番話後，我回到了皇宮，違反自己的意願，繼續從事國王該做的事情。自從那件事後，直到今天，已經過了幾十個年頭。現在，只要閒暇之餘，我就會找來長者們，一起學習禪的義理和研讀佛教典籍，而且總念念不忘「你的心並沒有被任何東西束縛」這句話。我闔上書本，進入深長的冥想，並從中獲得許多啟迪，我認為這就是禪。[25]

一二九三年，成功抵抗元軍的陳仁宗在讓出王位後選擇到僧院裡隱居，並和兩位僧侶共同創立了「竹林派」。

在「李、陳時代」裡，佛教和道教在地位上是平等的，而儒教仍然受到冷落。道教具有很大的影響力，道士和僧侶一樣，活躍於越南宮廷中。陳朝有不少王公貴族信奉道教，例如大敗元軍的陳國峻將軍，本身也是一位知名的道士，在他過世之後還有人為他建立廟宇，將他當作神明來祭祀。十四世紀後，儒教才算羽翼漸豐。

▼儒教集團的反擊

「國子監」是越南最古老的大學，根據史書記載，國子監始建於一〇七六年，地點在首都昇龍[26]。而在六年前，也就是一〇七〇年，祭祀孔子的文廟也在同一個地點竣工。這座文廟是越南的驕傲，作為河內的著名觀光景點，是大部分海外旅客必定會造訪的地方。然而，研究越南古代和中世史的俄國學者波力卡夫（A．B．Poliakov）卻主張：「李朝歷代的國王都皈依佛教，因此說他們建立孔廟、用儒教來治國，是一件難以想像的事。」

波力卡夫認為，當越南結束中國長達一千年的統治，在九七三年獨立後，立刻就能建立一套以儒教為主的支配性思想體系，這件事讓人難以接受。一般認定建立文廟的李朝是個崇佛的王朝。李朝的僧侶也身兼學者，佛寺是傳遞文化的中心，在那裡集結了僧侶和官僚的子弟們。到了

25《越南的歷史》，阮克援著。
26 今天的河內。

陳朝，儒教才開始產生影響力。進入後黎朝，儒教才首次被採納，成為一種建構國家方針、理念的思想。我認為因為黎朝之後的歷史學家都治儒學，因此對佛教抱著偏見，所以才會留下在更早的時期，也就是從李朝開始，儒教就已經成為主流思想的記錄。

據推測，文廟可能建於一一五六年，而在一〇七〇年時應該還只是個小規模的祭壇而已。今天，在遊客熙來攘往的文廟內，還保存著刻有一千位人名的石碑群，這些石碑上的人名是從一四四二到一七七九年間超過三個世紀的時間裡，合計一百一十七次科舉考試的合格者名單。這些名字包含了著名的學者和政治家，是越南培育國家人才的心血結晶，可說壯觀至極。

隨著「李、陳時代」的落幕，以及儒教籠罩整個越南，儒學者們無不砲口一致地抨擊「腐敗的佛教」。黎文休是第一位通過科舉考試的越南史家，他曾經這樣說：「李朝第一位君王即位時，並沒有祭祀他們祖先的寺院，但在不到兩年的時間裡，卻興建了八座寺院，還修復了許多省分的佛寺，並且照顧在首都生活的一千多名僧侶，在這些事上投入了相當多的財富與勞力。然而，這些錢並不是從天上掉下來的，而是人民流血流汗的結果。」學者黎扇也感嘆道：「有民家的地方就有佛寺，如果佛寺傾毀了，馬上就會修建一座新的佛寺。超過半數的人民被動員來製作鐘、寺、大鼓和塔。」

到了十三世紀，佛教和儒教在思想上的鬥爭益發尖銳。在這背後，其實是貴族與大規模土地所有者，和身分雖低但迅速成長茁壯、擁有土地的農民之間所產生的對立。到了十三世紀末，許多領地都出現了農奴和奴隸的反抗運動。儒學者不只抨擊佛教僧侶，還批評給予農民好處的國家和社會。

於是，越南的國家架構從尊重農民的生活方式，轉而走向樹立絕對權威、並藉此統合民眾的路徑。絕對權威由官僚的階級組織和統治原則形成，因此需要建立一個順從權力且忠於政府的社會，而儒教正是完成這件事最理想的工具。

國民詩人——阮薦

▼天下大亂

陳朝末期，宮廷內部發生權力鬥爭，中國（明朝）見有機可乘，遂派遣軍隊發動侵略，再度將越南納入中國勢力的控制之下。一四一八年，地方豪族黎利起兵反明，他聚集了反抗勢力，歷經十年的漫長鬥爭，終於成功將明帝國的勢力驅逐出去，讓越南重獲獨立。黎利是越南史上耀眼的民族英雄，而阮薦則是一位和他攜手打天下的重要人物。阮薦不但是一位政治家，還是戰略家、思想家、詩人、外交官、史家、地理學者和音樂專家；除了多才多藝、在各方面都表現傑出外，他還深受越南人喜愛，寫過許多膾炙人口、感動民族心靈的詩作。

然而，阮薦也是一位悲劇性的英雄。在越南獨立後，因為他的功績過於卓著，竟然受到其他官員們的妒忌，最後阮氏一族三百多人慘遭滅門。阮薦在天下大亂的時代崛起，而他的一生也都在感嘆宮廷官僚的腐敗和墮落。他一邊推動改革，一邊和中國作戰，最後取得了勝利。然而，他也在對抗官僚體系利益陋習的過程中，成為了一名犧牲者。

黎利得以創立後黎朝，阮薦功不可沒（圖片來源：維基共享）

一三八〇年，阮廌誕生於昇龍城的皇宮裡。他的外公陳元旦不只是陳朝的王室成員，也是宮廷裡位階最高的官員。陳朝滅亡後，陳元旦跑到海興省的昆山清虛洞隱居了起來。陳元旦不只知曉天文，還是史學家、法學家和詩人。阮廌的母親是陳元旦的三女兒陳氏太；阮廌的父親名叫阮應龍。因為母親在他五歲時就過世了，因此阮廌小時候就和外公一起住在昇龍皇宮裡，後來又在清虛洞過著隱居的生活，並接受外公的教育。但阮廌在十歲時，外祖父也過世了，於是他便回到父親的故鄉河山平省蕊溪村。阮廌的父親阮應龍是通過科舉考試的文學博士，曾做過陳朝官員，也是一位著名的教育家。他是一位正直的人，生活簡樸，寫了批判官僚貪得無厭、呼籲朝廷應該傾聽民意的文章。就這樣，阮廌在外公和父親的薰陶下長大成人。

▼胡季犛的改革

不論是哪個王朝，建朝之初都會有英明的君主帶領國家興盛起來，但到了王朝後期，就會出現昏庸的君王把國家帶向滅亡，陳朝當然也不例外。從陳裕宗開始，陳朝逐漸出現衰敗的跡象。長期作為陳朝外患的元帝國，國力也逐漸日薄西山，最後在一三六七年被明朝政權推翻。當時，陳朝的君主為陳藝宗，因為他妻妾成群又熱衷玩樂，導致大臣們紛紛背棄他；而陳藝宗又大肆捕殺臣下，導致國內叛亂四起。此時，南方的占婆開始頻繁地對越南用兵，最後甚至還燒毀了陳朝的皇宮。陳朝既沒有能力守衛國境，也無法抵抗外敵的入侵；國內各地盜賊蜂起，民眾的心也已徹底背離陳朝。一三七六年十二月，陳睿宗親率十二萬大軍遠征占婆，卻在隔年正月反被占婆國王制蓬峨殺害。

在內憂外患的局勢下，黎季犛開始在朝廷裡嶄露頭角。然而，他在越南史中卻被描寫成奸惡之輩的人物。黎季犛出身朝廷官員，極為渴望權力，為了獲得更高的權位，他把長女嫁給陳順宗，讓她當上皇后。這些露骨的行徑使他得罪了很多人，因此有不少政敵都想要取他的性命。但沒想到黎季犛卻先下手為強，先是對皇帝下毒，並且在得知皇帝沒死後，下令手下的將軍將皇帝絞死。朝臣們知道這件事後群情激憤，密謀要對付黎季犛，但因為風聲走漏，反而導致三百多人慘遭黎季犛殺害。後來，黎季犛成為攝政，但他並沒有稱自己為「朕」，而是以「予」自稱。一四〇〇年，黎季犛登上皇位，隨後將姓氏改為胡，定國號為「大虞」。稱帝後，他對中國宣稱：「因為陳氏已經絕後，所以找了陳朝王室的外孫來主持國政。」接著，他讓自己的兒子胡漢蒼繼承帝位。雖然，胡季犛篡奪陳朝江山這件事，成為中國介入越南事務的口實，但其實中國早就有兼併越南的計畫。因此，幫助陳朝復國，只不過是中國的藉口罷了。

一四〇六年三月，中國（明朝）派遣軍隊，護送號稱陳朝正統繼承人的陳天平返回越南。然而，明軍卻遭到胡季犛攻擊，吃了大敗仗，陳天平被捕後遭到殺害。得知這個消息後，永樂帝決定一口氣兼併整個越南，於是派出八十萬大軍，兵分兩路向越南進軍。雖然實際的兵力數字應該是二十一萬，但無論怎麼說，都是一個不小的數字。儘管胡季犛也以水軍來迎戰明軍，但因為明軍不斷向胡軍宣傳胡季犛倒行逆施的行為，導致胡軍變得毫無戰意，陸續出現倒戈的投降者。在吃了幾次敗仗後，胡氏父子撤退至清化。隔年三月，中、越雙方的水軍展開激戰，結果胡軍大敗。五月，胡季犛父子被明軍捕獲，和許多將領一同被送往金陵[27]，並且在當地遭到處決。

中國占領越南後，雖然試著尋找陳朝的血脈和舊臣，但在各地發動反抗的陳朝舊臣，卻讓中國困擾不已。舊臣們找到了陳氏族人並奉他為簡定帝，接著和明軍展開戰鬥；舊臣們也陸續集結起來，力圖再建國家。然而，簡定帝卻聽信讒言，殺害了兩位忠心又善戰的將軍，進而遭到部下叛離，最後被明軍抓至金陵，並在當地處決。兩位無故被殺害的將軍之子找到了簡定帝的姪子陳季擴，把他推上王位（重光帝）並繼續和明軍作戰，但因為糧食不足，再加上屢戰屢敗，重光帝最後在老撾被捕。據說，重光帝在被送往燕京[28]途中，被丟入水中身亡，但也有一說認為他是被永樂帝處決的。一四一三年，陳朝徹底滅亡。

▼「孩子，要為國家雪恥……」

雖然胡季犛被視為篡奪陳氏政權的逆臣賊子，但阮薦和他的父親都曾短暫地為胡氏政權服務。究其原因，當然是源於他們不滿陳朝末期君主的無力，以及圍繞在帝王身邊的那些宮廷官僚的腐敗和墮落，並對此提出嚴厲的批判。

胡季犛不顧群臣的反對，將首都從昇龍遷移至清化，在新天地建設新的城池和市街。

27 今天的南京。
28 今天的北京。

一三九七年，他開始整飭防衛據點，改訂地方官制，按路、府、州、縣的上下秩序，舉凡戶籍、財政和訴訟，都要在各路造冊，並於年底向中央報告。同時，他還在每個行政階層裡各別設立了新的監督機制。除此之外，他還制定《大虞官制形律》，發行通用的貨幣；如果發現有人偽造貨幣，則處以死刑並沒收其地產。之所以要制定這些新的制度和法律，主要還是和陳朝末年的官僚腐敗有關。胡季犛希望透過官僚的改革，為國家建立一個強而有力的體制，然而，他卻操之過急，結果讓改革葬送在中國對越南的兼併之中。

在阮薦眼中，胡季犛的大膽改革饒富新意；和陳朝相比，胡朝的改革既有綜合性又具革新性。阮薦可能是為了讓國家從陳朝衰敗所引發的無秩序狀態裡脫離出來，而參與了胡朝的改革計畫。胡季犛登基後，在一四〇〇年舉辦了胡氏政權的第一次科舉考試。阮薦是這次考試的合格者之一，後來當上了胡朝的監察官。父親阮應龍在改名為阮飛鄉後，被任命擔任胡朝官僚養成機構——國子監的司業。然而，在明軍的侵略下，胡朝最後還是滅亡了。阮薦的父親遭到明軍逮捕後被送至金陵。阮薦在國境上目送被押至中國的父親，這時，阮飛鄉對他說：「吾兒，快點回去吧！你要為國家雪恥，為父親遭到的侮辱復仇。若是因思念我而哭啼，那是沒有意義的！」在那之後，阮飛鄉再也沒有踏上越南，而阮薦後來也被明軍逮住，監禁在昇龍城。

▼明帝國的合併與同化政策

永樂帝花了七年的時間壓制反抗勢力後，開始在越南強制且徹底地執行同化政策。中國在越南實施和中國相同的府、州、縣行政制度，越南共設有十五府、四十六州、七十九縣；到了一四一九年，更細分到村的層級。但是，中國的統治並沒有完全滲入到村裡。根據一四〇七年明軍對越南所做的調查顯示：「（越南）東西一千七百六十里，南北兩千七百里，人口三百六十萬九千五百人，馬四一百六十匹，牛三萬五千七百九十頭。」同一時期不同的調查則顯示：「平原上的住民有三百一十二萬九千五百人，山岳地帶的住民有兩百零八萬七千五百人，總計約為五百二十萬人。」

在中國統治下的地區宛如一座座軍營，人民的生活必須嚴格遵守中國的命令和指示，如果有人膽敢反抗，就會遭到徹底的鎮壓。中國除了徵收高額的水田稅、桑田土地稅以及人頭稅，還在沿岸地區建立鹽田並徵收鹽稅，而且還獨占鹽的專賣權。從十六到六十歲，凡是身體硬朗的人，都需要服兵役或其他賦役；民眾還被迫修築道路、挖礦、採集珍珠、漁撈、狩獵等。百姓苦不堪言，而這些活動的收穫，最後全都是送到中國。

除此之外，中國還要越南人捨棄他們的傳統風俗和自古流傳下來的文化，實行「遵從北俗」，也就是採行中國的風俗習慣。一四一四年，中國在所有的府、州、縣建立文廟（孔子廟），以及祭祀土地神、五穀神、風雲、山川的神壇，並且命令越南人從事祭祀活動。中國統治者還開辦學校，頒布四書五經，教授儒學和理學[29]；另外，還派遣僧侶到越南普及佛教和道教。

越南人自古以來就有的男性刺青、女性染黑牙齒的習慣都遭到禁止；不只如此，像嚼食檳榔

29 說明性命和理氣的儒教哲學。

的文化也在禁止之列。此外，越南的男女都不能剪短頭髮，女性需著短衣和有長襬的服飾，換句話說，越南人就是不能穿自己的民族服裝。不論是衣服還是髮型，都被強迫仿照中國的款式。數千名能工巧匠和知識分子被帶到中國，有些人被安排參加建設北京的建築工作。明朝還會沒來由地沒收越南人民的私有財產，奪走人民的大象、水牛和馬。統治者所做的這一切，無一不是為了破壞越南的文化，甚至還燒毀越南的書籍，或將書送到中國。

朝廷中負責行政的高級官僚都是中國人，越南人只能擔任下級官吏。從中國派遣到越南的官員們，在這片炎熱又多瘴癘的土地上，不但沒有好好工作，還倚仗權力剝削人民，因此，越南民眾的不滿與日俱增。根據記載，當時「各地皆有揭竿起義之事」。

▼黎利和阮廌起義

阮廌被釋放出來之後，花了十年的時間雲遊各地。他在「身無分文，住在破爛房子裡，僅以菜湯充飢，坐在簡陋的泥濘地板上，過著孤獨生活」的日子裡，看到在中國統治之下，人民苦不堪言的情況。

「祖國失去獨立，家族離散各地。人民悲慘貧瘠，枯坐寂暗室裡。一夜只聽雨落，讀詩竟不成眠，拂曉仍聞其聲。家園為戰所傷，三百萬人受難。究竟我該如何解除他們所苦？」

阮薦對於胡季犛抵抗中國一事，在精神面上是讚許的，但他並沒有實際參加胡季犛的抵抗行動，因為胡氏政權對陳朝的腐敗墮落追討得過於嚴厲，推行的改革也太過雷厲風行，結果反而讓民眾產生反感。當然，阮薦也沒有參與陳朝宮廷貴族的反抗行動，因為他知道，這種再現舊官僚制度的行為也是不可取的。根據近年來對阮薦的詩作內容所做的分析，阮薦在雲遊四方的日子裡，有三年的時間待在中國，對於中國的社會和人民進行了詳細的觀察。

黎利的起義，敲響了打破中國暴虐統治的醒鐘。一四一六年，他和十八位生死與共的夥伴在清化省藍山的叢林地帶一處名為隴崖村的地方，一同歃血為盟，宣誓「為了拯救祖國和民眾，我們要肩並肩戰鬥到最後一刻」。清化位於越南北部紅河三角洲的南部地區，是胡氏政權的西都所在，藍山就位在距離清化不遠的近郊。黎利雖是這個地方的地主，但他並不是貴族或官僚，而是土豪。黎利生於一三八五年，和伙伴們歃血為盟的那一年，他三十一歲。阮薦也是這次誓盟的成員之一，他看出黎利具有洞察事務的銳利眼光，還有糾集愛國志士一起作戰的領袖氣質。阮薦把他所擬定、關於如何推翻中國統治的救國戰略和戰術交到了黎利手上。

▼黎利的救國之戰

一四一八年二月七日，黎利聚集約一千名同志在藍山揭竿起義。他自稱「平定王」，並檄告四方，宣稱他們是為了驅逐明軍，推翻中國統治而起兵。此後，黎利展開了為期十年的抗爭，歷經了三個階段後，終於擊敗了中國。

在第一階段（一四一八至一四二三年），他採取游擊戰。當明軍聽聞黎利在藍山起兵後，立刻對其展開攻勢。黎利先是率領兩千人假裝撤退，再伏擊前來進攻的明軍，共殺敵三千、奪取武器一千餘件。當明軍再次進攻時，他們則逃進山區。附近的居民聽說黎利起義後，無不供給糧食作為支援。戰爭初期，他並沒有得到較顯著的斬獲，他採取的是長期戰。

然而，一四二二年，黎利軍隊的糧食用盡、將士疲乏，在不得已的情況下，只好與明軍議和，並且在一四二三年回到藍山。明軍當時送給黎利牛、馬、魚、鹽等物資，而黎利則派人帶著金銀去明軍陣營致謝。

後黎朝開國君主黎利（圖片來源：維基共享）

在這場艱難的抗戰中，黎來的故事值得我們花時間一讀。黎來和黎利出身於相同的村莊，從黎利開始舉兵時，黎來就一直跟在黎利的身邊。一四一九年，黎利在至靈[30]遭到明軍包圍，陷入一籌莫展的困境。這時，黎利說：「有沒有人願意代替我率軍突破包圍，正面和敵軍決戰？這麼做雖然勢必會成為敵人的俘虜，但我會趁著空檔去和其他部隊會合，在集結好兵力後再次反擊。」黎來自告奮用，接下了這個任務。他穿上黎利的戰袍、跨上大象，高喊「平定王黎利在此」後衝向敵軍。明軍誤以為這個人就是黎利，於是派出一大群人將他捕殺。而在同一時間，黎利本人已經在西都匯集兵力、重整陣營了。黎來捨身的行動拯救了黎利，也挽救了國家的獨立運動。越南的教科書上寫道：「這是一次果敢獻身的英勇事蹟。」

在第二階段（一四二四至一四二五年），黎利軍開始扭轉戰局並進行反擊，進而掌握了戰爭的主導權。一四二四年七月，黎利得到永樂帝過世的消息後，帶著軍隊走出山林，劍指明軍的大本營義安城。看到黎利騎著大象出陣的英姿，地方上的豪族陸續在他麾下集結起來。黎利從中挑選出五千名血氣方剛的年輕人，他們士氣高昂地向平原地區進軍，此時，明軍已經完全趨於守勢。中國洪熙帝[31]過世後，由宣德帝[32]即位。宣德帝眼見越南的局勢日益惡化，開始思考如何脫離這個泥淖。

在第三階段（一四二六至一四二七年），兩軍展開位於紅河三角洲上的決戰。一四二六年九月，黎利軍北上，攻破三角洲各地的明軍據點，此時，明軍只能嚴守東關城[33]。一四二七年正月，義安城重回越南手中，黎利的軍隊還阻斷了明軍運輸糧食的道路，接著對東關城發動總攻擊。這時，黎利的軍隊在三角州各地已經具有壓倒性的優勢了。九月，中國開始不斷派出軍隊增援越南戰場，總兵力達到十五萬之眾，戰旗鋪天蓋地。黎利的軍隊再次祭出游擊戰術，先是佯裝

30 位於今天的義安省。
31 明仁宗。
32 明宣宗。
33 今天的河內。

逃跑，然後讓追擊的明軍掉進泥淖的陷阱中。接著，黎軍對增援的柳昇部隊展開迎擊；這時，他們在軍事要地支稜關策劃了他們擅長的伏擊戰，對敵軍發動前後夾擊。在這場激烈的戰鬥中，柳昇軍損失五萬多人，另有三萬人遭到俘虜；柳昇將軍被殺，其餘的將領也成為階下囚。這場戰役被稱為「支稜之戰」，廣為後世所傳頌。

▼鄭重送還投降的明軍士兵

至此，黎利軍已經掌握了戰局的絕對優勢，好漢們、各地民眾以及邊境上的地方豪族，紛紛加入黎軍的隊伍，士兵人數增加到二十萬人。這時，黎軍依照阮廌的建議，開始對明軍進行政治宣傳，一方面說明中國的統治基礎如何薄弱，一方面強調越南民族運動的強盛，這些都對明軍士氣造成打擊。阮廌本人更是不顧自身危險，前後五次擔任交涉使節，進入明軍據守不出的東關城內，和明軍的總指揮官王通進行交涉。

一四二七年十一月，明軍對黎軍提出和議，希望黎利能保證明軍安全撤回中國；黎利以十二月為期，保證會讓明軍安全無虞地回到中國。但其實早在這之前，黎利已經向中國派出使節，表示自己想擁立被中國滅國的陳氏後人來擔任越南的領導人。明宣宗同意後，敕封了由黎利拱出來、名叫陳暠的人為安南國王。在儀式結束後，中國也放棄了征服越南的念頭。明宣宗因為找到了名義上的理由，於是下令軍隊班師回朝，而且接受了越南方提出的所有說法。

在黎利麾下的將領中，有些人主張應該徹底消滅這些在撤退途中形同被孤立的中國軍隊，但黎利接受了阮薦的建言「按照約定，執行和談的內容」，而且還曉諭部下「想要復仇乃人之常情，但殺人並非好事。更何況敵人已經投降了，更不能取人性命」。為了讓明軍順利撤退，黎軍還修復了出城後會經過的橋梁和道路。

十二月，中國諸將齊聚後，先由陸軍開始行動，水軍緊隨在後，陸續撤出越南。越南方為從水路返回中國的將士提供了五百艘船隻，對於從陸路返回中國的明軍，則在道路旁為其準備食物。

當時，回中國的明軍人數，竟然仍有八萬六千人之多。另外，還有俘虜兩萬名和馬兩萬匹。在明軍回國的途中，黎利還去見了明軍的總指揮官王通，誠心誠意地贈與他牛、酒和禮物。十二月二十九日，待諸將回到北京後，雖有幾位將軍被判重罪而遭到處決，但以王通為首的多數將領們則得到宣德帝的赦免。

一四二八年正月，黎利終於統一了越南。然而，到了三月，陳暠恥於自己沒有功績卻為人君，於是乘船出逃。最後，陳暠被軍隊追捕後，於東關城內服毒自盡。事後，黎利向中國報告了這件事，宣德帝接受了黎利提出的「不想再尋找陳氏後裔」的要求，於是封黎利為安南國王。黎利和中國達成每年入貢的約定後，在同年四月於東京（昇龍）即位，定國號為「大越」，並以東京為首都。黎利在奮鬥十年之後，終於實現了越南獨立的大業。

▼「帝既平吳，大告天下」

黎利和阮廌主導的獨立運動，經過十年的歲月後終於取得了勝利的果實。阮廌身為一名戰略家和政治顧問，不斷鼓舞越南民族投入對中國的反抗活動，最終實現了民族與國家的獨立。除此之外，阮廌還是一位詩人，也是撰寫過地理著作的文人，更是樹立大原則的軍事戰略專家。他曾在給黎利的信中寫到：「與其攻陷敵人的城池，征服他們的心更為重要。」

阮廌相當重視民眾在行動中所扮演的角色。在獨立戰爭中，他一直很注意民眾的支持與否，也留心敵軍士兵的受害程度，更關注中國人民的想法。這些都可以從阮廌寫給明軍將領的書信裡看到。獲得勝利時，憤怒的越南民眾和士兵想對已投降的明軍進行報復，但黎利還是接受了阮廌的建議，決定讓大批的明軍士兵回到中國。

阮廌的功勞可不只是向黎利提出了一個又一個建言而已，他還執筆了對明軍作戰時軍陣中所有的公文、和中國交涉的書信、以及對越南人民的宣言。不只如此，阮廌更重要的貢獻還在於，他巧妙地結合了軍事和外交，擬定出黎軍的作戰計畫。他讓黎利所領導的作戰目的不在恢復陳朝和胡朝的統治，而是高舉「救國之戰」的旗幟。阮廌不只讓越南人民知道這個想法，還使其滲透到中國麾下、由越南人組成的地方部隊中。這個大規模的宣傳戰術收到很大的效果，因而讓許多越南的地方軍倒戈向黎利的陣營。

一四二八年，阮廌寫下了著名的《平吳大誥》。這篇宣示「帝既平吳，大告天下」的長文是一篇有押韻的詩；文中的「吳」指的是「明帝國」。越南人抵抗了明帝國二十年的統治，經過十年的奮戰，終於完成了獨立大業。為了讚揚這件大事，黎利讓阮廌執筆寫成這一篇大作：

仁義之舉，要在安民，吊伐之師，莫先去暴。惟我大越之國，實為文獻之邦。山川之封域既殊，南北之風俗亦異。自趙、丁、李、陳之肇造我國，與漢、唐、宋、元而各帝一方，雖強弱時有不同，而豪傑世未嘗乏。故劉龔貪功以取敗，而趙禹好大以促亡。唆都既擒於鹹子關，烏馬又殪於白藤海。稽諸往古，厥有明徵。頃因胡政之煩苛，致使人心之怨叛。狂明伺隙，因以毒我民。惡黨懷奸，竟以賣我國。焮蒼生於虐焰，陷赤子於禍坑。欺天罔民，詭計蓋千萬狀。連兵結釁，稔惡殆二十年。敗義傷仁，乾坤幾乎欲息。重科厚斂，山澤罔有孑遺。

開金場，則冒嵐瘴而斧山陶沙。採明珠，則觸蛟龍而絙腰汆海。擾民設玄鹿之陷阱，殄物織翠禽之網羅。昆蟲草木，皆不得以遂其生。鰥寡顛連，俱不獲以安其所。浚生民之血，以潤桀黠之吻牙。極土木之功，以崇公私之廨宇。州里之徵徭重困，閭閻之杼柚皆空。決東海之水，不足以濯其污。罄南山之竹，不足以書其惡。神人之所共憤，天地之所不容……。（中略）

冷溝之血杵漂，江水為之嗚咽。丹舍之屍山積，野草為之殷紅。兩路救兵，既不旋踵而俱敗。各城窮寇，亦相解甲以出降。賊首成擒，彼既掉残卒乞憐之尾。神武不殺，予亦體上帝好生之心。參將方政、內官馬騏，先給艦五百餘艘，既渡江而猶且魂飛魄喪。總兵王通，參政馬瑛，又給馬數千餘疋，已還國而益自股慄心驚。彼既畏死貪生，而修好有誠。予以全軍為上，而欲民與息，非惟計謀之極其深遠，蓋亦古今之所未見聞。社稷以之尊安，山川以之改觀。乾坤既否而復泰，日月既晦而復明。於以開萬世太平之基，於以雪千古無窮之恥。是由天地祖宗之靈，有以默相陰佑，而致然也。於戲，一戎大定，迄成無競之功，四海永清，誕布維新之誥，布告遐邇，咸使聞知。

▼阮薦令人唏噓不已的下場

黎利即帝位之後正式建立了後黎朝，他以宮廷為中心建構起新的行政組織。阮薦受封為侯爵、擔任內務大臣，掌管宮廷內部所有的行政組織。為了恢復在中國二十年統治期間凋敝的經濟和社會，新的政策相繼推出。然而，在建立中央極權體制的過程中，王朝卻又快速地陷入官僚主義的弊害之中。在新政權發軔一年後，有功的重臣們相繼遭到清算。黎利下令逮捕過去在藍山一起誓盟、立下戰功的陳元扞。陳元扞是一名優秀的宮廷官員，雖然為王朝的基礎做出貢獻，最後卻被迫自殺。另一位重臣范文巧也被黎利下令處死，家產充公。一四二九年，連阮薦也受到懷疑而遭連累入獄，雖然不久後即被釋放，但他也喪失了在宮廷裡的影響力。

一四三三年，黎利將王位讓給年僅十一歲的孫子黎太宗，並借重阮薦身為儒學者的豐富資歷，命他教育太宗。隨後，黎利就在當年過世了。阮薦為了讓年輕的君主為後黎朝打下基礎，教授他帝王之學。然而，宮廷裡的官僚們利用太宗尚為年幼，逕自做出蠻橫又自私的種種決策。眼看腐敗的跡象愈來愈明顯，阮薦決定挺身而出、進行反擊，但他的行動反而讓他遭到孤立，最後不得不辭掉教育君主的工作，返回故鄉。

一四三九年，黎太宗託人告訴阮薦，希望他能回到宮中。阮薦回覆：「希望陛下勿聽他人的流言蜚語，能信賴和關愛臣下。如此就算是一匹老馬，挨了鞭子還是能跑的。老臣就像在冷澈的風雪和大霧中，不畏環境依舊昂然挺立的松樹。陛下啊，您看到了嗎？」就這樣，阮廌再次回到宮中擔任內務大臣，除了主持宮廷的評議會，還負責國王所有的書簡。此外，他還被授命管理東方和北方兩處重要的地區。

然而，造化弄人，一個巨大的陷阱止等著阮廌落網。一四四二年，當黎太宗東巡到至靈（今天的海陽省）閱兵並且踏上歸途中，他造訪了位於昆山的阮廌宅邸。接著，在回到昇龍的路途中，他在荔枝園[34]休息時，竟突然感到身體不適而過世了。當時，服侍在黎太宗身邊的是阮廌的侍妾阮氏路。這件事讓原本就對阮廌心懷不滿的宮廷重臣們找到了藉口，宣稱這是阮廌暗殺皇帝的計畫。九月十九日，阮廌和阮氏路以及成員超過三百人的阮氏家族因罪及三族，在昇龍城的刑場被滿門抄斬。史書上記載：

> 皇帝於八月來到荔枝園後，卻突然得病駕崩了。皇帝相當喜愛阮廌的夫人阮氏路，於是將其召入，日夜侍側。來到荔枝園時，他與阮氏路通宵而崩。然而，阮氏路弒君的傳聞卻甚囂塵上。幾天後，阮廌和阮氏路都被處決，因罪及三族，使阮氏族人皆伏誅。帝在位九年，年二十。皇帝是聰明之人，學習儒學並創制科舉，此外還大開國門，讓許多來自爪哇、暹羅、占婆和馬六甲的商船前來貿易。然而，皇帝也因年紀尚輕耽於酒色，最後自取惡果。

34 位於今天的河北省。

從其他角度來看，阮廌雖然是一位才華洋溢的人物，但卻過於天真和正直。他人格高潔，為了實現國家的理想而奮起投入戰爭；然而，也正因如此，讓他成為只想當大官、企圖中飽私囊的宮廷官僚們的眼中釘，最後還因這些人的陰謀，而被羅織了莫須有的罪名。後黎朝宮廷官僚的心思都放在權力鬥爭上，這正是像阮廌這樣的人物會受到排擠的原因。

越南人認為，阮廌雖然身為一名儒學家，卻有著遠遠超過儒教教義的精神，並以此創作出許多膾炙人口的作品。正是這份熱愛國家和人民的力量，為儒學注入了活水源頭。儘管阮廌在世上留下了不可磨滅的功績，但他的文學作品卻散佚各處，只有少數流傳於後世。

光輝之君——黎聖宗

▼光順中興——最璀璨的時代

越南史上最耀眼的時代，當推黎聖宗的治世。

後黎朝對中國採取的外交政策相當靈活。黎利雖然擊退明軍並實現了越南獨立，但在面對中國時，姿態依然放得很低。儘管如此，在有關根本利害關係的事務上，他還是會堅持拒絕中國的要求，固守越南的利益，這就是前面提過的「表裡不一」。後黎朝派遣使者到中國請求冊封，並答應越南對中國入貢。到了明英宗時期，中國正式和越南建立外交關係，並接受「陳氏血脈已經斷絕」的說法，將後黎朝第二代君王太宗封為「安南國王」。中、越兩國進入相對穩定的關係。相較於歷史上的「前黎朝」[35]，由黎利開創的黎朝稱為「後黎朝」；而後黎朝又因為曾被莫氏篡奪政權，因此又可分為前期和後期。後黎朝前期[36]共有九位君王，在這期間，因為越南和中國維持著朝貢關係，所以雙方並沒有發生太多的衝突。

特別在第四代君主黎聖宗主政時，此時期被稱為「越南史上發展最卓越的時代」。究其原因，乃是和越南成功排除了外部勢力的壓迫有關。首先是中國放鬆對越南的干預，其次是越南出

35 九八一至一〇〇九年。

36 一四一八至一五二七年。

兵討伐了南方的心頭大患——占婆王國，讓占婆元氣大傷，沒有力量再次對越南構成威脅。當後黎朝穩定局勢後，朝廷才能集中精神發展國力。「李、陳時代」已經成形的越南國家型態，在黎聖宗的治世下變得更加鮮明。當然，這時的越南還是國土僅限於北部紅河三角洲地帶的中世紀國家，但之後便開始進行從北往南的「南進政策」，而在黎聖宗執政的期間，正是為「南進」蓄積能量的時期。

史書記載，黎聖宗「資質聰睿，熟讀古今經典」。他不只精通四書五經等儒學正統經典，還是一位聰穎且資質優秀的青年。他向中國遣使請求冊封，定年號為「光順」。雖然有人因為黎聖宗對占婆、老撾的遠征，把他看成是「領土擴張主義、霸權主義的首謀者」，但他盡力整飭內政，建構起「光順中興」的時代，還是為自己贏得了相當高的評價。

▼遠征占婆王國

越南和南方的鄰居占婆王國，總是會趁對方國力衰弱的時候展開攻擊。胡季犛執政時，越南曾進攻占婆，占領了今天越南的廣南和廣義兩省[37]一帶的土地，但隨著中國的敗退，占婆又陸續奪回了故土。趁著士氣正旺，占婆於一四四五年再度出兵越南，但這次卻被越南的軍隊擋了下來。一四七〇年八月，此時正逢黎聖宗執政時期，占婆的茶全王率領水軍、陸軍和象軍共十萬餘兵力，從海、陸兩方進攻越南的化州，也就是今天的順化一帶。化州知州一邊將民眾撤入城內，一邊向中央告急。黎聖宗知道消息後，立刻開始準備遠征，並派出使節遠赴中國，向中國說明占婆屢次侵犯國境的事情，在陳述戰鬥理由的同時，也告知越南即將展開作戰。十一月，黎聖宗率領十五萬大軍御駕親征，並派出十萬名水軍乘著艦隊侵入占婆的領海。一四七一年一月二日，皇帝下令全軍出動，並在二月抵達今天的廣南港外，從山、海兩面夾擊占婆軍的主力。

戰敗的占婆軍往首都闍槃城[38]方向逃竄，但當他們來到沙圻[39]時，卻發現這裡已經到處都是黎軍。占婆軍隊在一片驚慌失措下遭到黎軍殲滅。茶全王在得知弟弟戰敗之後決定投降。然而，黎聖宗卻充耳不聞，下令軍隊繼續前進。二月二十九日，黎軍包圍闍槃城，並在三月一日發動總攻擊。當城池陷落後，據說有四萬人遭到屠殺（另一說為六萬人），三萬多人遭到俘虜。茶全王被俘後於護送途中，因過於驚恐而得病過世了。黎軍把他的首級取下後，將遺體投入海中。

黎聖宗透過大規模的遠征，合併了廣南、廣義和平定等越南中部地區諸省，並以今天越南中部的大嶺角作為國境。自此以後，占婆失去了興兵進攻越南的力量，該國的領土也只剩下位於南方的一小塊區域而已，在進入下一個時代後，占婆完全被越南所吞併。

征服了占婆以後，一四七九年八月，黎聖宗下令諸將率領十八萬大軍兵分五路，進攻與國境西側相鄰的哀牢、盆蠻和老撾，這些地方都屬於今天的寮國。在黎軍征服後，後黎朝在當地建立了鎮寧府及其下轄的七個縣。鎮寧在越南語中寫作「Trấn Ninh」，位於寮國的石缸平原，也就

37 位於越南中部地區。
38 今天的平定。
39 今天的廣義。

是印度支那半島的中央地區。只要能占領這個地方，不但可以控制老撾，也能在印度支那半島上占據優勢地位，因此，後黎朝無論如何都要拿下這塊高原。

▼集結全國的優秀人才

儒學是後黎朝施政的核心。「李、陳時代」是從將佛教視為國家基礎過度到以儒教為主的時期，而後黎朝是越南史上第一個確立儒教為國家基本原則的朝代。後黎朝的歷代君王都很精通儒學，身邊的臣子也都必須是儒學的忠實信奉者。始於李朝的考試取士制度到了後黎朝時已臻完備。雖然後黎朝的第二代君王太宗的壽命只有十九年，但他的儒學造詣很高，並於在位期間創制了越南的科舉制度。

除了在文廟裡建立國立大學——國子監，他還在各地興建學校。接著，他著手改良鄉試（地方考試）和會試（國家考試），並從一四四二年開始施行。至於科舉考試的制度化，則從黎聖宗開始，鄉試每三年舉行一次，因此也稱作「三年大考」；會試在首都舉行，只有通過鄉試的人才能參加。一四六三年二月，亦即黎聖宗即位三年後，從全國各地聚集到首都的優秀學子們，一同參加了國家主辦的考試。這四百四十多人都是各地鄉試合格的「舉人」，其中有四十四人通過了這場考試，成為「秀才」。考試採取筆試，出題範圍有文學、道德和歷史等內容，考題大多出自越南編年史和中國古籍。

為了讓這些合格者顏面生輝，黎聖宗以莊嚴的語氣為他們一一唱名，並授予這些人精美的徽章，讓他們能佩戴著徽章衣錦還鄉。此外，後黎朝還把這些會試合格者的名字刻在石碑上；最早的石碑立於一四八四年，從一四四二年第一次會試的合格者開始，共有一千三百零六人的名字，分別刻在八十二塊石碑上。每次考試的合格人數從三人到六十一人不等，年齡從十六到六十一歲都有，跨幅不小。然而，這些石碑在漫長的歷史中，已經有三十塊不見了。目前，從安放在河內文廟的現存石碑上，我們可以看到越南歷代的哲學家、地理歷史學家、數學家、政治家和文學家的名字；正是這些重要人物，推動了越南歷史的進程。觀看這些石碑時，人們彷彿能親身碰觸到越南充滿深度的歷史。

▼每三年和六年進行一次人口普查

黎利執政時期，朝廷將越南全國分為東、西、南、北、海西等五道。到了黎聖宗時，則分為十三道，每一道的首長由三名官吏擔任，分別負責行政、司法和軍事；另外還設有監察制度，來監督各道的行政。各道之下再分為府（五十二）、縣（一百七十八）、州（五十）、社[40]。位於首都的朝廷中央設有六部（省），分別為吏（民事）、戶（財產）、禮（宗務）、兵（軍事）、刑（司法）、工（土木）。

一四七〇年，黎聖宗規定每三年要進行一次戶籍調查（小典），而全面性的戶籍調查則為每

40 相當於一般所說的村落，這裡則是指在越南獨特的發展歷程中出現的「村落共同體」。

六年舉行一次（大典）。每到戶籍調查時，會於事前定好的時間，在地方政府所在之處設置稱為「選場」的調查場，並派遣以文武大員為首的團隊，去聽取州、社等地方政府報告社裡的定住家族（正戶）和外來家族（客戶）的詳細內容。

在進行人口調查時，還會測試有學識的人（士子），如果政府認可此人的學養，就會免去他的賦役，作為努力向學的獎勵。另外，他們還會對有官職或稱號的人進行調查，一旦發現身分或稱號是假冒的，就會立即將之從名簿上削除。普通人（民丁）分為六類，分別是（一）身強體壯之人[41]，也稱為兵士；（二）軍務者[42]；（三）平民[43]；（四）老人[44]；（五）傭人[45]；（六）窮民[46]。

▼注重民事的《洪德律例》

黎聖宗結束對老撾的軍事行動之後，於一四八三年頒布了《洪德律例》。這部法典是把越南傳統社會中行之有年的法律和規則，進行有組織的編輯後所問世的集大成之作。直到十八世紀末為止，《洪德律例》均被後來的越南歷代君主所採用，被尊為具有實效的法律，歷代王朝更以《洪德律例》為基礎來發展當代律法。在黎聖宗執政時期，越南的中央集權體制業已確立，《洪德律例》正是中央集權化的國家為了有效率運轉社會和經濟所制定出來的法律和規定。雖然法典的基本原理來自封建體制和儒教思想，但絕非單純地複製中國的律令。有關契約、遺言、繼承、香火[47]等的民事法令，可以在底下的內容窺見一斑：

土地所有權由國家和領主來保護，父親、第一夫人和長男的權力得到保障。婚喪喜慶得按照規定的形式來進行。法典中規定了「十大犯罪」，其中對於顛覆朝廷和怠慢養育兒童者，尤其會處以重罰。女性的權利也有保障，法律認可女子擁有自己的財產，女性在繼承家產上，也和男子一樣擁有相同的分配權利。當沒有男性繼承人時，女性可以繼承全部的家產。如果丈夫在一段時間之內對太太不聞不問，妻子可以申請離婚。

從上述內容我們可以得知，《洪德律例》是將當時越南社會中特有的習慣等加以制度化的產物。

41 又稱「壯項」、兵項，須進入軍隊服兵役。

42 又稱「軍項」，平日在家務農，一旦兵員不夠時就會被徵召入伍。

43 又稱「平項」。

44 又稱「老項」。

45 又稱「傭項」，為了生活而勞動，但沒有任何財產的人。

46 又稱「窮項」，孤身一人或孤兒。

47 為了祭祀祖先而不能讓渡的特殊財產。

▼完善「公田制度」

黎利在戰場上擊敗明軍之後，立刻下令沒收中國統治階層、曾經協助中國的越南人、陳氏王族以及朝廷官員等已死亡或脫離地籍者所擁有的土地；此舉同時也消滅了「李、陳時代」不斷增加的「貴族階級大規模壟斷土地」的現象；接著，他再把大片的私有地，分配給那些與中國作戰有功的將士。

大規模的改革出現在黎利和黎聖宗時期，作為國家土地制度核心基礎的「公田制度」也日趨完備。一四二九年，黎利把村落共同體的公有地收歸國有，成為公田（共同耕地），再依據中央制定的規則來加以分配。一四七七年，黎聖宗規定：（一）所有的土地依據法律的權利和地位，賦予分配的權利；（二）每六年執行一次分配；（三）必須支付地租給國家。關於地租，農民支付給國家的金額，在制度上比之前領主所要求的更為低廉，而且還會實施新的公田分配。雖然從陳朝就已經開始分配公有地，但到了後黎朝，國家才首次直接干涉村落共同體內部的事情。

黎聖宗對外宣稱「集中的目的是為了強化農業，激發出國家的生產潛力」，但綜觀後黎朝歷代的君王，其實無不關注農業生產的發展。後黎朝迅速以國營的方式，來指導和中國交戰期間，被棄之不理的閒散地的耕作，而農民們也致力於開墾新的土地。在將高地和沿岸地帶合適的土地轉換為耕地時，也同步進行開發新的土地。除此之外，當時還實施了利用農民和罪犯來進行的屯田開發。這種開發並非大規模的開拓，而是藉由小規模的築堤防潮來創造出耕地，因此並沒有讓生產力大幅提升。但這些都是療癒經過戰火蹂躪，讓社會重拾安定的重要政策。

在修築堤防方面，學生和軍人會被動員起來從事修復作業，宮廷裡的官員們也會走進水田裡幹起農活。越南在和中國作戰時，軍隊總人數攀升到二十五萬之多，但到了黎聖宗時期，卻裁到剩下十萬人。另外，朝廷還重視照顧牛隻。後黎朝推行的土地私有制，結果是創造出了新的土地所有階級。

▼「竹籬之內不受君令」

越南傳統的村落共同體稱為「村」（Làng）或「社」（Xã），有時也合稱為「村社」。但在今天，每當提到「村」的時候，人們很容易就會聯想到那種保存著過去傳統的村子。村落位於廣袤的水田間，為了防禦，村人會在村落的外側搭建竹籬，再用土壘將內側環繞起來。村裡有巨大的榕樹，在村子的中心還建有用來祭祀祖先、稱為「亭」的廟宇。此外，村裡還有共用的水井和佛教寺院。在竹籬之外屬於村落的土地上，散布著公田和私田，小山丘上還有村人們的共同墓地和放牧地。村中會定期舉辦市集，每當開市的時候，就會有鄰近村子的村民挑著秤子前來參加。村子被竹籬所包圍，在和鄰村的聯絡道路上，設有作為竹籬出口的大型木門，是不是外人，一眼就可以看出來。村民們在村裡過著和平的生活，但只要一出村子，就是外面的世界。

越南的「村」不單是指聚落，更是擁有嚴格規範的命運共同體。如果一個人被「村」踢出去，他甚至無法被其他的「村」所接納。「村」是越南人生活的基礎，因此在建設、防衛國家，以及發展文化上，「村」都扮演著重要的角色。

「村」是北部紅河三角洲典型的村落，它的原型可以追溯至久遠的時代之前。一般認為，越南在西元前一世紀就已經出現了村落共同體，其特色是所有土地皆為村落共同體所有。作為生產單位的家族，會被分配到屬於自己的耕地，每個家族都擁有自己的房子、菜園和生產工具，農業收穫可以供家族享用，但也需要交出一部分給村落共同體，以及作為上繳朝廷的貢物。

村落共同體的社會構造是依地緣、血緣、年齡、職業等不同的要素所形成的小型共同體的集合。他們以血緣關係所形成的「族」為基礎，構築起相互關係，土地的所有權也是靠這種關係的聯繫來決定。「族」是以父系血緣關係為基礎，把幾個不同的家族結合在一起的集合體，在這裡面的所有家族都屬於「族」。「族」擁有共同的祠堂，在每年春分和秋分時，族長會把家族成員集合起來，一起為祖先進行祝禱；而族長的人選則為該族長兄的長子。規模較大的「族」擁有水田，收穫利益則成為「族」的共同活動資金；在擁有相同祖先的「族」內，是不允許相互通婚的。

▼越南的傳統村落共同體構造

在近鄰關係方面，主要是由居住在村中道路兩側的家戶所組成。在越南語中，稱自家對面的街坊鄰居為「Xóm」；越南有一句諺語說：「閭巷（Xóm）之間，皆有神靈。」如果兩、三個「Xóm」集合在一起，就形成了聚落單位「Thôn」；而兩、三個「Thôn」則成為「村」（Làng），但也有一個「Thôn」就是一個「村」的情形；特別是當作行政單位的時候，不論是

「Thôn」或「Làng」，往往都意味著跟往昔不同的地區劃分，因此要找出一個普遍的通則，實在是相當困難。

在村落共同體中，也有以年齡來區分的組織。村裡的男孩子出生之後，會登記在「甲」中。「甲」除了是天干中的甲，也有「十二年週期」的意思，也就是配合十二地支，來劃分不同年齡的群體。村裡的男性從出生的那一刻開始就屬於「甲」，直到過世為止，男性都在「甲」裡肩負著不同的任務，彼此有著平等的義務和權益。每個村落都有兩個到六個稱作「甲」的團體，每個「甲」都有各自的職務和作用。男性成長到十八歲時會被稱為「民丁」，因為「民丁」被視為成年人所以需要繳稅，而且還有義務執行成人社會的活動，其中最重要的義務莫過於服兵役、修築堤

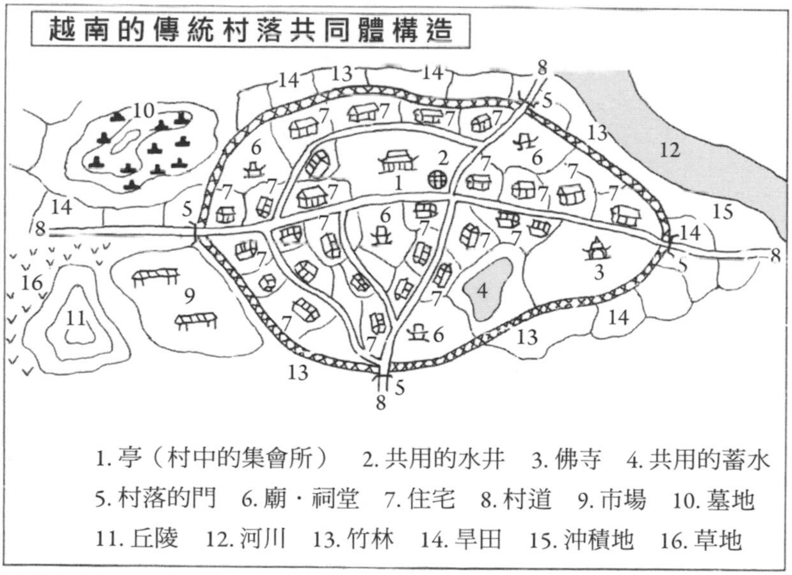

越南的傳統村落共同體構造48

48 依據潘輝黎（Phan Huy Le）的論文〈越南的傳統村落共同體、經濟社會構造的歷史發展過程〉（1990年）內容製圖。

防和參與水利設施工程。到了五十歲時會被稱為「入老」，七十歲時則被稱為「上老」。身為村裡的長老，「上老」備受村民尊敬。

有些村裡的組織是以職業來區分。相同職業的人集合在「會」、「坊」、「派」之下。學生和官吏們有「司文會」，軍中的幹部們有「司武會」，手工業者和商人們則集結成「會」、「坊」、「派」，並制定保障彼此利益的規約。「派」在逢忌辰或要對土地神獻祭時，會負責尋找文章練達的知識分子，請他們撰寫上呈給神明的文章。

還有為了在生活上相互扶持所組成的「會」。「信心會」是在舉行葬禮，尤其是父母的葬禮時，能夠提供協助的會。「慶事會」是幫忙打點婚禮的會，村民們在舉行婚喪喜慶時，都會分配到屬於自己的任務。舉凡「標會」或「元旦」[49]，村人們也會自願互相幫忙，讓縱向和橫向關係都能在村落共同體內維持著友好的狀態。此外，還存在著負責保管傳統戲劇服飾——嘲劇（咭嘲）服飾的會。過去，在傳統的村落共同體中，因為村民受到封建制度的影響，把職業分為士、農、工、商四個類別，學者（士）處於最高的地位，接著是農民，其次是工匠，最後才是商人。當然，也有以政治或社會地位來區分的方式。

▼管理村落的「長老議會」

雖然長久以來，「村社」都是仰賴村人們的自主支持，但在管理機能上卻一直產生變化。九〇七年，曲承顥掌權時期，「社」裡出現了「令長」這個職位。

一二四二年，時值陳朝的越南產生了「社政」、「社使」、「社監」等職位，三者統稱為「社官」。十五世紀，進入後黎朝，管理「社」的組織首長稱為「社長」。村社依據中央政權的選拔基準任命社長，在通過中央的審核後，社長才會正式獲得承認。就這樣，村社的自主營運逐漸弱化，管理機能逐漸轉移到朝廷的手上。進入十九世紀之後，社長一職改為「里長」。

負責指導管理村落裡的所有活動、代表村落的團體是「長老議會」。議會由「長老」所組成，他們是村中最具影響力且受到尊敬的人物，而最令人景仰的年長者，大多是擁有學識的人。退休的官吏們會被村里選為「職官」，負責管理村中的工作並留下記錄，還要負責和上級機關聯繫與協調。擔任職官的人由議會指名，在通過上級機關的調查後才會生效。職官負責的工作有徵收要繳納給朝廷的稅金、參與勞動、以及提供軍隊所需的服務，並且在長老議會的指示下，執行與管理村中的活動。

村裡明確的習慣和傳承下來的規章均歷史悠久，雖然這些執行起來頗有效率的古老習慣和規定必須受到法律制約，但總體而言，還是「村裡的規定勝過皇帝的法律」。隨著村落的發展，村裡的階層，或者說村落和朝廷之間，往往會發生利益上的衝突。時間一久，當習慣和規約變得愈加複雜，到了十四至十五世紀時，逐漸演變為「鄉約」；十八到十九世紀之後，鄉約普遍存在於各個村落中。在長老議會的指示下，儒學者們將鄉約書寫下來。雖然鄉約和朝廷制定的法律之間存在著對立，但通常還是能妥善地加以調整。

49 準備祝賀舊曆正月的會。

▼「水田屬皇帝，寺院歸村落」

越南有一句諺語是這麼說的：「水田屬皇帝，寺院歸村落。」事實上，朝廷會劃分村落共同體的公有地並給予農民，讓他們從事生產；但土地的分配要在村落共同體的規約下進行。後黎朝每六年進行一次土地分配，但在進入十九世紀之後，則改為每三年變更一次。

根據研究越南村落共同體社會、經濟構造變遷的學者潘輝黎[50]指出，「在十五世紀黎聖宗的改革中，村落共同體的農民成為佃戶，向政府支付地租以進行耕作。這個巨大的變化，讓村落共同體開始出現土地私有化的苗頭，後來更是陸續擴散開來。從十七到十八世紀，私有地的數量已經超過了公有地，到了十九世紀初期，公有地的占比已經減少至百分之十九了。」

從十五世紀初開始，村社產生了巨大的變化，村社的公有地成為皇帝的土地，土地的分配需要依據朝廷制定的規則，每六年執行一次重分配。「伴隨著私有地的增加，村落共同體內部也產生了分裂。公有地迅速減少的結果，讓有功績的軍人和村裡舉辦共同活動時能使用的土地幾乎消失殆盡，或變得相當稀少。因為大多數農民喪失了原本被分配到的土地，所以只好從封建領主那裡承租土地，或是成為農業勞工。隨著手上握有私有地的農民數量開始增加，過程中也產生了地主。雖然他們手上的土地面積是屬於只有不到三畝[51]的中小規模土地，但卻是適合家族勞動的大小規模。」

在《洪德律例》中，規定雙親必須公平地把土地分給兒女，因此地主擁有的土地規模都不大，幾乎看不到什麼大地主。根據潘輝黎的研究，一八〇五年，河內慈文郡四十三社的私有地已達百分之六十九。從內容來看，三畝以下的土地所有者占全體的百分之七十二點八五，所占的土地面積為全體的百分之三十六點七二；擁有三至二十畝地的所有者占了百分之二十六點七二，土地面積為全體的百分之六十一點二；擁有二十畝以上的人只占了百分之零點二，土地面積為全體的百分之二。

村落同時也在擴大和重整。村落的數量代表了人口密集的地方，透過開墾荒地不斷創造出新的土地。某些荒地的開發是由朝廷下令進行的屯田和開墾，其他也有由地主、貴族或是農民來執行的。在這種情況下，遂產生出對耕作新水田的農民來說，最合適的新村落共同體。因為新的村落裡完全沒有公有地，因此，新的村落逐漸從原本的地區共同體，轉變為由中央控制的行政末端組織，或是轉變為社會的基本組織。原本村落共同體中的活動，是經由自治組織的成員透過開會來決定的，在長達約一千年的中國統治期間裡，越南的村落共同體一直維持著這種自治組織的型態，中國的統治並沒有深入到村落共同體內部。但自從越南脫離中國統治、完成國家獨立之後，從十世紀開始，村落共同體就逐漸走向封建化，被定位為封建國家底下的社會組織。

50 河內國家大學教授。
51 畝（Mẫu），約為一公頃。

▼村落發展的不同面貌

潘輝黎指出，越南的農村從水田耕作中孕育出多元的傳統文化，剩餘的勞動力則會從事和水田耕作相似的工作，讓漁業、狩獵、採伐木材、畜養家畜、手工業等也跟著發達起來。因為原本就屬於小規模的生產，因此透過家族中的剩餘勞動來進行這些活動，可以賺錢貼補家用。從事相同手工業的工匠們為了守護自己的利益，於是逐漸集結起來，形成「聚落」；接著「坊」[52]也發展起來，更進一步誕生出包含農業和手工業的混合村落。當手工業的技術水平達到一定的高度後，從事手工業的能工巧匠們就會離開農業村落。十三世紀起，開始出現了手工業的聚落，其數量在十六到十七世紀時急速成長，在北部紅河三角洲一帶，還出現了以製陶、製作銅製品、生產纖維、金屬手工業、採集木材、製作木板為特色的村落。

十七到十八世紀，物品交易也逐漸滲透到農村的生活中，手工藝品和農產品都可以在村莊裡的市集上交換。村裡有一、兩處市場，而進行廣泛商業行為的共同市場，則由兩個到七個村落共享。開市有嚴格的規定，例如一個月會舉行的次數有三、六或九次，日期則為陰曆的初一到初五等日子。

根據潘輝黎的調查，市場交易日趨發達後，商人和中間人所扮演的角色益發重要。女性在市場上的表現也相當活躍，在商品交易上起到很大的作用。十七到十八世紀時，出現了只進行商業活動的特殊村落；在這類「交易村落」裡，幾乎所有的村民都從事商業活動，在特定的日期舉行盛大的市集，交換生活必需品；在更進一步發展之後，又出現了永久性的商店型態。在交易村落裡，村民們透過步行前來經商，販賣藥材、染紡品、菸草和檳榔。雖然從十八到十九世紀，出現了以農業、手工業和商業交易為主的村落，但社會上最普遍的仍是農業和商業混合的村落。

每個村落裡一定都會有「亭」這個舉行公共活動的空間；而亭也用於祭祀村中的守護神。在每年的春、秋兩季，村落都會舉辦重要的村祭。越南的傳統文化就是透過村落共同體的文化活動而得以傳承。宗教儀式是不可或缺的重頭戲，但還有以村民為主的藝能活動，例如嘲劇、水中人偶劇、蒸糯米比賽、划船競賽、鬥雞、棋藝和賽豬等，這些活動至今依然熱烈舉行。潘輝黎還表示：

「村落是越南民俗文化活動的基本單位，在經常舉辦活動的過程中逐漸獲得發展。然而，在漫長的歷史中，村落也存在著『負』的那一面，例如對小型生產和交易的依賴。受到地域主義的影響，村人們露骨地歧視外人。跟不上時代的習俗以及反智的信仰則控制了整個村落，阻礙了能帶來進步的改革；而這些習俗還會成為地方上的貪官汙吏，或村裡那些沒有道德良知的『暴君』拿來統治當地的工具。基本上，今天越南的村落已經完成了變革，正處在建設新區域的過程中。村人們需要學習好的習慣，在繼承過去的優點上持續發展；不好的、保守的東西，一定要加以清除才行。」

---

52 同業住宅區。

巴戎寺的四面佛像是高棉文化的象徵（十二世紀末）

第三章

南進的時代，與國際社會接軌

形成印度支那半島國家的動態過程

前面提過，越南的歷史可以用「北屬南進」來概括說明。對於越南來說，「北」指的是「中國」，而「南」則有兩個意思，其一（也就是從空間領域上來說）指的是今天的東南亞地區；其二則是指和越南相鄰、位在印度支那半島上的強權國家——占婆與柬埔寨，這些地區都曾經受過越南的實質侵略。「北屬南進」一詞表現出「（越南）在承受來自中國的壓力下，仍然擁有往南擴張領土的能量」，這個詞既是越南身為國家的表象，也是其歷史本質，亦即本書在開頭提過的「A、B軸的越南史」。

如果從不同的視點來看「南進時代」，可以發現這是一段印度支那半島的國際局勢，隨著不同國家的興亡而不斷產生改變的過程。在這個過程中，越南是如何與印度支那半島的國際社會交流、抑或互相爭戰呢？正因投身於這樣的國際環境中，才讓越南這個國家得以逐步成形。故此，如何看待「南進時代」，對於現代越南的剖析，堪稱是相當重要的一環。

▼「扶南」出現在史籍上

從越南人的角度來看，「南進」一詞當然是指「往南邊發展」。但是在越南南方的那片區域，從史前時代開始就不是一個權力真空的地帶。從印度支那的歷史研究和考古發掘中，我們可以明確得知，至少在西元一世紀前後，此處已經出現受到印度文明影響的國家了。

印度支那半島南方的湄公河三角洲南部地區自史前時代開始，具備水利灌溉設施的水田稻作文化就相當興盛，當地人還飼育在農業生產上扮演重要角色的水牛等家畜。一般認為，創造這個文化的民族應屬於馬來—玻里尼西亞語族（Malayo—Polynesian languages）。他們是太平洋群島地區民族的祖先之一，並在印度支那半島上和孟高棉語族（Mon—Khmer languages）相互融合；融合之後的民族創造了青銅器和鐵器文化，並且精於航海術。

最早在此地定居的民族，於西元一五〇年時建立了名為「Funan」（現代高棉語中的「bnam」為「山」的意思）的國家，在中國的史籍中被稱為「扶南」。首都是毗耶陀補羅，位置大概在今天柬埔寨的波蘿勉省、湄公河沿岸的蒲美巴納姆附近。扶南是一個位於湄公河（前江）與巴薩河（後江）的下游地區、因貿易而興盛的商業國家。根據在湄公河三角洲喔吠（位於越南安江省）所挖掘到的港市遺跡，我們可以確定此地在扶南時代，已經和印度有所交流。喔吠還出土了貴霜王朝犍陀羅的青銅佛頭、印度的寶石、耳環、手環，三至四世紀的印章、羅馬皇帝馬可．奧理略（Marcus Aurelius）時代的金幣、希臘的陰刻裝飾品、波斯薩珊王朝的卵形寶石，以及東漢的青銅器。

扶南在五到六世紀時建造了大規模的運河，以運河為中心、宛若網狀般的水利灌溉設施，形成了以二期稻為中心的稻作社會。在中國史書記載的扶南國傳說故事裡，印度的婆羅門混填（Kaundinya）來到此地，在他和那伽（Naga）王的女兒柳葉（Soma）結婚後開始治理該國。這類傳說其實流傳在各地，但在史料記錄中，扶南政權把鄰近的族長制社會一一收為自己的屬國，並不斷擴張領土。其中一個屬國有這樣的記載：「五百位波斯人從印度來到有一千位婆羅門居住的此地，當地人把女兒嫁給這些波斯人，讓波斯人留了下來。他們會閱讀聖典、獻上香料與鮮花，並且晝夜不停進行祈禱。」

關於這段印度化王國成形的過程，法國東方學家喬治・賽代斯（George Cœdès）曾說：「印度人或印度化的當地長老，會為了整合擁有不同守護神或土地神的地方集團，而在自然的高山上祭祀印度神，以象徵王國的統一。印度的神明和國王的位階有密切的關聯性，崇拜精靈的地方習俗和來自印度的王權概念彼此融合後，和君主制有密切關係的國家之神，也同時被加在這些受到君主整合起來的各部族頭上。」

扶南是印度支那半島上第一個印度化的國家，透過海上的貿易路線，印度商人把印度文明帶到此地。國王把族長社會綑綁在一起後導入了印度的制度，形成國家整合的基礎。國王被婆羅門階級所把持，他們利用魔術等技巧來誇耀自己的權力。在進行法律審判時，他們沿襲著「神裁」的傳統，例如把被告關進裝有猛獸或鱷魚的籠子裡，如果三天之後被告沒有被吃掉的話，就表示他無罪。五世紀時，扶南居民的服裝和住宅樣式，和今日的柬埔寨幾乎沒有什麼差別；由此可知，一般民眾的生活仍然保持著當地原有的習慣。

▼「占婆」的興起

「占婆王國」於西元一九二年出現在中國史料裡，這是一個以今天越南順化為中心的國家；

占婆族屬於馬來－玻里尼西亞語族，深受印度文明的洗禮。四世紀時，印度化王國阿摩羅波胝（Amaravati）的國王拔陀羅跋摩一世把首都設在今天越南峴港南邊近郊的茶嶠，首都的西邊則有美山聖地。

占婆王國並非統一的王國，王國中還有好幾個在各地割據的勢力，它們把王國掛在嘴邊，不斷地相互對立或合作。從整體來看，占婆王國的最北端以北緯十八度的橫山關為界，由此往南延伸。國土可分為南、北兩個部分，而南、北兩個部分還能再各自細分為兩個區域。北部的領土可分為阿摩羅波胝（從現在的廣平到廣義省一帶）、毘闍耶（從平定省到富安省為止）；南部的領土可分為古笪羅（慶和省）、賓童龍（清化省）。

占婆北部的領土被稱為「Pinan」，此地的人們沿山地而居；南部的領土則稱為「Riu」，當地人居住在沿岸地帶。因為南北的風俗各異，所以彼此之間經常發生糾紛；之後雙方透過政治聯姻來拉近彼此的距離，終於形成了占婆王國。

四到五世紀，占婆王國不斷和中國發生軍事衝突，四四六年，甚至連首都茶嶠都淪陷了，許多建築物和寺院都被燒毀，中國將軍檀和志還奪走了大量黃金製的佛像。八世紀時，位於今天芽莊的婆那加女神（Po Nagar）寺院因爪哇的入侵而遭到破壞，王城毘羅補羅（位於今天潘郎附近）的寺院也難逃一劫。

因陀羅跋摩二世（八五四－？）在位時，把位於首都茶嶠附近的僧伽補羅更名為因陀羅補羅（「雷神」之意）。八七五年，他在茶嶠南方二十公里處建造了名為「單陽」的聖地。因陀羅跋摩二世在位期間，占婆修復了和中國的關係；到了十世紀初，因陀羅跋摩三世則和爪哇建立起緊

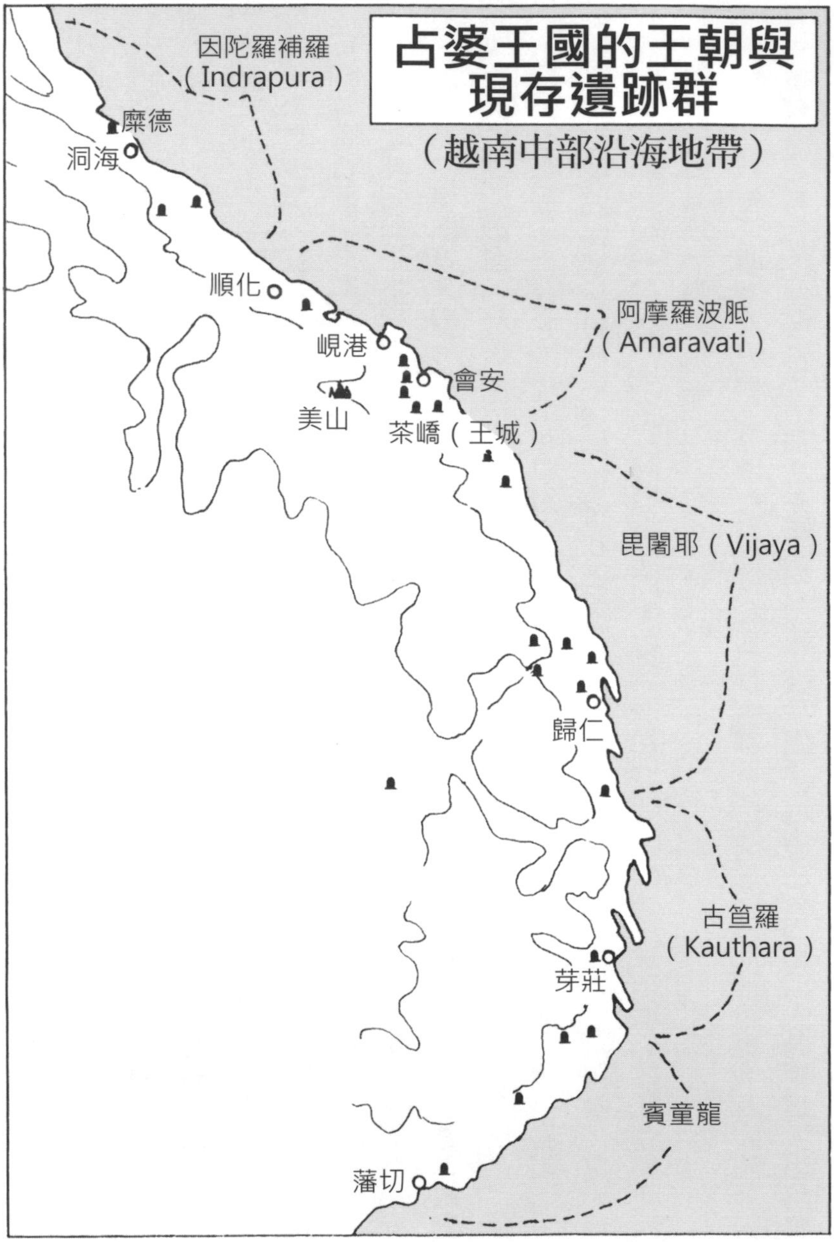

占婆王國的王朝與現存遺跡群（越南中部沿岸地帶）

密的關係。

占婆王國在十至十一世紀步入衰退，西元一〇〇〇年左右，毗闍耶跋摩[1]為了避開來自北方大越國的壓力，把首都遷至位於南方平定省的毗闍耶（Vijaya）。後來占婆因陷入和高棉王國長達百年的戰爭（一一一二—一二二〇年），導致國家內部又分裂成兩股勢力，彼此相互鬥爭，國力更加衰弱。後來占婆在和越南的戰爭中，因為土地不斷遭到侵吞，使得王國的統治階層到了十八世紀，幾乎已完全滅絕。

十五世紀以後，占婆王國北部的居民在越南中部地區繼續維持著獨特的生活習俗，而原本居住在王國南部的人們，則散居到南方各地，或移居到柬埔寨和馬來西亞。今天的占族只是越南國內許多民族中的一支，他們靠著農業、手工業、紡織和陶藝來生活。

▼貿易王國占婆

占婆的經濟主要以農業、沿海漁業和航海術為基礎。從中國南方引進水稻栽培技術後，拜當地優厚的自然環境所賜，到了十三世紀時，他們已經開發出只要一百天就能成熟的稻作品種，並不斷地往北拓展耕地。占婆人擁有造船技術又深諳潮流，因此沿海漁業成為他們的強項。此外，占婆人還相當懂得找出地下水脈的方法。占婆王國的繁榮，乃是立基於印度支那半島的屋脊——

1 譯註：《宋史》中的記載為楊普俱毗茶室離

安南山脈的森林資源、與面向南海的海上航路，兩者間的貿易與交流。森林出產肉桂樹皮、黑胡椒、黑檀、象牙、沉香，以及高價木材等物產，透過和印度、阿拉伯、中國、日本等地的貿易，獲取了豐厚的利潤；沉香尤其是所有物產中最名貴的事物，亞洲各國的國王莫不視其為珍品，並渴望能擁有它。

從四世紀末到八世紀中葉為止，茶嶠一直是占婆王國的首都。茶嶠位於越南中部最大的城市峴港南邊約三十公里處；在它東邊的會安，則是占婆重要的國際貿易港口。這個區域有越南中部最大的河川——秋盆河流經，該河在流入南海時形成三角洲，茶嶠便是這三角洲上的要衝之地，而會安則在三角洲的前端。從會安再往東，會看到一座名為「劬勞占」（Cù lao Chàm）的大島，它的意思是「占婆島」；精於航海技術的占族人活躍於海洋的時候，一直都把這座島嶼視為最重要的地標，日本人乘著朱印船[2]等遠洋船隻航行於東南亞時，也把這座島當成必經之路。這附近的潮流會改變，夏季時，日本的船隻會乘著潮流北上回到長崎；當要前往印度支那時，則會順著東北吹拂的貿易風南下，抵達占婆島附近的印度支那半島，之後若是再沿著半島南下，還可以前往柬埔寨和泰國等地。

從占婆島出發、經過會安抵達茶嶠後，如果再往西直走就可以看見聖山摩訶帕魯維塔山，著名的美山聖地就是被這些群山峻嶺所圍繞。漫步在占族所留下的遺跡中，我們可以深刻感受到，這個已經消失在歷史洪流中、卻曾盛極一時的貿易王國所蘊含的能量。昔日作為占婆王國首都外港而興起的會安，今天仍然是越南遠洋貿易的據點，風華不減當年。十六至十七世紀，會安還出現了日本鎮，顯示當時已有許多日本人乘著朱印船來到此地，在這個充滿活力的都市裡生活。

▼占婆的宗教建築藝術

「占族的磚造建築遺跡，幾乎都是宗教性的建築物，零星散布在北起橫山關、南至清化省的越南中部沿海地帶。這些建築的建造時間從七世紀一直持續到十七世紀，從殘存下來的碑文內容中可以知道，七世紀以前的建築物是木造的，而且已全數毀於戰火之中，後來才開始使用磚瓦和砂岩來建造建築物。」越南的占婆美術史專家陳奇芳（Tran Ky Phuong，峴港占婆雕刻博物館館員）接著說：「王族們為了祭祀祖先和神明，在聖地和王城，例如美山、單陽、婆那加、闍槃（毘闍耶）等地建立了許多寺院和塔群。雖然占婆的建築不像柬埔寨的吳哥窟、爪哇的婆羅浮屠或緬甸的蒲甘佛塔群那樣恢弘壯觀，但建築的形態卻美得像一首詩。」

此外，陳奇芳還指出，占婆的建築概念受到印度的影響，寺廟的整體配置型態，是由稱為「伽藍」的大量小型塔所環繞，接著在外圍再繞上附屬的建築物與牆壁。寺廟是獻給神聖事物的，象徵著神聖的宇宙世界。伽藍群宏偉的正面朝著東方日出的方向，只有美山聖地是同時朝向東、西兩方。伽藍也是祭壇，由三個部位所構成，底部是人類世界，塔本身代表精神世界，至於塔的頂端，則象徵著神聖世界——須彌山的最高處。

位於越南中部廣南省山區的美山聖地建築群，聳立著約七十餘座印度教式的塔，彷彿訴說著占婆過去的光輝事蹟。最新的研究指出，專家們在建築物的牆壁間，發現了疑似十世紀前的國王

2 編注：由幕府掌權者發下許可（朱印），准許和海外進行貿易的特許船隻。

棺木、陶器碎片和骨灰。在關於美山聖地最古老的紀錄中寫到，四世紀末，拔陀羅跋摩一世為了祭祀神王拔陀羅修瓦拉而建造了林伽（lingam）寺院。一般認為，這是美山聖地之所以備受歷代國王重視的原因。律陀羅跋摩一世在位時，美山聖地最初的木造建築因遭受祝融之災而毀壞；到了八世紀初，此地建起規模更為宏大的寺院；在整個九世紀裡，精美的寺院一座接著一座拔地而起。雖然美山的寺院建築與世無爭地兀自聳立，但仍然難逃越戰時美軍空襲的命運，美麗的塔群遭到破壞，徒留一片斷垣殘壁。

▼占人和沙黃文化

在越南中部海岸、廣義省以南的沙黃考古工作中，因出土了玦狀耳環等裝飾用品而備受世人矚目。我們知道，相同的出土文物也出現在菲律賓、馬來半島、婆羅洲等地的沿岸地區。這個從事海洋貿易的文化，因挖掘地點而被命名為「沙黃文化」。據推測，過去應該存在著一個以南海（越南人稱之為東海）為中心的沙黃文化圈。一九九〇年，在沙黃北邊的會安出土了許多製作到一半的玦狀耳環，因此有學者推斷，會安應該也是生產這些裝飾品的據點之一。此外，會安還出土了許多具有沙黃文化特徵的大型甕棺。一九九〇年以降，考古人員在會安周圍，不斷針對沙黃文化展開發掘調查，結果在沙黃時代的遺址上發現了占婆時代的遺址，這讓沙黃文化和占婆王國之間的關係頓時緊密了起來。

不只如此，在占婆時代的墳墓下方，往往也會伴隨著沙黃時代的墓葬，這讓「占婆王國的源流來自沙黃文化」的說法變得更為有力。或許，以南海為根據地、締造了高度文明的馬來－玻里尼西亞語族，就是定居在印度支那半島上、建立占婆王國的民族。印度支那半島中部沿岸地帶因有洋流通過，對海上交通而言是相當重要的水域。隨著專家對沙黃文化更進一步的研究，籠罩在神秘色彩中的占婆王國誕生與發展之謎獲得解開，應是指日可待之事。

▼「柬埔寨」的建國

從六世紀起，扶南開始遭受北方屬國「真臘」（柬埔寨）的侵擾，於是放棄王都，遷都到吳哥波雷（位於柬埔寨金邊南方、巴薩河附近的茶膠）；後來扶南又轉移到馬來半島，以屬國之姿延續國祚到七世紀左右。一般認為，柬埔寨人原來生活在洞里薩湖的東北邊，他們在奪取了湄公河中部流域、原本屬於占族人土地的占巴塞一帶後，在那裡建設了最早的王都。占巴塞位於遼闊的布拉萬高原西側大盆地，是一塊適合水稻種植的沃土；至今，當地還保留著被視為高棉寺院原型的瓦普寺（Wat Phou）。

七世紀時，真臘的首都轉移到三波坡雷古（Sambor Prei Kuk），此處位於今天的柬埔寨磅同省北部。八世紀時，真臘國內陷入分裂的狀態，按中國的稱呼法，可分為「陸真臘」和「水真臘」兩個集團。「陸真臘」位在湄公河中部流域，「水真臘」則以洞里薩湖為中心，大致上包含了今天的柬埔寨和湄公河三角洲。同樣在八世紀，蘇門答臘島東部的三佛齊王國因南海貿易而興起；統治爪哇島的夏連特拉王朝則建立了婆羅浮屠（Borobudur）寺廟群；七六七年，就在日本人阿倍仲麻呂要前往唐帝國統治下的交州赴任前，爪哇政權對當地的安南都護府進行了大規模的侵犯與蹂躪。差不多在同一時期，柬埔寨也遭受爪哇的侵略，但在九世紀之後，柬埔寨一掃來自爪哇的壓迫，進而開啟了吳哥王朝。

從爪哇回到柬埔寨的闍耶跋摩二世（八〇二—八五〇年），首先統一了洞里薩地區豐美的水田地帶，把首都定在哈里哈拉拉亞（羅洛士），之後又再度遷都至馬亨德拉帕瓦塔（荔枝山），並在此舉行王位繼承儀式。儀式中祭祀了象徵神王神聖力量的林伽，並在婆羅門僧侶的主持下，把神王的力量轉移到自己身上，代表自己已經受到神王授權，和祂擁有同樣且唯一絕對的權力。闍耶跋摩二世就這樣藉由林伽儀式獲得了絕對權力，同時也藉此宣示他是柬埔寨王國脫離爪哇勢力後，唯一且絕對的統治者。此後，這個儀式便成為柬埔寨王位繼承時不可或缺的一環。

在闍耶跋摩二世之後的國王，把首都遷回了哈里哈拉拉亞，並持續興建水利灌溉設施、發展農業，使國力不斷向上提升。今天，我們在吳哥看見的美麗又壯闊的寺院群，除了顯示歷代統治者的信仰之外，還有國王藉此彰顯自己是唯一真神的意圖。

吳哥王朝在蘇利耶跋摩二世（一一一三—一一五〇年）在位時，國力達到鼎盛，他建造了吳哥窟這座世界上最大規模的石造金字塔式寺院建築。吳哥窟東、西長一千五百公尺，南、北長一千三百公尺，四周有壕溝圍繞，境內則有石造的三層基壇，在中心地帶還有一座高六十五公尺的尖塔。第一迴廊呈長方型，東、西長兩百公尺，南、北長一百八十公尺，壁面上刻有頌揚蘇利耶跋摩二世的偉業、天國與地獄、乳海攪拌等內容，以及印度史詩《摩訶婆羅多》與《羅摩衍那》的相關浮雕。蘇利耶跋摩二世生前將吳哥窟作為祭祀毗濕奴的寺院，死後則把吳哥窟改為自己的陵寢，亦即「邁向毗濕奴所在至高之地的神王」所居的陵墓。蘇利耶跋摩二世在位時，不但是吳哥文明的全盛時期，更以致力對印度支那半島用兵而聞名。他曾在一一二八年、一一三八年和一一五〇年三度進攻越南，並從一一四五年起，花了四年的時間拿下占婆。然而，在蘇利耶跋摩二世過世後，柬埔寨就因占婆的反攻，遭到徹底的破壞。

到了闍耶跋摩七世（一一八一－一二〇一年）當上國王後，柬埔寨才成功擊退占婆的侵略。身為一名虔誠的佛教徒，闍耶跋摩七世試圖轉變吳哥王朝傳統的印度教信仰，於是他興建了由每邊長三公里的牆垣所圍繞的大吳哥（吳哥城），然後在中心地帶建立巴戎寺，寺中林立著刻有觀世音菩薩和闍耶跋摩七世個人容貌的四面塔。另外，闍耶跋摩七世還投入了相當多的心力在慈善事業上，為了巡視征服的領地，他還鋪設了主要道路，以及一百二十一處可供住宿和休息的地方。除此之外，他還設立了一百零二座療養院，每院配有兩位醫生和許多職員，還附設能夠儲存大量食物的倉庫。記載療養院規則的石碑在湄公河流域、寮國永珍、越南南部以及泰國等地都有出土。後來，柬埔寨更進一步占領了緬甸和馬來半島的部分土地，還把越南之外的印度支那半島地區都納入版圖。雖然柬埔寨把大半個印度支那半島據為己有，卻也為此耗盡了吳哥王朝的力量，讓國勢宛如枯槁的油燈。

闍耶跋摩七世逝世後，吳哥王朝就因內部分裂和農民叛亂，造成國力迅速衰弱，而這些問題與為了建設一個強大國家所課徵的重稅和賦役脫離不了關係。在吳哥王朝的國勢開始走下坡時，昭披耶河流域的泰族展開了反抗。

▼泰族南下

史料中首次出現「暹羅」（Siam，即今日的泰國）這個詞彙，來自六世紀時柬埔寨國王拔婆跋摩一世所留下的石碑，上面寫到「這些人的膚色比其他人的都還要黑」。石碑上提到的人群似乎在八世紀時移居到洞里薩湖的南邊；在一〇五〇年占婆的碑文上，也留下有關「淺黑色皮膚奴隸階級」的內容。此外，柬埔寨吳哥王朝的碑文（一一二〇年）則寫到「暹羅人是我們雇來的奴隸和士兵」。闍耶跋摩七世進攻占婆時，陣中就有暹羅士兵。另外，柬埔寨於一二一六年、一二一八年兩次入侵越南時，也留下「讓占人和暹羅人自相殘殺」的紀錄。然而，泰國的歷史學者卻主張：「這些人並非暹羅人，而是當地的原住民。畢竟泰族首次從雲南遷徙到印度支那半島的時間是一二五三年，當時泰族建立的國家『大理王國』（南詔）遭到元軍入侵，結果導致泰族展開第一次沿昭披耶河南遷的行動；所以柬埔寨碑文上記載的並不是泰族。」七世紀時，昭披耶河流域曾經出現過印度化的陀羅缽地王國，但有專家認為，這或許是由孟族所建立的國家。

泰族脫離柬埔寨統治後，在昭披耶河中流一帶、於一二三八年建立了第一個國家「素可泰王國」。素可泰時代的明君蘭甘亨（Ram Khamhaeng）在一二八三年創制了泰文。一三五〇年時，昭披耶河流域的南部又出現了一個由泰人所建立的新國家「阿瑜陀耶王國（大城王國）」。此時的泰國在歐洲勢力不斷滲透的過程中，積極拓展貿易活動、充實國力，但也在鄰國緬甸的侵略下，面臨土崩瓦解的危機；最後，阿瑜陀耶王國在一七六七年時亡於緬甸的入侵。

佬族和泰族其實屬於同一個民族，寮國史料寫到，皮羅閣（佬族的名字為坤布倫）是南詔王國的開國之君，在他的七個兒子中，昆洛於今天寮國的琅勃拉邦建立了國家；另一個兒子切壯王子，則在寮國中部的川壙高原上建立國家；繼承皮羅閣王位的閣羅鳳曾多次擊敗中國（唐朝）軍隊，並在勐唐營造新都，勐唐正是今天位於越南和寮國邊境上的奠邊府。

南北夾擊下的越南

▼越南和占婆的攻防

當我們提到越南的「北屬南進」時，腦中會立即浮現「遭受中國侵略和統治的越南」以及「往南方開疆拓土的越南」這兩種形象，但我們不應如此簡單地看待這個議題。事實上，越南在承受來自北方（中國）的壓力時，還得持續面對同樣位於印度支那半島上的強國，如扶南、占婆、柬埔寨、老撾（寮國）以及暹羅的挑戰，可說是處於南北夾擊的狀態。直到十五世紀黎聖宗在位期間，擊敗占婆和老撾之後，越南才總算脫離了腹背受敵的困境。當占婆的國勢轉衰之時，越南才開始正式的南進；因此準確地說，越南的「南進」始於十五世紀，直到進入十七世紀，才算是真正統治了南方地區。

根據中國的史料記載，占婆人「膚色淺黑，捲髮，性格好鬥」，越南還在中國統治下的時候，占婆就曾多次發兵入侵越南。漢帝國時，日南郡象林縣的占婆人因為痛恨漢人的暴虐無道，於是在一三七年發兵攻擊縣城，殺掉了漢人城主。漢帝國雖然也曾計劃興兵平定占婆，但士兵們並不想參加遠征，結果反而徒然助長了占婆的氣焰。最後漢朝宮廷經過多次討論，決定派出數萬軍隊前去平亂，但這時朝中卻有人表示：「把部隊送到遠方的戰場上，只會讓士兵們感到疲憊，進而發生逃亡的情形。加上當地酷暑難耐，勢必會產生很多犧牲者。因此，我們應該派出智勇仁慈兼具的將領，前去撫慰才是。」此言一出，和議也就成為定案，而「日南郡象林縣以南」也成為了占婆的領土。

這條界線是在西元四二年、二徵起義被漢軍鎮壓時，由馬援將軍制定交州南方國境時所劃定的，當時還設立了「象林縣之南」的銅柱，作為漢帝國的南疆邊界。這根銅柱也被稱為「馬援銅柱」，是中國歷代王朝堅持的「越南南方的國界」。即使在獨立之後，越南仍然處在中國封賜的朝貢關係之內，而中國也藉此做出牽制，不希望越南強大起來、進而往南方擴展勢力；這時作為衡量標準的，還是「馬援銅柱」。一二七二年，元朝宮廷派出使者到陳朝詢問馬援銅柱的下落，但據說那時馬援銅柱已經沉到海裡了。六〇五年，當越南還受中國（隋朝）統治時，中國曾發兵攻擊占婆，並留有「劉方軍經過馬援銅柱，往南方逼近占婆國都」的紀錄，由此可知，馬援銅柱在隋帝國時期依然存在。

然而，占婆也會越過馬援銅柱，往北發動攻勢。根據史料記載，占婆入侵越南的次數，光是可以查證的大規模攻勢就接近三十次；因此對越南來說，占婆可謂燙手山芋。而且，越南國內的叛亂勢力還會逃到占婆，在得到援助後重新發動反攻。九八〇年，越南的丁朝才剛建立，但過去曾和丁氏爭天下的吳日慶（十二使君之一），卻率著一千艘占婆的戰船攻向越南首都。然而，當時突然颳起了大風，把戰船都吹翻了，結果吳日慶和占婆軍隊全都葬身水底。

一三七〇年、也就是陳朝末期，以楊日禮[3]繼承皇位為導火線，爆發了宮廷內部的衝突，為此，楊日禮還在宮中殺害了皇太后。反對楊日禮的人員雖然祕密潛入城中並準備暗殺他，卻因為

---

3 陳朝恭肅王陳元昱的養子，生父為優伶楊姜。

沒有發現楊日禮的下落，反而在翌日遭到逮捕，十八名首謀者遭到處死；這件事情最後以楊日禮父子被繼任的皇帝陳藝宗下令處決收場。隔年（一七三一年），占婆水軍從位於三角洲南邊的大安海口逆流而上，進攻越南的首都，陳藝宗見狀乘船出逃，占婆軍進入昇龍城後不但放火燒宮殿，還焚毀大量書籍，並且在擄走許多女子後揚長而去。占婆這次的軍事行動，就是為了幫逃亡到該國的楊日禮生母報仇。當時越南的國勢正開始走下坡，到了一三七七年，發兵進攻占婆的陳睿宗甚至中了敵軍的陷阱而死在沙場上，越南軍也以大敗收場。一三七八年，雖然占婆的水師再次發兵攻擊陳朝並占領了首都，但只待了一天就撤兵返回。

若單從上面的記述來看，越南和占婆的關係似乎多以軍事衝突為主，但倒也不盡然，至少在陳朝時代，雙方就有進行過政治聯姻。比方說，陳太宗在一二二五年奪取李朝政權並殺害李惠宗之後，就把「李惠宗和他親戚的女兒們，嫁給諸蠻的首長為妻」。「諸蠻」指的是圍繞在紅河三角洲四周的族長國家，陳太宗此舉的用意在於維持彼此之間的友好關係，以保障自己國家的安全。之後，陳朝雖然在軍事上三番兩次成功阻擋了元軍的鐵蹄，保全了國家的獨立，但對於南方地區，卻一直採用懷柔政策。陳英宗時期，他的父親陳仁宗於一三〇一年出訪占婆，為彼此締結了友好的關係，並且在一三〇六年時將皇女玄珍公主嫁給占婆國王制旻，占婆則把兩個州割讓給越南作為回禮。然而，後來占婆因為發生內亂，違背了和陳朝之間的關係，因此陳英宗在一三一一年御駕親征占婆，並在俘虜占婆王、推舉王弟制陀阿婆粘為王後，才班師回朝。

雖然如前所述，占婆曾多次入侵越南，但反過來說也是成立的。越南獨立之後的九八二年，黎桓在擊敗了宋帝國的軍隊之後，便掉頭進攻占婆，不但掠奪占婆的金銀財寶，還大肆毀壞城

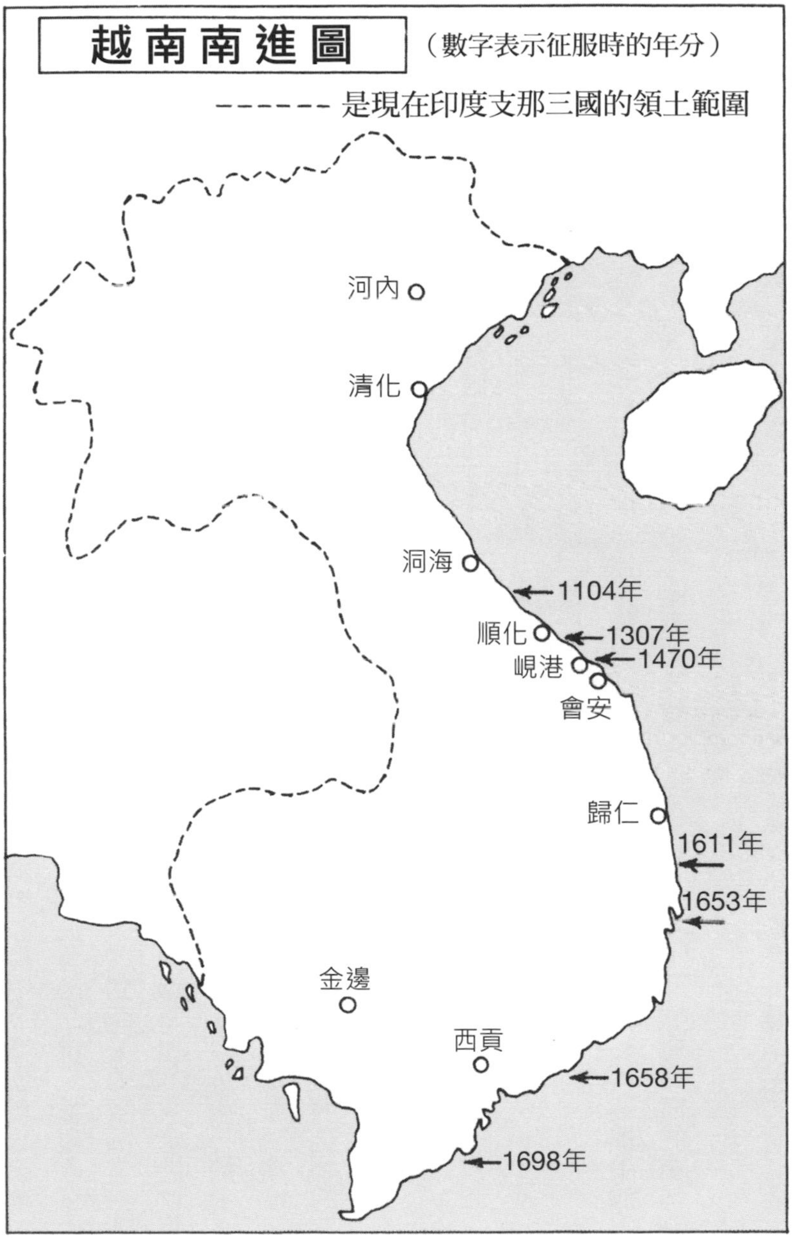
越南南進圖
（數字表示征服時的年分）
------ 是現在印度支那三國的領土範圍
河內
清化
洞海
1104年
順化
1307年
峴港
1470年
會安
歸仁
1611年
1653年
金邊
西貢
1658年
1698年

越南南進圖

池。一〇四四年，李太宗曾御駕親征占婆，當時占婆雖以象兵迎擊，但李朝的軍隊使用敲打大鼓的方式應戰，結果占婆因大象受到驚嚇自亂陣腳而吃了敗仗。在這場戰役中，李朝殺敵三萬，捕獲馴化的大象三十頭，占婆不但首都毘闍耶被攻陷，就連國王闍耶僧伽跋摩二世也被殺害，此外還有五千人成為俘虜被帶回越南。一一〇四年，李朝的李常傑把國土擴展到今天的廣治省，並引進移民拓墾當地。到了一四七〇年黎聖宗在位期間，越南發動了讓占城一蹶不振的決定性攻擊。

從上述的內容可以得知，越、占兩國之間的戰爭，大部分的情況是由占婆先入侵越南，接著再由後者進行反攻。不過，也曾出現像是一三一三年時，占婆遭到暹羅攻擊，但陳朝卻派兵援助占婆的例子。可是，事後陳朝卻又於一三一八年對占婆發動軍事攻擊，總之，越南和占婆之間的關係相當複雜。

▼來自柬埔寨和寮國的侵略

除了占婆，柬埔寨也會不時對越南侵門踏戶。

一〇七六年，李朝李仁宗在位期間，宋帝國對越南發動攻勢，當時柬埔寨和占婆攜手加入宋帝國的陣營，對越南進行攻擊，但最後被李常傑將軍擊退。一一二八年，建立吳哥窟的柬埔寨國王蘇利耶跋摩二世也率領士兵兩萬餘眾，侵襲越南的義安省。

越南和位於其國境西邊的哀牢（今天寮國西北部）的關係也相當複雜。越南勢力有時會攻擊哀牢，但有時也會把那裡當成藏身之處。當後黎朝逐漸衰敗、遭到莫氏奪權後，主張恢復後黎朝正朔的阮淦（廣南阮氏的始祖）便曾逃往哀牢，在那裡養兵自重。然而，一五六四年，莫氏政權卻將太師鄭檢的養女嫁給哀牢王乍斗，建立良好的關係。從這個歷史事實可以知道，越南國內政治上的敵對陣營都會利用哀牢。

▼「不利於防守」的國家

從地理的角度來看越南，可以發現「不利於防守」的形勢，正是催生出「北屬南進」意識的關鍵。

一九七九年二月十七日，中國動員了六十萬大軍，進攻和國境相交的六個越南省分，總共達十三萬人的戰鬥部隊在二十六個地點現身。就在中國入侵前後這段期間，我曾在越南國境線上的幾個地區進行訪查，結果發現越南國土上的弱點相當明顯。從前面的內容中，讀者們已經知道，歷史上每當中國要入侵越南時，都會通過國道一號線的要衝諒山發動攻勢，而從諒山到首都河內的距離，只有短短的一百三十公里。不只如此，這段路程所經過的地區，大半都是高地與山地民族的地盤，而京族（構成越南人口的主要族群）則是生活在首都河內周圍四十至五十公里內的環狀地帶。河內因位於平坦的三角洲地帶中心，要進行防禦相當不易。一旦高地、山地民族和外國勢力裡應外合，首都很容易就會落入敵人的手裡，像這樣的事情在越南史中經常可見。

越南最初的國家雛型，形成於北部紅河三角洲地帶；在歷史上，它以運河為交通動脈，不論農業、社會經濟和軍事，都深受水的影響。如前所述，越南的水軍在保衛家園時，經常對敵軍造成致命的打擊。首度為越南打造出清晰國家輪廓的陳朝，之所以會是一個「精於用水」的政權，和這點也有密切關係。一段越南的保家衛國史，就是一段「守衛水線」的歷史。當面臨中國侵略時，越南水軍發揮了重大的作用，而位於南方的占婆，也屢屢利用水軍輕易兵臨越南首都，就連爪哇也曾利用水軍攻陷越南的都城。

越南政權其實相當重視與高地、山地民族保持良好的關係。然而，要牢牢控制生活在中越邊境上的泰族、佬族、儂族、傜族、孟族等強悍族群，並且維持一個長期穩定的友好關係，基本上是相當困難的；而且，和京族親近的也只有芒族而已。一九七九年，當中國大軍即將壓境時，如何把位於國境地帶的少數民族拉入自己的陣營，可說是左右戰爭勝敗的重要因素之一。此外，高地、山地一帶還是有色金屬（非鐵金屬）資源的寶庫，除了銅、錫之外，過去還曾經開採過金礦。越南和宋帝國之所以發生戰爭，雖說和當時儂族的動向有關，但也與當地的資源脫不了關係。

「北屬南進」的歷史，讓越南時時刻刻對東邊海域充滿警戒，同時也孕育出往西邊山岳地帶拓展的能量。「北屬南進」將越南形塑成一個狹長的國家，卻也讓國土的東西軸線成為其弱點，從海洋到寮國山區的直線距離，竟然只有五十公里而已，這也成為越南在維持目前國土型態上最致命的弱點。

民族英雄——阮文惠

「光中帝」阮文惠是當代最受越南人民愛戴的民族英雄。十八世紀時，出身自越南中部高地村落的阮文惠，如彗星般躍上歷史的舞台，不但擊退了從南方入侵的暹羅，還擋住了北方步步進逼的清帝國大軍。他是一位打敗外國勢力、結束越南長期南北對立混亂局勢、並確保越南獨立的英雄人物。然而，關於阮文惠的正面評價與形象，其實是相當晚近才被建立起來的。對越南最後的王朝——阮朝而言，阮文惠是一個令人憎惡的敵手；在他們眼中，阮文惠「只不過是一介地方豪強出身的逆賊罷了」。

▼南北抗爭時代

在進入阮文惠的故事之前，讀者們應該要先知道他在歷史上嶄露頭角的原因，以及當時越南國內的局勢。為此，我們需要先聚焦在一場長達兩百年的動亂上。

越南史上最輝煌的時代，首推黎聖宗的治世，當時也是越南在印度支那半島不斷擴張版圖的時期。但在黎聖宗過世後，後黎朝的國力便迅速走下坡。從黎利開始，後黎朝一共傳了九位君王，這些君主不但熱心國事，還創建並推行了許多制度，讓國家組織更臻完備。然而在一五二七年，莫氏篡奪了後黎朝的政權，越南從此陷入不斷分裂和鬥爭的南北抗爭時代，這是越南史上最

後黎朝後半葉	黎莊宗（1533上位）——中間共傳十四代——黎愍帝（1789退位）
莫氏	莫登庸（1527上位）——莫茂洽（1592退位）
鄭氏	鄭檢（1545上位）——鄭槰（1787退位）
廣南阮氏	阮淦（1539上位）——阮福淳（1778，一說1775）——阮福映（1802年創立阮朝）
西山阮氏	阮文岳（1778上位）——阮文惠（1788）——阮光纘（1802退位）

南北抗爭時代各政權內部繼承關係示意圖

混亂的時期。

揭開動亂時代序幕的，是喪失權力的黎氏和企圖登上皇帝寶座的莫氏之間的對抗；接著上演的是為了爭奪實權而彼此對立的阮氏（南部廣南）和鄭氏（北部）之間的鬥爭，此一時期在越南史上稱作「黎、鄭、阮時代」。

▼莫氏奪取政權

越南之所以會陷入混亂，與國王的無能和放蕩生活脫離不了關係。一五〇五年黎威穆即位後，每天都在宮廷裡和群臣舉行酒宴並喝個爛醉，膽敢忤逆他的臣子甚至會被當場殺害，因此有些人攜家帶眷展開逃亡。官員們仗著權勢，一味地中飽私囊。最後，朝廷的腐敗終於激起民眾的反抗，黎威穆的堂弟黎襄翼被推舉為義軍的指揮官，當義軍對朝廷發動攻擊時，黎威穆的身邊已是眾叛親離，他把皇后絞死後也服毒酒自盡。黎襄翼因自己的父母、兄弟皆死於堂兄之手，因此用大砲轟擊黎威穆的屍體洩恨。黎襄翼即位初期雖然施行仁政，但之後卻沉迷於修建城池、宮殿和寺院等；此外，他還喜歡遊船、酒宴，如此行徑再次招來民眾的不滿，於是各地烽煙再起，國內又陷入混亂。一五一六年，陳暠造反時，原本就對時局不滿的朝臣鄭惟㦃也趁機發動政變，聚集三千餘部眾於深夜侵入宮中，殺死黎襄翼，皇后則投入火海中自盡。事後，民眾大肆劫掠宮中的金銀財寶，至於白檀、麝香、伽羅，以及重要的國家公文等，全都散落一地。

這場亂局讓莫登庸掌握了權力。莫登庸出身中國南方沿岸地區，是以漁業為生、過著水上生活的「蜑民」。他從小從事漁業，長大後以精於角力而聞名。莫登庸的名聲非常差，他是個招攬黨羽、渴望權力，進而弒君並登上皇位的陰謀家；早在黎威穆時期，他就已經擔任軍隊總司令一職，握有大權。

當陳暠趁著局勢混亂奪取首都昇龍（今河內）後，鄭惟㦃雖將十四歲的黎椅立為光紹帝（昭宗），並且和陳暠的軍隊展開戰鬥，但結果卻是兵敗遇害；不過，陳暠後來也被馳援光紹帝的將軍們給打敗，最後隱遁了起來。不久後，這些在皇帝身邊的將軍也因為內鬥而一個個倒下，讓莫登庸迅速掌握權力。莫登庸設局剷除光紹帝身邊的有力將領，但因為手段過於殘暴，讓光紹帝和將軍們選擇逃離他。於是，莫登庸擁立了光紹帝的弟弟黎椿為統元帝（黎恭帝）。那些投靠光紹帝的將領們在被抓到後無不遭到殺害，最後連光紹帝也難逃一死。一五二七年，莫登庸強迫統元帝禪位給他，接著幽禁了統元帝和皇太后，最後又逼他們自殺。皇太后在留下「莫登庸雖為臣下卻篡奪帝位，還試圖殺害我們母子，日後他的子孫一定也會遇到同樣的事情」這句話後，就和統元帝一起自殺了，而後黎朝也因為莫登庸奪權而一時中斷。從黎利率軍和中國作戰、完成越南獨立的一四一八年，到莫登庸篡位的一五二七年為止，總共經過了一百零九年。

▼莫登庸向明帝國稱臣

一五二七年六月，莫登庸在昇龍城內，正式登上皇帝的寶座。然而，當時對後黎朝有功的臣子們都已經逃離朝廷了。有的人選擇隱姓埋名，有的人則是糾集徒眾、組成反抗中央的勢力。

一五三二年，後黎朝舊臣阮淦逃往哀牢，除了在當地招兵買馬，還派出使者到民間四處搜尋後黎朝皇室的血脈，最後終於找到了光紹帝之子黎寧；黎寧隨後被推舉為帝，亦即黎莊宗。他派遣使者赴中國，將莫登庸篡奪政權一事向中國朝廷報告。中國對此事相當慎重；儘管朝中主流意見認為應當討伐莫登庸，但當時的中國確實缺乏對越南發動總攻擊的兵力，而且明世宗對此事也是猶豫不決。最後，中國列舉了莫登庸的十大罪狀，作勢要對他採取軍事行動；莫登庸見狀，慌張地帶著部下到位於國境上的鎮南關，表達投降中國的意願。莫登庸除了交出記錄國內土地、軍民和官職的名冊，還向中國表達自己願意接受任何懲罰，並發誓會歸還位於兩國國境上的安廣、永安等州。莫登庸這麼做的目的，是為了換取中國對其政權的承認，就算是要對中國稱「藩」也無妨。當時，越南雖是中國朝貢體系下的一員，但並不是中國的領地。後來中國皇帝封莫登庸為安南督統使，授予其銀印並准許世襲。莫登庸對中國投降，可以說是在形式上放棄了越南的獨立地位。然而，中國倒也沒有打算利用這個機會，把越南重新納入自己的領土，而是在沒有嚴格追究莫登庸罪行的情況下，含糊地處理了這件事。莫登庸的兒子莫登瀛雖然以推行仁政著稱，但僅在位十年就於一五四〇年去世，而莫登庸也在隔年過世了。莫氏政權持續了六十五年，經歷五位君王，但這場持續中的南北抗爭，讓越南全國陷入疲憊的狀態。

▼鄭、阮的兩百年戰爭

一五四三年，阮淦對莫氏政權發動攻勢；黎莊宗從西都清華發兵，阮淦為陣中的總司令，統帥來自各地的士兵，從各戰線沿路揮軍北上。然而，他卻在進軍途中掉進莫軍的圈套；有名前來投降的莫軍將領在到訪阮軍大本營時，偷偷地在食物裡下毒，結果阮淦因此遭到毒殺。於是，黎莊宗改命鄭檢為軍隊統帥。然而，阮淦的兒子阮潢也因戰功被封為瑞郡公，鄭檢因此感到相當不快。在表面上，阮、鄭兩方雖然都主張恢復後黎朝的正朔，但暗地裡卻是彼此相互鬥爭。阮潢對此心下雪亮，於是佯裝提出「中部順化一帶仍有莫氏的黨羽，我想前去鎮壓」的要求，而鄭檢也因順化距離頗遠而答應了。獲得許可後，阮潢迅速移師順化，此後正式開啟了越南長達兩個世紀，由阮、鄭二氏彼此對抗的南北戰爭時代。

鄭檢的兒子鄭松以清華為根據地，和莫氏進行互有勝負的戰鬥，最後終於在一五九二年攻陷昇龍城，放火燒掉莫氏政權的宮殿。一五九三年，鄭松在昇龍城迎接黎世宗，「讓帝王坐上昇龍的正殿，接受百官朝賀」。十七世紀以後，莫氏接受中國的援助，有三代人割據高平地方成為反抗後黎朝的勢力，直到一六七七年才因作戰失利而滅亡。

在這段期間中，阮潢率領水軍活躍於各地，直到一六〇〇年才回到順化。一六〇一年是日本的慶長六年，當年德川家康和瑞國公之間有過書信往來，而這位瑞國公應該就是阮潢本人。一六二七年，北部的鄭氏要求中部的阮氏「繳納租稅」，卻遭到阮福源的無視。於是憤怒的鄭氏率領五千兵馬遠征，並以後黎朝皇帝的名義向阮氏發動攻擊，結果卻在戰場上不敵阮氏的大砲。在這之後，鄭、阮之間的激戰依然持續不輟；雙方以北緯十八度附近、流經山、海一帶的瀧江為界，劃分南北陣營，並在位於瀧江南邊的日麗海門附近，進行了激烈的攻防戰。如今，此地被稱為「洞海」。

▼農村面臨的危機

支撐著越南社會的村落共同體，其數量隨著時代的推移，宛若拋物線般迅速增加。當人口持續成長、生活空間不夠之後，原本的村落就會分成幾個部分，然後再各自形成不同的新村落，有些村落還會去開墾新的土地。隨著村落共同體的擴大，其內部也隨之發生了變化。

如果新開墾的土地是位在海岸地帶或河川的沙洲上，就需要填平洲土和沼澤地，然後建立堤防來排掉含有鹽分的海水，這樣才能開拓新的水田；除此之外，也有一些人選擇開墾荒地。在人口愈來愈多的情況下，政府積極地推動耕地開墾，並且進行屯田和農園開發。

然而，隨著土地私有化的快速普及，共有的公田不斷減少。而且，因為地方豪強和貴族也會進行開墾，再加上後黎朝成立之後開始出現的公田私有化，都讓朝廷無法像過去那樣，將足夠的公田分配給有功的臣下；徵稅官員強行把公有土地登記為私有地的情況，更是顯而易見。

從十八世紀過渡到十九世紀，傳統村落共同體的機能已開始衰退。新的村莊屬於擁有私有土地農民的共同體；基本上，公有地不是付之闕如，就是變得相當稀少，傳統的村落共同體已經成為整個行政體系中最底端的一部分。

從黎聖宗開始執行的定期土地分配制度，原本應該創造出平等的農民集團，但實際上卻產生了極為少數的大地主以及大批的貧困農民。村莊裡的地主和鄉紳除了對農民課以高額的稅金外，還會發放高利貸。

在儒教支配下的社會，人民被強制要求尊敬國王和嚴守社會秩序，但在「鄭、阮南北抗爭」

時期，北方的鄭氏政權卻徵收不到南方的稅金。以中部順化為根據地的阮氏熱衷向南開疆拓土，卻沒有把新開墾的土地向朝廷報告，此舉讓越南徹底分裂成南北兩個政權。

在鄭氏統治下的北方，地主、鄉紳和官僚因私有化的緣故，經常會任意徵收土地，這是因為未開墾的土地已經不多了。雖然朝廷禁止大地主進一步擴張手上的私有地，但因為法律允許土地買賣，所以仍舊讓擁有小片土地的農民憂心忡忡，擔心自己的土地遭到剝奪。一七四〇年，鄭氏為了徵稅，曾想把全國的土地收歸國有，然後再分配給農民並徵收土地稅。然而，因為以貴族為首的朝臣激烈反對，這個計畫最後無疾而終。關於土地徵收的訴訟也日益增加，但如果沒有賄賂官員，判決結果往往對農民相當不利。面對這種情況，鄭氏不得不在宮廷中，親自主持土地訴訟問題的審議。

一七一八年，曾有以下的紀錄：

> 村中的鄉紳們詭計多端，判決根本是他們說了算，村民的土地成了有錢人的囊中物。富人壓迫窮人，看不起目不識丁的民眾，批評農民之餘還把他們逼去打官司。只要鄉紳們不滿判決的結果，就會不斷要求重審，貧困的人怎麼受得了這種折騰呢！就算過程看似對農民有利，最後還是落得一場空。

鄉紳們強取豪奪農民的土地，把村裡的公有地當作自己的財產，然後把這些土地擅自分配給同夥；村裡的行政機關貪汙腐敗，國家也無能為力，水利設施的建設和修補業已中止。只要氣候稍有變化，各地就會鬧起嚴重的飢荒，導致村民們離開村莊。有許多只為了吃上一口飯而離開村莊的農民，最後都倒斃在路旁。然而，縱使遭逢到這樣的飢荒，國家卻完全無能為力。

一七三五年，還有另一則關於飢荒的紀錄：

海陽（北部三角洲的中心）小偷和強盜橫行，農民已無法進行栽培耕作，所有的存糧也都吃完了，村民們只能帶著孩子出外尋找吃的。米價高漲，不論拿出多少錢，也很難吃到一碗飯，農民只能以野草、老鼠和蛇來果腹；民眾的屍體在路上隨處可見。

鄭氏統治集團的腐敗已經病入膏肓，儘管農民陷入如此艱難的窘境，鄭氏貴族卻依然過著奢華的生活，興建寺院和豪宅，把繁重的賦役壓在人民身上。軍隊也目無法紀、恣意妄為，朝中大臣和諸侯們只顧追求自己的利益，並排斥憂國之士，讓整個國家陷入了無政府狀態。

▼叛亂層出不窮

於是乎，北部三角洲地帶開始接連出現叛亂。

一七三七年，鄭氏開始在各地設置監視塔，以便發生叛亂時，可以立刻升起狼煙做緊急通知。然而在此之前，攻擊朝廷的文章就已傳遍各地，因此鄭氏自一七一八年起禁止民間散布批判朝廷的文章。一七二一年，鄉紳們在村裡組織自衛性質的團練，卻遭軍方派出特務部隊討伐。

一七三九年，僧侶阮當興在位於首都西北邊的三島山地舉兵反叛，雖然震撼朝野一時，但旋即遭到平定。在三角洲地帶，也有阮選、阮蘧兩人帶頭作亂；儘管他們在一七四一年遭到鎮壓，但反抗鄭氏的勢力已開始和朝廷打游擊戰。在北方高地地帶，叛亂團體和少數民族攜手反抗鄭氏，其中，在山西起事的阮名芳，其堅持的時間長達十一年之久，讓鄭氏朝廷傷透腦筋，直到一七五一年才兵敗被捕。接替阮蘧從事反抗活動的是一名學者出身的游擊隊員阮有求，他自稱「東道統國保民大將軍」，從水陸兩道發動攻擊；由於他擅長佯裝戰術，所以屢次將鄭氏的軍隊玩弄於股掌之間。此外，阮有求還高舉「把富人的財產分給窮人」的大旗，因此深受人民支持。一七三九年至一七六九年，農民起義領袖黃公質與朝廷持續進行游擊戰，從三角洲打到高地，不斷地對鄭軍發動攻擊。此外，一七三八年由後黎朝血脈黎維密所領導的叛亂，則是占領了許多高地。黎維密還涉足中部地區，在清化、義安兩地和農民一起修築水利設施、並發展農業。然而，他卻在一七七〇年遭到心腹出賣而自殺。

鄭軍之所以能夠逐一擺平層出不窮的地方叛亂，原因在於這些活動只局限在特定區域，沒有整合為一道聯合陣線。也有批評者指出，這些活動的領導人物通常出身下級官僚、僧侶和學者，缺乏明確的活動指導理念。此一時期，經濟活動促進了農村手工業和貿易的發展，匠人和商人成為影響社會經濟的重要分子。當時的國際貿易雖然尚處於萌芽階段，卻已相當熱絡。對於這樣的社會變化，鄭氏的反應相當遲鈍，尤其是那些奉儒學為圭臬的朝臣們，只是一味執著於掌控土地，對新的產業發展毫不關心。就算社會已經從內部開始崩壞，當權者們依然故步自封，完全沒有察覺到人民為何所苦。

▼「廣南阮氏」的混亂統治

「阮」在越南是一個相當普遍的姓氏，因此在歷史上，以順化為根據地的阮氏政權都被稱為「廣南阮氏」。廣南阮氏在今天越南中部的港口都市——會安（早在占婆時期就已是重要的商港）推行國際貿易，關稅收入讓財政相當充裕。此外，阮氏還積極對南方用兵，除了持續兼併原為柬埔寨領土的湄公河三角洲，還發動殖民前去開墾，推行土地私有化。

阮氏政權所在的越南中部，在環境條件上無法和北部相比；說得更明確一點，和越南其他地區相比，中部地區的自然條件是最差的，從西邊孟加拉灣吹來的季風在碰到安南山脈後會導致焚風。另外，中部的沿岸地區從清化開始、一直到歸仁與綏和附近一帶，經常會因為酷暑侵襲而導致稻作枯萎；但進入颱風季節後，從安南山脈衝下來的急流又會導致河川氾濫成災、侵襲田地。年復一年，毒辣的日照和洶湧的洪水折磨著農民們。遭受洪災的土地上布滿了許多石礫，直到今天，人們依然可以在該地區看見這樣的自然災害。有些人認為，或許正因為越南中部地區惡劣的自然條件，反而塑造出當地人民特別吃苦耐勞的性格，所以才會孕育出不少革命家和教育家。

越南中部地區的可耕地原本就不多，所以農民的生活只能勉強維持在貧窮線上下。阮氏政權雖然也試著透過製作土地登記簿的方式，來限制富裕階層藉由土地買賣來擴大自己的土地。然而，地主、鄉紳和官員們沆瀣一氣，完全無視朝廷規定，結果讓農村的危機更加惡化。到了十八世紀，公田已經消失了，朝廷因此無法推行定期的分配，不足的米糧則只能從新征服的南方三角洲運送過來。雖然阮氏政權已陷入危急的狀況，但諸侯和官員們還是過著奢華的生活，並從和國外的貿易中偷撈油水以滿足私欲，沒有人設法解決農村的問題。

▼西山三兄弟

一七七一年，位於越南中部、今日平定省西山郡的阮文岳、阮文惠和阮文侶三兄弟，糾集當地民眾，打著推翻廣南阮氏的旗幟起兵造反。從西山掀起的這股起義旋風擴展到中部一帶，不但把廣南阮氏逼到窮途末路，還逐走了北方的鄭氏，這就是越南家喻戶曉的「西山起義」。

直到二十世紀上半葉為止，越南政府還稱西山三兄弟為「西山賊」；不要說國民英雄了，根本就被扣上叛賊的大帽子。甚至在西山起義結束之後，「西山」這個郡名還曾一度從越南地圖上被抹消掉。阮文惠過世後，生前被他逼入絕境的阮氏政權借助法國人的力量，終於統一越南並開創阮朝。阮朝建立後，「西山」被更名為「綏遠」，之後又改為「平溪」；「平溪」這個名字被南越政府一直沿用到一九七五年，直到越南完成南北統一為止。「西山」這個古地名重新出現在地圖上，還是近年才有的事。

阮朝的史料這樣寫道：

> 叛亂勢力的領袖為長兄阮文岳，他原本是個小商人，後來當上一名稅吏。然而，阮文岳因沉迷於賭博，把一天之內所收到的稅金全部當作賭資花掉了。後來，他為了躲避法律責任，跑到山裡並隱居了起來，接著開始聚集大量黨徒，並在一七七三年攻打歸仁城，擊退了前去討伐的阮氏

軍隊；從廣南到平順一帶，全部都落入他的控制下。

另一則史料表示：

一七七五年，西山賊人阮文岳入侵廣南。他的祖先原為義安人，他自己則曾經在雲屯[4]一地當官。後來，他棄官潛逃至西山並成為匪徒，在他麾下聚集了數千名無賴，並且和兄弟文惠、文侶一起幹起掠奪村落的勾當。阮文岳相當狡獪，許多地方豪強都成了他的手下。

如果只從上面的記錄來看，阮文岳的確是個舉止可疑的人物，但他曾是一名貿易商人應屬事實。流經安南山脈並一路流向歸仁海岸的河川，是一條可以把中部高原出產的森林資源運送到沿岸的平原地區、或是把海洋物資送到山岳地區的重要貿易路線。據說，阮文岳就曾經在這條貿易路線上做過大規模的檳榔生意；對越南人來說，檳榔樹的果實是日常生活中不可或缺的東西。當阮氏三兄弟起兵時，支援他們的就是在這一帶從事貿易的商人們。

為了和「廣南阮氏」做區別，西山三兄弟又稱作「西山阮氏」。有別於其他的反叛團體，「西山阮氏」之所以能一度掌握權力，主要有幾個理由；這些理由包握了少數民族加入其陣營，以及他們明確揭示「起義目的在拯救生活於水深火熱中的民眾」。

4 雲屯是位於越南北部東京灣的一座島嶼，島上有從事國際貿易的港口。

一七六五年，廣南阮氏的世宗阮福濶過世了，十二歲的睿宗阮福淳成為新的「阮主」。然而，大臣張福巒才是真正掌有實權的人。在張福巒的苛政下，越南中、南部的人民過得相當痛苦，他是一個不擇手段、只為滿足個人私欲的人；朝廷官員也跟著貪贓枉法、過著奢侈的生活。西山三兄弟起義時，高舉著「清除張福巒」的政治訴求，並且表明他們「和貧民站在一起」的清楚立場。這個做法成功分裂了廣南阮氏的支持者，並且讓起義軍根據地附近的民眾相當興奮，前來投靠他們的人愈來愈多。

西山地區屬於高地，森林占了全境百分之七十的面積，可耕地只占剩下的百分之三十，而京族（越族）和巴拿族就生活在這個區域。對於起義來說，最重要的莫過於阮文岳的妻子是巴拿族人，這讓西山三兄弟得到前所未有的回響，同時獲得平地和山地民族的支持，因此，當西山軍行軍的時候，以巴拿族為首的山地少數民族，都全力給予支援。

在西山地區流傳著一則傳說故事：

> 阮文岳和巴拿族女人結婚後，就在揭竿起義的前幾天，他在平原上發現了一把製作精美的寶劍，隨後又在山裡找到了這把劍的劍柄。

其他故事也有類似的情節，例如「率領西山起義的首領在平原發現寶劍，在高地撿到金印」，還有一則故事是這麼說的：

在發動起義的前一天，據說森林裡會發生奇妙之事的傳聞已經傳播開來。當村人們好奇地聚集在一起，想著究竟會發生什麼事情時，他們發現阮文岳已經換上一身戎裝，手持一把銀槍站在岩石上，大聲向村民解釋他的訴求，阮文岳奮力疾呼：「為了推翻邪惡的阮氏政權，大家一起揭竿而起吧！」

據聞，西山起義的領導者們很注意人民的生活，阮文岳的巴拿族妻子會和西山的農民一起在水田裡耕作，生產打仗所需要的補給物資。而且，除了在各地補充糧食外，他們還會救濟貧困的民眾。

阮文岳的二弟阮文惠是越南史上赫赫有名的偉大將領之一，他聲如洪鐘、目光如電，不只具有敏銳的洞察力，還擅長擬定戰略，治軍嚴謹且經常身先士卒，因此軍中弟兄都很佩服他。此外，阮文惠還是個大力士，不但可以扛起重達一百公斤的米袋，還能輕易地徒手拔起巨樹。在戰場上，阮文惠擅長揮舞一把普通人無法負荷的銀槍，讓他在戰場上如入無人之境。他還善於利用大象和馬來運輸武器、補給糧食。

阮文惠的兄長們並沒有讓他專美於前，大哥阮文岳、二哥阮文侶也有英勇的事蹟，例如當西山軍攻擊歸仁城時，阮文岳曾把自己關在囚籠裡，讓人把他送進城內，然後再於城裡掙脫牢籠，和西山軍來個裡應外合；阮文侶經常觀察鬥雞的行為，並從中思考弱小的雞如何戰勝強壯的雞。上述這些故事，其實都在強調領導者異於常人之處，讓追隨他們的民眾相信，這些力量是上天賜與他們的。

▼擊退暹羅軍

西山起義兩年後，阮氏三兄弟的勢力不斷壯大，占領了位於沿海平原上的歸仁城，之後更進一步調頭北上，繼續在廣義、廣南等地追擊廣南阮氏。當北部的鄭氏知道南方發生動亂後，當家主鄭森決定利用這個機會，剷除宿敵廣南阮氏，於是把鎮壓西山起義作為藉口，迅速派出軍隊南征。在擊敗了前來迎戰的廣南阮氏軍隊後，鄭氏軍隊於一七七四年時占領了順化（當時稱為「富春」）。

阮氏逃到南部的湄公河三角洲後，一七七五年，西山軍和鄭氏軍在廣南相互對峙。西山的阮文岳心想，同時與鄭氏、廣南阮氏交戰絕非明智之舉，兩面作戰是最糟糕的戰略。於是，阮文岳假裝願意臣服於鄭氏，提出希望得到「廣南鎮守」（廣南鎮守宣慰大使）一職的要求。在順利得到官職後，西山三兄弟便開始往南追擊逃到南方的廣南阮氏。

一七七六年，西山軍攻克了南方的主要城市嘉定。過程中雖然遭到已經在當地開墾、成為大地主的廣南阮氏諸侯頑強抵抗，但戰鬥也讓廣南阮氏的親緣血脈近乎斷絕，只有領主的兒子阮福映獨自乘船逃入湄公河三角洲深處並隱居起來。西山的阮文岳於一七七八年稱王，將平定省的闍槃（曾為占婆王國的首都）定為都城。另一方面，苟延殘喘的阮福映看準了西山勢力引兵返回中部後，嘉定城的防禦會變得較為薄弱，於是重新率軍奪回了城池。然而好景不常，後來阮福映又再度敗於西山軍，逃到暹羅灣（泰國灣）的富國島上。在這次危機中，阮福映向暹羅、法國等外國勢力請求援助，成為日後越南引入國外力量的濫觴。

一七八三年，阮福映聽聞法國傳教士百多祿（Pierre Joseph Georges Pigneau）正在暹羅。他想起百多祿在柬埔寨和嘉定傳教時，兩人曾見過面，於是阮福映立刻將他找來，向他拜託：「我想你很清楚，目前賊兵未除，我的國家正處在艱困時刻。不知道可否請你到西方，代我徵集軍隊，助我一臂之力？」百多祿聽完阮福映的話後反問他：「該由誰當人質呢？」阮福映回答：「我知道諸國在外交往來時，都會以小孩當作人質。我的長子景今年五歲，剛好到了能離開母親的年紀，所以我就把他託付給你了。如果途中發生了什麼事，請你一定要保護他。」百多祿答應阮福映後，就帶著阮景前往法國。另外，阮福映本人也親自來到曼谷，向國王請求軍事上的協助，於是暹羅國王派出兩萬名水軍（一說為五萬人）和三百艘戰船作為援軍。此外，開發湄公河重要港口河仙、大規模經營貿易事業的中國人也站在阮福映這邊；其中，中國人的後代鄚子泩，還成為深受阮福映倚重的將領。一七八四年，暹羅軍開始對湄公河三角洲用兵。

一七八五年一月，阮文惠率領的西山軍和阮福映率領的軍隊以及暹羅聯軍，在湄公河的美湫附近，展開了「瀝涔吹蔑之戰」。

從美湫到丐縣，阮福映和暹羅的聯軍沿著湄公河岸建立了約三十公里的防禦陣線，西山軍則在湄公河下游的美湫附近擺開相對應的陣勢。瀝涔河與吹蔑河是美湫周邊的兩道支流，支流中有許多沙洲，會隨著潮水的漲退而產生水位上下移動；如此一來，周邊河川的流動便會受到自然條件所調控。阮文惠的陸軍和砲兵配置在河的左岸，每天漲潮時，戰船會往上游處移動並且騷擾暹羅軍。兩軍各有約五萬名士兵和四百艘戰船，可謂勢均力敵。

因為阮文惠對暹羅的戰法一無所知，所以他不希望展開全面性的會戰，於是想出了派遣小部隊引誘敵軍主力孤軍深入的戰術。同時，阮文惠還策劃了離間阮福映和暹羅軍的計謀。首先他將金塊和奢華的禮物送給暹羅軍總司令昭曾，提出單獨和暹羅軍進行講和的想法，並答應只要暹羅停止對阮福映的支援，西山勢力就會向暹羅國王朝貢。但昭曾則私下告訴阮福映：「阮文惠是一個思慮周到的人，所以我會假裝接受與他單方議和的要求，然後準備奇襲掌控河川的西山軍船隊」。然而，阮福映無法完全信任昭曾，於是私底下和鄭子泩商量了撤退方案。

後來，阮文惠指派熟知附近水路的黎文勻將軍帶領一支部隊，潛伏在瀝涔河與吹蔑河一帶，並用椰子樹林作為岸上的遮蔽物。[5]當伏兵布署好之後，西山軍的行動開始鬆散了起來，昭曾見狀立刻向阮福映建議：「看來阮文惠相信了我的話，西山軍正處於低度警戒的狀態，現在就是我們發動攻勢的時候。」

等到晚上退潮時，暹羅船隊便順湄公河而下發動攻擊。一開始，西山軍表現出一副驚慌失措的樣子，暹羅船隊於是順勢往下游追擊；然而，此時一發砲響劃破天際，本來四處逃散的西山軍突然掉頭攻擊暹羅軍。黎明時分，當河水開始漲潮時，西山軍的船隊已在河面上縱橫無阻，伏兵擋住了想要逃往上游的暹羅船隻，接著，在河岸上待命的砲兵部隊，對暹羅船隊展開了猛烈的砲擊。西山軍的陸軍還阻斷了前來馳援水軍的阮、暹聯合軍。這場戰爭不到一天就結束了，阮福映部隊殘存下來的兵力不到一萬人，連他都是在鄭子泩的掩護下才得以死裡逃生；暹羅軍只有兩千人倖存下來，昭曾則在逃入金邊後返回暹羅。在越南歷史上，阮文惠這次的軍事行動被視為擊敗外國勢力入侵越南的空前勝利。在這場戰役之後，暹羅從此不再染指越南的領土。

▼擊破清軍的侵略

擊敗暹羅後，阮文惠揮軍北上，於一七八六年六月越過位於北緯十六度的海雲關，占領順化（富春），並且在驅趕鄭氏後繼續往北進軍。沿途中有不少勢力前來投靠西山軍，使其勢力更為壯大。七月，當西山軍進入紅河三角洲後，立即對外宣布，他們是前來擁護長期被鄭氏架空的後黎朝政權。此時，鄭氏政權也面臨分裂，最後被西山軍徹底擊潰。後來，黎顯宗召見了宣示向自己效忠的阮文惠，並且任命他為元帥，還把女兒玉欣許配給他。然而，就在隔一天，黎顯宗卻突然過世了。於是，他的孫子黎昭統（愍帝）繼承了王位，西山軍則是將昇龍城交還給朝廷，並且撤出該城。

一七八七年四月，阮文岳稱帝，以歸仁作為自己的根據地。大弟阮文侶被任命為南定王，支配嘉定；二弟阮文惠則被任命為北平王，統治從廣南到北部的土地。此時，因鄭氏餘黨仍有動作，於是阮文惠再次出兵迎擊並占領昇龍城，直到掃平了鄭氏之後才回到南方。一七八八年七月，遭到孤立的黎昭統向清帝國求援，兩廣總督孫士毅上書乾隆皇帝表示：「黎氏派人來我大清求援，在義理上應該出兵相救。安南原為我華夏的領土，待匡扶黎氏後，只需要派兵駐守當地，利用黎氏則可兼併安南，可謂一舉兩得。」接著，孫士毅調集了廣東、廣西、雲南、貴州四省共二十萬的兵力，於該年十月通過鎮南關侵入越南境內，並且在進入昇龍城後，宣告要「消滅西

5 直到今天，這個地區仍以盛產椰子而聞名。

山，復興黎氏」。十一月，黎昭統被封為安南國王，但實權卻掌握在孫士毅的手中，所有的命令也出於孫士毅。這一年，紅河三角洲遭逢飢荒，清軍開始在昇龍城內劫掠。民眾對後黎朝已失去向心力，昇龍城雖然發出徵收地方糧食的命令，卻沒有人願意遵守。

阮文惠在接到關於昇龍城內狀況的消息後，於一七八八年十二月二十一日，對後黎朝做出了措辭嚴厲的批判：「我們國家因黎氏的選擇，走上了錯誤的道路。」接著，他自行稱帝，定年號為「光中」。同年十二月二十六日，阮文惠聚集了十萬大軍，旋即揮師北上。

在軍陣中，阮文惠說：「首都昇龍城，目前因受到清軍的攻擊，落在敵人手裡。在我國的歷史上，徵氏姐妹對抗漢帝國、李常傑對抗宋帝國、陳國峻對抗元帝國、黎利對抗明帝國，這些英雄們都沒有坐視侵略者的橫暴行為，他們激勵民眾，為了正義而戰，最後擊退來犯的敵人。清帝國似乎忘了宋、元、明三朝的教訓，還妄圖侵略我國。為了守護自己的家園，現在我們應挺身而出，擊退敵軍。」

當西山軍抵達紅河三角洲的寧平後，阮文惠又在將士前宣布：「清軍來到這裡只是為了送死，不出十天，我們就能消滅他們了。大家一起在昇龍城裡慶祝春節吧！」西山軍用三萬名士兵包圍昇龍城，並且清除了周圍的清軍陣地。一七八九年一月三十日，他再用由一百頭大象組成的象軍掃平障礙，打通了通往昇龍城的道路。

這場戰役就是令越南人難忘的「棟多之戰」。「棟多」是位於河內西邊的一個丘陵地，過去這裡曾有清軍的堡壘，而在清帝國和越南的戰爭中，這裡還是激烈的戰場。棟多之戰最後由阮文惠的軍隊獲得決定性勝利。一七八九年的農曆一月五日，西山軍進入昇龍城；一月七日，如同阮文惠和將士們所約定的，他們在昇龍城內慶祝出師大捷與新年。

清軍總司令孫士毅沒料到西山軍會這麼快就進城，整個人慌了手腳，連忙乘著馬、帶著騎兵隊出逃了。清軍看到主帥不在，也都跟著人心惶惶，逃亡時，有許多人從架在河上的浮橋上掉進河裡溺死了。

黎昭統聽到孫士毅逃亡的消息後，也緊追其後逃回清帝國。乾隆皇帝在解除孫士毅的職務後，派遣中央大臣福康安前去調查狀況，然而，阮文惠此時已對福康安表示降伏之意，並歷數自己的過錯。阮文惠之所以這麼做，可能是和當時他與兄長阮文岳之間已有嫌隙這件事有關，所以才會想要盡快修補和清帝國的關係。福康安也向清廷報告，不希望再看到戰事發生。阮文惠因為不想親自去北京一趟，於是找了個替身代替他做這件事；福康安也來到黎昭統在桂林的安身處，對他說：「現在正值酷暑時節，事情等到秋天之後再議。在這段時間，請您暫時穿著清帝國的服裝。」黎昭統也只能照辦。福康安接著密奏乾隆皇帝，建議「把黎氏留在國內，不要再動干戈為上」。原本乾隆皇帝對出兵越南就興趣缺缺，因此也就同意了這件事，最後他封阮文惠為安南國王。

一七九〇年一月，黎昭統到北京和乾隆皇帝見了面。乾隆皇帝承諾每月給他三兩銀和一石米來生活。當黎昭統知道自己被蒙在鼓裡時，已為時已晚，他手下的將軍們也被分散到中國東北各地。黎昭統雖然憤怒卻也無力回天，最後在一七九三年於北京過世了，他的母后也隨之離開人世，而黎昭統的棺木最後被送回越南。由黎利開創的後黎朝，前期經歷九位皇帝共一百零九年，後期共經歷十六位皇帝共兩百五十七年，如果把莫氏掌權的時間也算進去的話，後黎朝的國祚合計達三百七十二年。

▼阮文惠的功績

阮文惠在一七九二年九月十六日突然撒手人寰，從今天的醫學角度看來，他應該是死於白血病；過世時年僅三十九歲，只當了短短四年的皇帝，諡號「光中」。阮文惠不只擊退了暹羅和清軍，幫越南度過國難，在經濟、社會和文化方面，他也願意打破舊有的陋習，積極推動改革。阮文惠的新政與改革，直至今日仍然深植於越南人心中。

西山起義讓越南早已疲敝的農村從貧困中解脫出來。在阮文惠擊退清軍、掌握權力之後，他開始公布一連串關於農村重建的命令。經歷了南北紛爭這段漫長的戰亂時期之後，雖然農村從根本上解體了，但村落行政機構仍然使盡全力，召回流浪在全國各地的無地農民、並積極帶領他們開墾尚未開發的土地。另外，村落行政機構還定下一年之內要對各村落進行人口調查、整理土地清冊並做成報告的規定。這些政策一經實施後，閒置的土地被課以比一般土地高兩倍的稅率，公田的分配也成為定制。鄭氏及廣南阮氏所擁有的閒置土地，則全部歸為村落或國家所有。在鄭氏時期，官員和軍人擁有分配公田的優先權，但在阮文惠掌權期間，農民才是土地分配的主角。阮文惠曾說：「在公布關於農業的飭令時，應該要考慮到幾件事；首先，要照顧到構成社會基礎的人民，然後在政策上要盡量減少官員的數量。如此一來，人民就能享受到和平生活，大家都有耕地，社會上沒有遊手好閒之人，閒置的土地也會消失。」

到了一七九一年，農業生產已經恢復到承平時的水準。除了農業之外，阮文惠還積極獎勵手工業和商貿活動。除了廢除鄭氏時期的貿易限制，他也努力發展和中國的貿易活動；對於歐洲商人和傳教士的商業行為，也採取開放態度。

另外，還有一項重大政策也值得一提，那就是在官方語言和教育上，改採以越南語獨自發音的漢字、也就是「字喃」為國語，而非長期以來因循遵守的中國古典文字。一七九一年，擔任翻譯漢字儒學書籍、並將其應用在教育上的阮浹，遭到思想保守的儒學家的反對。儘管如此，朝廷還是下定決心，改革陳腐又缺乏實質意義的傳統教育，執行的重點在於選拔有能力於各個村落興辦學校的學者。舊有體制下的學者們，在義務上還得要接受新式的考試才行。

阮文惠對宗教的管理也沒鬆懈。他只容許真正的宗教人員待在寺院和僧院裡，那些混進寺院和僧院，藉由宗教牟利的騙子和神棍，都被下令回到世俗社會中。另外，天主教的傳教士在此一時期並沒有受到迫害。

基督教在鄭氏時期曾遭到迫害。在儒教是國家基本思想的時代裡，朝廷嚴格禁止基督教的傳播。一五三三年，黎莊宗曾下令禁止基督教的傳播，根據史書記載，「黎莊宗元和元年，名叫衣泥樞（Ignatio）的歐洲人，首次在紅河三角洲的膠水和今天的河南寧省一帶傳播爺蘇左道。」在鄭氏時期，一切政令都出自鄭氏，朝廷禁止基督教的理由為「（從西方來的宗教）名為天主道或十字教，教義相信存在天堂和地獄，善有善報惡有惡報，內容和佛教相近，都是蠱惑人民的內容。景治、正和年間雖然偶爾會加以取締，但卻沒有收到效果，現在則嚴禁其傳播」。

統一全國——嘉隆帝

▼廣南阮氏併吞柬埔寨的領土

阮福映是「廣南阮氏」唯一存活下來的直系後代，他的根據地在遼闊的湄公河三角洲，這個地區過去稱為「交趾（越南文：Giao Chỉ）支那」。「交趾」這個名稱，原本是中國人用來稱呼北部紅河三角洲一帶的越南人，之後隨著時代演變，這個詞彙專指越南的中部地區，而「交趾支那」一詞則是指湄公河三角洲地區。

統治越南中部以後，廣南阮氏仍持續往南拓展勢力。占婆在一四七一年被黎聖宗擊敗以後，國力從此一蹶不振；而阮氏從中部開始，一路往南部的沿海地帶蠶食鯨吞，奪取占婆的領土。廣南阮氏在一六一一年、一六五三年分別拿下富安、慶和，一六五七年，平順也成為其領土。

從十四世紀中葉開始，柬埔寨因為遭受泰人建立的阿瑜陀耶王國攻擊，於一四三一年時放棄了吳哥地區，並且輾轉各地。一六二三年，哲塔二世（Chey Chettha II）將阮福源（廣南阮氏第三代）的女兒納為妃子，雖然可將此視作外交戰略，也就是他借助越南的力量來平衡暹羅的壓力，但這層同盟關係卻反倒成為越南侵略柬埔寨的機會。答應這樁婚事的同時，阮氏要求柬埔寨在波雷諾哥地區（西貢）設置海關，並得到了允諾。柬埔寨的妥協加快了

阮朝開國之君嘉隆帝阮福映（圖片來源：維基共享）

越南人移居該地的速度，最終讓整個湄公河三角洲都落入越南的手中。柬埔寨在王位繼承上經常發生糾紛，阮氏當然也不會放過這些機會，藉此繼續侵吞柬埔寨的領土。

一六七九年，明帝國遺臣楊彥迪、黃進高和陳上川等人，率領三千名士兵和五十餘艘船隻，往南流亡到順化沿岸附近的順安。楊彥迪是因為《國姓爺合戰》[6]而在日本家喻戶曉的鄭成功的家臣；他原本率領水軍活動於中國沿岸地區，但當鄭氏的反清運動遭到鎮壓後，便率眾逃往越南。本來，楊彥迪讓阮氏頗感為難，因為一支具有高度戰鬥能力的水軍駐紮在順化周邊，的確讓人感到不安。對此，阮氏心生一計，如果把這些人送到南方的話，不但可以讓他們遠離政治中心，還能擴張南方的領土，實在是一石二鳥的妙計。於是，楊彥迪等人往南移動，前去開拓今天的嘉定、邊和、美湫等地，在那裡建設家園、從事農業生產。因為楊氏一行人領有越南的官職，所以當地的領土也自然被納入越南的實際控制下。一六九〇年，柬埔寨副王匿嫩（安農）在西貢過世，因為他沒有繼承人，所以越南在一六九八年併吞了嘉定、美湫、同奈、邊和、巴地等地。此時，阮氏的領土已擴及到湄公河一帶，並鼓勵越南民眾前去拓殖。一六八〇年，中國人莫玖則已經移住到面朝暹羅灣的河遷，但因為遭到暹羅人的攻擊，所以轉而向阮氏提出保護的請求。最後，阮氏任命莫玖治理河遷，這座重要的港口城市也成為阮氏的領地。在西貢和其他新併入越南的領土上，聚集了來自中國、歐洲和東南亞等地的商船。

6 日本江戶時代，由劇作家近松門左衛門所作的人形淨琉璃歷史劇。雖然故事以歷史人物鄭成功（劇中名稱為和藤內）為主角，然而因內容大幅偏離史實（最後鄭成功完成中興明朝），故這齣劇在日本上演前，把「國姓爺」改為「國性爺」。

一七五三年，越南進一步以討伐柬埔寨的名義，派遣軍隊前往湄公河三角洲，占領了位於西貢西南方的新安、堰公。一七五七年，柬埔寨國內發生動亂，越南出兵平定後，又從柬埔寨手中拿走了三角洲北部的土地，然後還一併將沙的、朱篤兩地置於自己的勢力範圍。阮氏就這樣以迅雷不及掩耳之勢，奠定了今天越南南部的國土。

一七六七年，緬甸消滅了阿瑜陀耶王國，但新興的曼谷王朝逐漸壯大並介入了柬埔寨的事務。當時，年輕的柬埔寨國王安英（匿印）流亡到曼谷，一七九四年，曼谷朝廷讓安英即位，接著於隔年派遣軍隊護送他回柬埔寨，並在烏棟修建城池。一七九七年安英過世後，由他的兒子安贊（匿螉禛）繼承王位，並和他父親一樣，於一八〇六年在曼谷即位。就這樣，柬埔寨國王在曼谷即位並且對越南朝貢成為了慣例。

但安贊知道，其實暹羅支持的是反對他的兄弟。因此他曾一度流亡到西貢，直到獲得越南的支持後，才又重新登上王位。可是，當暹羅侵占了柬埔寨的西北部後，安贊又再次逃亡到越南。對此，越南向暹羅發動攻擊，公開介入柬埔寨的王位繼承問題。後來，柬埔寨和暹羅進行協議，接著把安贊的弟弟安東（匿螉墩）找回來。一八四五年，柬埔寨、暹羅和越南三國達成共識，讓安東成為柬埔寨國王，而這也成為今天柬埔寨憲法中「國王必須是安東的後代」規定的由來。

▼百多祿和《法越凡爾賽條約》

西山起義爆發時，阮福映還只是個九歲的小孩。因此，打從他出生開始，和北方鄭氏以及西山軍的戰爭，一直都是他無法卸下的重責大任。長大後的阮福映，在外國勢力支援下，不斷壯大自己的反抗實力。

法國天主教傳教士百多祿生於一七四一年，從神學院畢業後，在一七六五年被敘任為神父，並被派往交趾支那傳教，於一七六七年抵達河遷。然而，因為連年戰亂，他只好轉移陣地到法國在印度的殖民地——本地治里。一七七一年，百多祿被任命為交趾支那的監督，接著在一七七五年三月回到河遷，在那裡，他經常受到河遷首領莫天賜的款待。一七七七年十月，百多祿和阮福映見了面，這次會面也成為日後他協助阮福映逃亡的契機。一七八三年以後，阮福映為了逃避西山軍的追擊，只能在暹羅灣四處逃亡，從一座島嶼逃到另一座島嶼。在一切手段用盡之後，阮福映只能拜託百多祿，請他向法國尋求軍事協助。一七八四年十二月，百多祿帶著作為人質的阮福映獨子阮景，從交趾支那出發，三年後抵達法國。

百多祿在打通關係後，終於得到謁見國王路易十六的機會，並在凡爾賽宮，幫阮氏和法國簽訂了攻守同盟條約。條約內容為：「法國國王出資派遣一支由一千兩百名步兵、兩百名砲兵、以及兩百五十名非洲兵所組成的部隊，搭乘四艘風帆軍艦前往交趾支那沿岸，部隊須備有一切軍需用品，特別是野戰砲。如有需要，交趾支那國王要將沱灢（峴港）和崑崙島的主權和土地領有權讓渡給法國。此外，交趾支那全國境內的商業營業權將專屬於法國人。」

然而，百多祿的計畫卻落空了。路易十六把印度支那遠征軍的編隊工作交給駐留在印度的法軍司令官，但司令官認為要對交趾支那遠征相當困難，於是建議路易十六取消這個計畫。事已至此，百多祿只好自己籌措武器彈藥、招募士兵，靠個人力量來組織一支部隊。一七八八年，裝滿軍火的船隻入港；隔年七月，百多祿帶著阮景回到越南，許多法國義勇兵也乘著軍艦前來響應百多祿。這些人在越南修築要塞、建造船隻、編制海軍。

阮福映本人也向其他外國勢力尋求援助。例如從葡萄牙那裡購買了兩千把火槍和兩千發砲彈、從馬六甲購入武器、委託法國人建造六艘大型船隻，以及一百艘戰船，接著又請百多祿協助訓練軍隊。此外，阮福映還從暹羅那裡得到水軍兩萬人、戰船三百艘，外加五萬斤的火藥。在得知英國擅長海戰後，他又找了英國幫忙打造戰船，還請船長們準備作戰時會用到的船具。阮福映還徵召了五千名柬埔寨士兵，將他們編入阮氏軍隊。阮福映最後之所以能掌握越南的主導權，和他背後這些來自國外的援助密不可分。

▼阮福映的反抗

一七八七年八月，當時阮福映還在暹羅，但在聽聞西山三兄弟彼此鬩牆的消息後，他立刻返回交趾支那，在武性和黎文悅等實力派將領的協助下，拿下沙的、永隆、美湫等地。一七八八年九月，他再破西山軍，並且奪回了柴棍（西貢）。一七九二年年初，阮福映率領由法國人指揮的艦隊，在歸仁擊敗了西山的海軍。阮文惠去世後，由年僅十歲的長子阮光纘繼位，隔年（一七九三年），阮文岳也離世了。

一七九九年，阮福映帶著百多祿和阮景，與諸將率領大軍對歸仁城再度發動攻勢，並且於當年十一月占領該城。百多祿在這場包圍戰中，因不耐炎熱且積勞成疾而死，享年五十八歲；歸仁也在這場戰役後被更名為「平定」。這場歸仁城攻防戰，戰局瞬息萬變，當武性留守歸仁時，西山軍的陳光耀再次率軍包圍該城。

阮福映為了支援在城中頑強抵抗的武性，曾於一八〇〇、一八〇一年兩次率兵前來救援，但卻無法突破西山軍的包圍。令人意想不到的是，在這種情況下，武性還私下稍了一封信給阮福映，告訴他西山勢力的根據地——富春，此時應該疏於防禦，建議他應該立刻發兵進攻。阮福映聽了武性的建議後，果然率軍攻下了富春，但就在阮福映進攻富春的過程中，歸仁城內的糧食告罄，武性的軍隊連防衛的力量都沒有了。一八〇一年七月七日，為了拯救自己的部下，武性決定自殺，於是他在城內的八角樓堆滿乾燥的薪柴，並在其下放置火藥，接著換上禮服，朝阮福映所在的北方行了五次禮拜後，走到薪柴堆上，和身邊的將士們告別。每位將士都伏在地上，沒有一個人願意去點火。最後，武性用煙管裡的火來點燃火藥，葬身在熊熊烈焰之中。

阮福映的軍隊在一八〇一年占領了廣南，並且控制住會安，還從敵軍那邊搶下了八十餘門大砲。接著，他進一步朝峴港進軍，在五月進入富春，西山軍首領阮光纘只能趕緊逃往北方。阮福映的軍隊刨開了阮文惠的墳塚，把他的頭顱曝於市中。

廣南阮氏和西山勢力在分隔南北的淨江（灄江）兩岸展開最後的決戰。一八〇二年正月，阮福映的部隊先是駐留在洞海，接著朝鎮寧進軍，另外還派遣艦隊到淨江河口，暹羅軍也投入五千人助戰。不久後，阮光纘開始攻擊鎮寧的堡壘，雙方發生激戰。阮福映的大砲消滅了一千名敵軍，而從山上崩落下來的落石則讓西山軍受到進一步的傷害。在這場戰役中，西山的女將軍裴氏春指揮象軍，自己也騎著大象衝鋒陷陣，直到最後戰死沙場。在水上作戰方面，西山有五十艘乘載著軍需品的船隻遭到擊沉，阮軍則獲得了七百門大砲和五百匹馬。西山的將軍們逐一成為阮氏的俘虜，至此，戰爭大勢已定。

此後，阮福映放緩了進攻北部紅河三角洲的速度。一八〇二年五月一日，他先在祖先安眠地——順化行即位之禮，正式宣告後黎朝的覆滅以及阮氏政權的建立，定年號為「嘉隆」。接著，由黎文悅率領的陸軍繼續北上，在義安從西山軍那邊奪得了船隻、武器和糧食。阮文惠的兒子們被捕後都遭到處決，阮文岳的家族也被滿門抄斬。一八〇二年七月二十二日，阮福映的軍隊進入昇龍城，阮光纘雖然試圖逃跑但仍然被逮住。事後，阮福映對西山勢力進行了相當殘忍的報復。

在曠日費時的南北戰爭與對西山三兄弟的征戰中，阮福映大部分的時間都處於下風；後來他之所能重新掌握戰場的主導權，和他接受外國援助有很大的關係。而西山勢力敗亡的原因，有部分來自領導者們逃得比誰都快，以及阮福映是在自己的土地上進行戰鬥。

阮福映整修完昇龍城後，立刻派出使者到中國，報告他戰勝的消息並請求冊封。一八〇四年，清帝國的嘉慶皇帝授予阮福映國王印璽，並給予「越南」這個國名。一八〇六年，阮福映在越南稱帝，即嘉隆帝。就這樣，阮福映成為越南史上第一位統一越南全境的君主。

▼紅顏薄命——《金雲翹新傳》

在漫長的亂世中，孕育了許多扣人心弦的文學作品。許多越南執政者本身也是優秀的詩人，他們在詩作中歌頌自己的祖國，以及身為越南人的驕傲。為了脫離中國的統治，替執政者效力的文人也必須隨時留意上頭的意向，以便在實際施政時去配合相應的時代使命。

然而，當越南人能夠集中精神形塑自己的國家時，詩文作品所散發出來的韻味也開始產生了變化。文學作品不再只是高聲頌揚身為越南人的驕傲，而是在摻雜中國文化和思想的同時，逐漸展現出越南的獨特性。其中，又以「字喃」的使用最具民族特色。字喃是越南人自行開發出來的漢字，是用漢字來表達有六個音調的越南語。

另一方面，當政治腐敗到了極限，那些仍然緊咬權力不放的君王、宮廷官員和地方官吏所呈現出來的醜態，也被文學作品加以描繪。朝廷雖然以儒教為基礎建設國家，但現實社會中的矛盾卻隨處可見。這場長達兩個世紀的南北戰爭，究竟是怎麼一回事呢？土地遭到掠奪的農民感到無助、徬徨，並且飽受飢荒之苦，儘管如此，南北雙方的執政者依然熱衷於權力鬥爭。各地蜂起的民變，反映了民眾不滿的情緒，最後爆發了西山起義。但人民的抗爭隨著西山勢力的瓦解而式微，阮氏統一全國後，建立了一個比過去更為嚴格的封建社會。

民眾渴求自由，越南文學可說是身處封建社會的人民在訴求解放與自由的過程中，由下而上所發出來的清脆聲響。其中的代表作有被譽為越南文學最高傑作的《金雲翹新傳》（斷腸新聲）以及《征婦吟》。

▼「問君何日歸，君指桃花紅」

《征婦吟》為鄧陳棍（一七一〇—一七四五年）的漢詩作品，女歌者段氏點（一七〇五—

一七四八年）將其翻譯成字喃後，成為名留越南文壇的不朽傑作。內容講述在戰亂頻仍的時代裡，一位妻子送別出征的丈夫。妻子在漫長的等待中，不時擔心著丈夫的安危，想像良人是否已戰死沙場，是一首寂寞之情溢於文字的哀歌。就讓我們來欣賞一下部分的段落：

清平三百年天下／從此戎衣屬武臣／使星天門催曉發／行人重法輕離別／弓箭兮在腰／妻孥兮別袂／獵獵旌旗兮出塞愁／喧喧簫鼓兮辭家怨／有怨兮分攜／有愁兮契闊（中略）

行行征旆色何忙／望雲去兮郎別妾／望山歸兮妾思郎／郎去程兮濛雨外／妾歸處兮昨夜房／歸去兩回顧／雲青兮山蒼（中略）

自從別後風沙隴／明月知君何處宿／古來征戰場／萬里無人屋／風熬熬兮打得人顏憔／水深深兮怯得馬蹄縮／戍夫枕鼓臥龍沙／戰士抱鞍眠虎陸／今朝漢下白登城／明日胡窺青海曲（中略）

憶昔與君相別中／雪梅猶未識東風／問君何日歸／君指桃花紅／桃花已伴東風去／老梅江上又芙蓉（中略）

試瓊笙兮不成響／抱銀箏兮不忍彈／思遠塞兮行路難／念征夫兮囊索單／鵑聲啼落關情淚／樵鼓敲殘帶憊肝／不勝憔悴形骸軟／始覺睽離滋味酸（中略）

顏色猶紅如嫩花／咨嗟何以為／光陰一擲無回戈

咨命薄惜年花／紛紛少婦幾成皤／香閣重懷陪笑臉／花樓尚記解香羅／恨天不與人方便／底事到今成坎坷／坎坷坎坷知奈何／為妾嗟兮為君嗟（中略）

▼女性波瀾壯闊的悲情生涯

《金雲翹新傳》是詩人阮攸（一七六五—一八二〇年）的長篇詩，共長達三千兩百五十四行，被譽為越南文學的巔峰。內容描述一名女性起伏跌宕的悲傷故事，含有許多人生教訓，今日甚至被收錄在各級學校的教科書裡，越南人也經常在寫文章或日常生活的對話中引用詩文的內容；整個故事的結構可謂曲折複雜。

在中國明朝嘉靖年間（一五二二—一五六六年），開封王氏的兩位女兒翠翹和翠雲都是遠近馳名的美人。她們兩人「容貌如梅花端麗，氣質高雅如冰雪，世間難有女子能與之媲美。翠雲長相清秀，有著一張福氣的臉蛋，彎彎細眉，笑容宛如綻放的花朵，聲如翠玉，頭髮的光澤乃雲彩所不能及，肌膚透白，更勝冬雪。翠翹是比翠雲更加楚楚動人的美女，不但才貌兼備，目光還如水般清冽澄澈，她的美貌，連花兒和柳樹都自嘆不如。翠翹天資聰穎，詩畫曲藝無不在行，尤其擅於胡琴。現在，翠翹即將迎來人生的第十五個春天」。

時值清明，翠翹、翠雲和弟弟王觀上街散步時，偶然在路旁發現了一個荒蕪的墳塚。三人清除、打掃墳塋上的雜草和灰塵後，發現這是過去風靡一時的歌者淡仙的墳塚。淡仙的人生並不順遂，最後埋骨於斯，卻遭人遺忘。翠翹感嘆道：「世人都說佳人薄命，但為什麼連佳人過世後，連個照看墓地的人都沒有，讓她一個人孤單地待在九泉之下呢？」於是她誠心地為淡仙祝禱。王觀問她：「姐姐為什麼要為一個故人禱告呢？」「有才之人，就算形體消失了，靈魂依舊存在。」當翠翹如此回答時，突然颳起了一陣強風，三個人吃了一驚，不約而同地往風吹來的方向看去，接著發現青苔上出現了清晰的女性鞋跡。當天晚上，年輕又美麗的淡仙出現在翠翹的夢中，翠翹在聽了淡仙對她說的話後，隱約感到自己也會步上像淡仙那樣不幸的後塵。

後來，翠翹在外出時認識了弟弟的友人金重，兩個人很快就情投意合了起來。私下見過幾次面後，翠翹在某天夜裡彈琴，然後剪下一段自己烏黑的秀髮，把它交給金重，作為結為連理的誓約。然而，不幸的事很快就降臨到翠翹身上。金重的叔父在遙遠的遼陽過世了，於是他只好踏上旅程，到遠方的土地去悼謁叔父並且在當地服喪三年，這對翠翹和金重來說，不啻是一段沉重的道別。

金重前腳一走，馬上就有官府的人到王家逮捕王父和王觀。原來，一位絹商設下詭計陷害王家，結果讓王氏一家的財產都被奪走。王觀和父親被倒吊在家中接受拷問，翠翹不忍心看到父親和弟弟受到這樣的折磨，於是提出請求：「請把我賣了，然後用這筆錢來償還王家所犯下的罪過吧！」官府的人談好了賄賂後，就放了王觀父子。之後，一位老太婆帶著一位名叫馬監生的男人來到王府，說是要和翠翹結婚。王家在收了四百兩後，為翠翹和馬監生舉行了婚禮。

在婚禮的前一天晚上，翠翹把自己和金重的約定告訴翠雲，希望她能代替自己實現這個誓約，然後翠翹就含淚嫁到馬家去了。馬監生曾是一位認真的學子，但現在卻是個花花公子，他會到各地去誘騙少女，將她們帶回家中，然後再把這些女子帶到青樓去學藝，好讓她們幫他接客賺錢。

翠翹這個好女孩就這樣被馬監生給糟蹋了，她心中充滿怨恨，覺得自己又骯髒又可恥。當翠翹被賣到臨淄的青樓後，她因為想起和金重的約定而企圖自殺，所幸被及時救回而保住了性命。

在那之後，翠翹覺得淡仙對自己提出的不幸預言愈來愈真實了。翠翹曾因為受不了遊妓的生活而試圖逃跑，但最後還是被店裡的人逮回青樓，並遭到一頓毒打。

後來，翠翹和一位名叫束奇心的年輕客人陷入戀情，束奇心放棄求取功名後，和父親一起在臨淄開店經商。束奇心雖然娶了翠翹並和她生活在一起，但其實他還有一位元配；而束奇心的父親也因為不滿他取了一位遊妓為妾，於是一狀告上了衙門。本來衙門認定翠翹是個騙子並決定對她動刑，好在束奇心拚命地向裁判官解釋箇中原委，這場婚姻才獲得承認。

然而好景不常，當束奇心回到闊別已久的故鄉錫縣時，元配得知了他納妾的事，於是決定對翠翹展開報復。元配偷偷派人到臨淄捉住翠翹，將她五花大綁後，再從河岸邊找來一具屍體以假亂真，接著將屋子和屍體一同燒掉。當束奇心回到臨淄後，以為再也見不到翠翹時，不禁哀嘆惋惜。元配把翠翹綁到錫縣後，把她當成傭女來使喚。一年後，束奇心再次回到錫縣時，才驚訝地和翠翹再次相遇。

翠翹因受到元配虐待而悲嘆自己的命運，逃家後，她來到了招隱庵。尼僧覺緣見翠翹可憐，便對她伸出援手，之後再委託附近的薄家庇護翠翹。然而，薄婆卻欺騙了翠翹，在把她帶到台州後，將她賣給了青樓。可憐的翠翹，又再次過上了遊妓的生活。

但是，翠翹卻在這裡邂逅了徐海。徐海出身自越東，是一名曾周遊列國的豪傑人物。他因為聽聞了翠翹的名聲，於是特別來此一會。徐海的身高超過兩公尺，他不只長得一副會在其他國家揚名立萬、封侯建功的偉岸容貌，同時還是一名善解人意、風度翩翩的飽學之士。打從相識開始，兩人就對彼此抱有好感。就這樣，翠翹成為了徐海的女人，兩人的幸福生活持續了半年多。

然而，徐海畢竟是有野心的男人，他和翠翹相約一年後會回到她身邊後，就單手提著青龍偃月刀出門了。日後，徐海在南廷建立了自己的根據地，那裡旗海飄揚，鼓聲作響，兵多將廣。接著，徐海舉行了盛大的儀式，迎娶翠翹為將軍夫人。當徐海得知翠翹過去遭遇到的事情後怒不可遏，派人把欺負過翠翹的馬監生和薄婆等人抓來處以極刑，而束奇心和他的元配以及尼僧覺緣則逃過一劫。這反映出故事想表達勸善懲惡、因果報應的道理。

徐海的部隊勢如破竹、連戰皆捷，攻下了位於南方的五座城池，然後花了五年的時間，把浙江和福建的沿海地帶納為自己的領地。中國皇帝眼看就要失去半壁江山，於是派出胡宗憲將軍討伐徐海。當胡宗憲知道翠翹也會參與軍事會議時，在餽贈金銀財寶給徐海之餘，也用了寶石和黃金來攏絡翠翹，勸服她投降朝廷。雖然徐海表示「我已經自由慣了，不想投降朝廷」，但翠翹最終以「自己不想再過著這麼辛苦的生活，而且無謂殺生對人民也沒有好處」說服了他。然而，當徐海願意放棄抵抗並與朝廷和談時，胡宗憲卻突然發動總攻擊。雖然徐海奮勇作戰，但還是不敵官兵的進攻，最後以站姿陣亡，直到翠翹趕到徐海身邊，跪著對他說「都是因為我輕率的發言，才讓你落得如此下場」時，徐海的身體才倒了下來。翠翹被明軍士兵抓住，被迫在慶功宴上陪侍彈琴。當胡宗憲聽到哀淒異常的曲調時，問她這是什麼曲子，翠翹回答「此乃薄命之音」。宴會結束後，胡宗憲要求翠翹服侍他，隔天又把翠翹送給自己的豪族部下。就在翠翹被送往那位豪族家的途中，她在船經錢塘江時投河自盡。她之所以會這麼做，是因為她記得淡仙曾在夢中和她說過：「下次妳我於錢塘江再會。」

在各地行腳的覺緣，從同為尼僧的舊識三合那裡得知了翠翹的消息。三合說：「翠翹很有同情心，經常做功德布施，我相信上天是看在眼裡的。但她卻因過度哀傷而要了斷自己的性命。翠翹對妳有恩，請妳快到錢塘江去救她。」到了錢塘江，覺緣雇了兩名漁夫張網打撈，最後發現翠翹朝自己的方向漂了過來。撿回一條命的翠翹很高興還能再遇到覺緣，並從此過上了青燈古佛的修道生活。

故事回到金重身上。當他結束守喪並回到開封後，才發現王家的房舍早已荒煙蔓草。金重在四處打探王家人究竟淪落何方後，終於找到了友人王觀和他窮愁潦倒的父親，並從他們聲淚俱下的敘述中，得知這些年發生了這麼多事情。於是，金重把王家一家人接到自己的家中，並和翠雲結為夫妻。在接下來的日子裡，雖然金重時常鬱鬱寡歡，但還是和王觀一起通過了科舉考試。金重在皇帝的命令下擔任了臨淄的縣令，在多方探詢後找到了束奇心，並從他那裡得知更多關於翠翹的消息。後來，調任到南平當縣令的王觀途經杭州，得知此處乃昔日徐海將軍浴血奮戰之地，以及徐海兵敗後夫人翠翹投錢塘江而死的故事。

事後，金重和王觀兩家人來到錢塘江畔，為翠翹舉行招魂儀式。然而，就在儀式進行到一半時，尼僧覺緣剛好從旁經過，當她看到祭壇上的名字時說道：「翠翹還在世，你們為何要這麼做呢？」聽完這番話，覺緣帶領金重等人來到蘆葦叢中的佛堂，在那裡看到了一心向佛的翠翹。相隔十五年後，他們總算得以重逢。

後來，翠翹、金重，以及他們的家屬在南平縣的官舍落腳下來。在慶祝團員的宴席上，翠雲提出「希望翠翹能完成和金重成婚的誓言」。儘管翠翹表示，這些誓言都已經是過去的事了，但在金重感人肺腑的一番話，以及父親的勸說下，他們依然舉行了結婚儀式。事後，翠翹對金重說：「雖然我們過去的誓言是無法改變的，但我早已飽經風霜摧殘。為了家門著想，還是讓妹妹替我陪伴在你身邊。」在往後的日子裡，金重和翠翹兩人偶爾會一起小酌、賞花，以友人的身分共同生活。翠翹一家原本想將覺緣也接來一起住，但因為覺緣已出門雲遊四方，行跡飄渺而作罷。翠雲成為金重身旁的賢內助，而經歷過大風大浪、幾次遭到命運捉弄的翠翹，最終也過上了穩定而平靜的日子。在接下來的歲月裡，金重的仕途平步青雲，整個家族過著幸福的生活。

▼越南詩的獨特風格

直到今天，《金雲翹新傳》依然能感動越南人的理由有下列兩點：首先是其獨特的曲調，再來是它具有能打動越南人的故事性。《金雲翹新傳》之所以能成為越南文學的最高傑作，在於它完美地展現出越南文藝傳統中所具有的獨特性。

越南語是有六聲的單音節語言，聽起來就像鳥兒啼叫般，具有抑揚頓挫之美；但越南原本並無文字，因此自古以來，越南民間就有許多流傳已久的諺語；一般大眾會把常識等利於用豐富語音表達的內容，透過口語傳播或歌唱的方式流傳下來。例如「俗語」是以自由的形式把風俗、習慣和諺語等唱頌出來；而「歌謠」則是透過以稻作為核心的生活中誕生出的歌曲，呈現自然和農民的生活，以及人文相關的題材；在這當中還有戲謔的成分，主題涵蓋生活的所有領域，也有不少具警世意味的作品。

節日祭典是這些傳統文藝登台亮相的好機會。祭典的內容除了有祭祀雷神、雨神、水神和太陽神等神靈之外，還發展出祭拜救國英雄如陳國峻等偉大祖先的儀式。在祭祖儀式上，會出現很多名列仙班的人物，例如第一位把牛糞用作肥料的祖先以及養蠶的祖先等。另外，還有關於稻作生產，像是男人犁田、女人割稻等，以工作和職業為核心的祭典。當然，一般民眾最熟悉的莫過於具有官能性的祭典，比如以男女之事為主題的祭典，就象徵著豐饒富庶。此外，還有一些以擊退惡靈和擊敗外國侵略者的祭典，這些祭典以古老的傳說和民間故事為基礎並發展起來。我們經常可以在北部紅河三角洲稻作地區的村莊裡，看見上述這些祭典活動熱鬧舉行。

至於「嘲劇」，則是結合歌曲和演戲等多種元素，以歌唱劇的形式把大量的搞笑或悲情元素融合在一起的表演藝術，有時也稱作「民間笑劇」。這個劇種源自於北部三角洲的農村地區，它不需要特定的表演舞台，只要農村中心有一個廣場就可以粉墨登場。劇中經常出現欺負農民、老奸巨猾的地主和官員，以及誠實的村民。這種充滿銳利諷刺性的故事，經常在農閒之餘的農村裡上演。

雖然大部分出自民眾之口的詩歌形式自由，但其中也有四四體、六八體和七七六八體等需要符合格律的作品。

「四四體」的詩，一個句子中有四個字，第一句的最後一個字，必須和第二句的最後一個字為相同的韻腳。

「六八體」的詩，一個句子為六個字，下一個句子則為八個字。川本邦衛指出「六八體是由六個字和八個字的句子，相互組合而成的詩作總稱」，其規則為六字句最後一個字的韻腳，必須和八字句中第六個字的韻腳相同。八字句的最後一個字和接下來的六字句的韻腳也必須相同，在平仄表現上，六字句為「平平仄仄平平」，八字句為「平平仄仄平平仄平」。

「七七六八體」又稱為「雙七體」，在開頭兩行七個字的句子後，接著六字句和八字句。雙七體的規則是第一個七字句的最後一個字的韻腳，必須和第二個七字句的第五個字和最後一個字，以及接下來六字句的最後一個字的韻腳相同；至於六字句和八字句的形式，則和六八體相同。八字句最後一個字的韻腳，必須和接下來的七字句的第五個字相同。平仄原則上為兩行七字句的第二個字以下為「仄仄平平仄仄」和「平平仄仄平平」；六字句和八字句的規則和六八體相同。歌謠一開始是四言的詩體，但隨著詩的格式逐漸完備，接著演變為六八體，最後的完成型態則是雙七體，在六八體這種典型的民俗詩格式完成後，還進一步出現了融入漢詩唐律的七言作品。可以這麼說，越南詩歌是在融合越南和中國詩作傳統的形式後所呈現出來的結果。

▼「字喃」是民族的靈魂

在很長的一段時間裡，中國統治下的越南使用的是漢字。一直以來，漢字都是統治階級的文字，被用於行政事務上，因此，一些需要負責行政業務的階層，就非學習漢字不可。漢學成為知識分子普遍必備的學問，始於李朝到陳朝這一時期，當時儒學建立起完整的學問體系，被置於國家運作的核心位置。在之後的後黎朝到阮朝，儒學又獲得了更進一步的發展。然而，反過來說，如果統治階層都使用儒學與漢字，那麼市井小民又是用什麼方式來表情達意呢？從一般民眾到重視越南語的人士，想出了借用漢字來表示越南語的方法，但這麼做還是有不盡人意之處；於是，有人借用了發音和越南語較為相近的漢字，創造出擁有越南語義涵的「越製漢字」——字喃。

越南人利用漢字創造出了許多字喃。其中，有些字喃在意思與發音上都和漢字很相近，有些則採用了漢字的偏旁從而創造出新字，然後再配上越南語的發音。對於習慣漢字的人來說，字喃顯得有些複雜，但若是從越南人的角度來看，這是能夠表現自身文化內涵的文字，充滿越南人想用自己的語言來記錄事態的願望；故此，字喃正可說是呈現出越南本國文化的代表性文字。

在和字喃相關的歷史人物中，最著名的有陳朝末期的胡季犛，以及西山勢力的阮文惠。雖然胡季犛的政權只維持了八年就亡於明帝國，但在他掌權期間，朝廷的公文都是用字喃書寫，而且他還推動了行政改革。首次能在公文中使用字喃這件事，為胡季犛贏得了高度讚揚。在官方史書中，胡季犛是篡奪了陳朝政權的謀反者，負面形象深植人心；但若是從民眾的角度來看，胡季犛其實是一位推翻腐敗的宮廷暴政，試圖打造一個新時代、充滿活力與果敢的人物。

雖然阮文惠掌權的時間也很短暫，但他也在執政期間，把字喃應用在政府的公文和教育上，還請阮浹將四書五經翻譯為字喃。阮文惠在位的時間雖如彗星般稍縱即逝，但他的政策對於普及字喃一事起到了一定的效果。除了都希望脫離中國的影響，胡、阮兩人也都具有發展越南獨特文化的強烈意識。儘管在廣南阮氏的紀錄中，阮文惠是個江洋大盜型的人物，但在進入二十世紀後，有關阮文惠的評價開始轉變，他被視為統合越南史上最激烈農民叛亂的領袖人物，不但打破了原有的統治權威、開創了新的格局，還進一步擊退來犯的清軍，是一個受人景仰的民族英雄；尤其是阮文惠採用字喃這件事，確實提升了越南民族文化的地位，為他的歷史成就錦上添花。

▼阮攸的生涯

字喃文學可分為「吟」和「傳」兩種類型。一般認為，前者的代表作為《征婦吟》，而後者的經典則是《金雲翹新傳》。

「『傳』是一種像韻文小說那樣，擁有腳本的長篇詩作；而『吟』的主題則通常為述懷心中所思，尤其擅於表現出煩悶、憂愁和受傷的靈魂。」——《越南的詩與歷史》，川本邦衛著[7]。

詩人阮攸出身於義靜省宜春郡的仙田村，父親阮儼曾在後黎朝晚期出任過宰相。那時，後黎朝已是名存實亡，昇龍城的權力實際上掌握在鄭氏手中，而中部則另有廣南阮氏政權，再加上西山阮氏三兄弟的揭竿而起，整個越南的局勢躁動不安。阮儼在鄭楹、鄭楷掌政時出仕，被任命為吏部尚書（負責文官銓敘和懲戒的工作）。當西山的阮文惠進攻昇龍時，鄭軍內部不但全無戰意，還不斷召開沒有實質意義的會議。當時，阮儼建議鄭楷死守昇龍城，然後把皇帝送到山西避難，以謀求再起的機會，然而，這個想法並沒有被接受，鄭楷棄守並逃到了山西。不過，鄭楷後來依舊在戰場上被阮文惠擊敗，而且還遭到部下背叛，將他送往敵陣，最後被處以絞刑。鄭楷過世後，阮文惠厚葬了他。

此時的阮攸二十歲，他出生後黎朝名門，父親為朝廷宰相，兄弟們也都是大臣或擔任地方總督等要職。阮攸在十九歲時通過了科舉考試，以武官出仕後黎朝。雖然他從一開始就擔任重要的職位，仕途前景看似亨達，但在鄭氏滅亡後，他拒絕了西山阮氏的邀請，因此遭到執政者的懷疑而蒙受一場牢獄之災。後來他移居紅河三角洲，有時也回到故鄉生活，並在隱遁期間仔細地觀察民眾所遭遇的痛苦。生在這樣的亂世中，能夠恨誰呢？如此虛無度日，想必讓阮攸感到很不好受吧。阮攸在二十歲時曾留下這麼一首詩：

雜詩其一
壯士白頭悲向天，雄心生計兩茫然。春蘭秋菊成虛事，夏暑冬寒奪少年。
黃犬[8]追歡鴻嶺下，白雲臥病桂江邊。村居不厭頻沽酒，上有囊中三十錢。

在這般不得志的生活中，阮攸的心裡開始湧現創作的念頭，他累積了許多關於人生荒誕的體悟，以及社會上的諸多矛盾。這些素材都在日後的《金雲翹新傳》中毫無保留地呈現出來。

西山阮氏滅亡後，阮攸任職於以順化為首都的阮朝嘉隆朝廷。然而，對阮攸這樣一位深受儒家影響的人來說，他的心思似乎還留在過去的後黎朝。阮攸雖然在朝為官卻經常請假，這或許和他對於出仕阮朝一事，在心理上仍有抵抗有關吧。另外，也有其他觀點指出，或許是阮朝的專制統治，與他的生活方式南轅北轍有關。

7 《ベトナムの詩と歴史》，文藝春秋，1967
8 「黃犬」一詞有回到故鄉過著隱居生活之意。

一八〇六年，嘉隆帝阮福映任命阮攸為「東閣學士」；一八一三年，朝廷以阮攸為正使，率領外交使節團前往中國。然而，一八二〇年，當阮攸再次擔任正使並即將赴往北京前夕，卻突然因病逝世。在前一年的十二月，嘉隆帝阮福映逝世，接著在次年正月，由他的第四子明命帝繼位。阮攸到北京的目的，或許正是要向中國報告越南王位更替的事情。這一年瘟疫流行，造成二十萬人死亡，甚至連接替阮攸的正使，也在前往中國的途中染病過世。

當時，中國和越南在國境上發生了糾紛，許多中國人來到這裡開發礦山，但在賺到錢後就拍拍屁股走人。此外，越南和外國商船的往來日趨頻繁，引發了諸多問題。阮福映曾留下「不要和清帝國發生衝突」的訓示，因此，阮攸的外交任務重要性可想而知。

▼對權力腐敗的憤怒

雖然《金雲翹新傳》的故事背景發生在中國（明朝），但每位讀者都認為這是發生在越南的故事。江戶時代，日本的長崎也曾從明朝輸入許多白話文讀物，其中有一冊就被瀧澤馬琴[9]相中，改寫為翻案小說《南總里見八犬傳》，並成為日本家喻戶曉的作品；阮攸創作出屬於越南的《金雲翹新傳》，瀧澤馬琴則創作出屬於日本的《南總里見八犬傳》，兩人的手法其實是相同的。除了悲苦的戀情外，《金雲翹新傳》之所以有這麼高的可讀性，是因為在文字之下，潛藏著民眾對於腐敗社會所表現出來的憤怒。

整個故事最重要的地方在於，開篇時翠翹因為前世的因緣，注定會在此世遭遇不幸；在經歷世事無常後，翠翹轉而發願向佛，在護持佛法和布施中度過餘生。因此，在阮攸這位儒生的筆下，故事的基本理念卻非來自儒教，而是佛教的世界觀。而且，他所描繪的社會呈現出腐敗權力所做出的背德之事與暴力，讓民眾苦不堪言。阮攸的筆鋒沒放過廟堂之上的統治階層，遭到徐海討伐的那些人，象徵著社會上腐敗的一群人，而徐海最終也遭到朝廷背叛，慘死在這批人的算計之下。《金雲翹新傳》緊緊地抓住了時代的脈動，至今仍深受越南人喜愛。

一些以字喃創作的作品充滿了對蠻橫權力的尖銳批判，與漢字相比，字喃是更適合吐露越南人心情的文字。從越南文學史的角度來看，「透過字喃創作出來的故事和預言，開創了一個批判越南封建社會的全新領域」。

十七世紀，有一篇用字喃創作的寓言故事名為「蟾蜍和鯰魚」，在這則故事中，鄉紳和官員們為了一件很小的訴訟案，從人民身上強行勒索了許多財物，是一則充滿諷刺的故事。「貞潔老鼠」是另一則用字喃創作的寓言故事，內容痛批上位者的無恥行徑，並頌揚了女性的道德。此外，在這個時代裡，還出現了情人們掙脫社會的桎梏，追求自由戀愛的故事。

進入十八世紀之後，字喃文學得到了進一步的昇華，而來自普羅大眾的豐富語彙則催生出更多的創作。此時的作品，不管是詩或故事都更加深入追問社會上的矛盾；當時，社會上貪汙腐敗橫行，一片暴戾之氣，連皇帝也訴諸暴力治國。過去由皇帝發動的戰爭，一直都是人民對其宣誓效忠的最佳機會，但《征婦吟》卻讓我們看到，妻子在和被迫徵召入伍的丈夫離別時所表現的無

9 江戶時代晚期著名的劇作家，別號曲亭馬琴，《南總里見八犬傳》為其代表作。

奈，以及對慘絕人寰戰爭的恐懼。另外，本詩還描述了在經歷長期的分離之後，妻子和丈夫的人生皆為逝去的年華所苦，以及對於這場戰爭為何必須持續下去而產生的時代之恨。這首從女性觀點出發的反戰詩歌，也因此受到後世的讚賞。

在阮嘉韶的《宮怨吟曲》中，描述了被皇帝疏遠的才貌雙全女性，在宮中過著寂寞生活的故事。阮嘉韶是一位在鄭氏政權中擔任高官者的親戚，因為他相當清楚宮廷內部頹廢的模樣，所以毫不留情地批判這些處於廟堂之上的人物。在這個時期，有許多字喃作品都在批評後黎朝和鄭氏政權的腐敗。

在地方村落的廣場上，《觀音氏敬》是演出頻率最高的一齣傳統嘲劇，這是一部嘲諷村中長老們愚昧無知的作品。劇中的女主角氏敬，原本是一位富家公子的太太，卻因故被逐出家門。後來，氏敬女扮男裝來到佛寺修行，卻被私生活不檢點的女人氏謀纏上，還被迫照顧氏謀所生下的孩子。結果這件事在村中傳開，讓氏敬就算跳到黃河也洗不清。氏敬在無法公開自己是女兒身的情況下，含辛茹苦地把孩子撫養長大，最後靠著佛力的慈悲加持往生西方。這部劇作反映出當時官員的腐敗，以及鄉紳們的妄自尊大。雖然《觀音氏敬》的作者不明，但一般認為應該是完成於十七或十八世紀的作品。因為這部劇充滿了民眾抵抗的心理和豐富的表現能力，因此在越南各地上演並廣受歡迎，就連國外也把《觀音氏敬》當作從越南民間誕生出來的戲劇並加以介紹。

法國傳教士——亞歷山德羅

一五一一年，葡萄牙占領了馬六甲，西班牙則於一五七一年在馬尼拉建立據點，英國的東印度公司成立於一六〇〇年，而荷蘭也不落人後，於一六〇二年設立東印度公司，開始踏足亞洲；相較之下，在亞洲的布局上，法國算是起步較晚的國家。歐洲各國在進入越南時，同時和支配中部會安的阮氏，以及掌控北部紅河三角洲實權的鄭氏打交道。

早在十六世紀，基督教的傳教士就已經來到越南；他們分別於一六一五年、一六二六年在會安和越南北部成立傳道教會。在眾多的傳教士中，有一位深刻影響越南歷史的人物，他就是出身法國的亞歷山德羅（Alexandre de Rhodes）。

一六一九年，亞歷山德羅在二十八歲時被耶穌會派往越南傳教。他從歐洲出發，途經印度的果阿、馬來半島的馬六甲以及中國的澳門後，於一六二四年年底踏上越南中部的土地。亞歷山德羅相當具有語言天賦，據說他在抵達越南的短短半年

亞歷山德羅創造的越南語拉丁化拼音文字，成為今日越南國字的基礎（圖片來源：維基共享）

後，就能用越南語傳教。一六二七年，他轉往越南北部的東京地區傳教，在三年的時間裡吸收了許多信眾，但因為遭到鄭氏驅逐而前往澳門。儘管如此，亞歷山德羅還是一見有機可乘就回到越南傳教，結果在一六四五年時遭到執政者宣布永久流放國外，最後於一六六〇年在波斯逝世。

亞歷山德羅在越南傳教的時間，前後加起來約有七年之久，對當地的語言、風俗、歷史和自然資源等知之甚詳，並留下不少著作。在這些著作中，有用拉丁文和法文記錄下來的東京歷史，以及越南語、拉丁語和葡萄牙語的對照字典，而且這還是一部使用羅馬拼音來標記越南語的綜合字典。順道一提，有人主張十六世紀中葉，住在會安的日本傳教士用拉丁語來拼寫日語；看到這一幕的歐洲傳教士，於是決定將越南語也跟著羅馬拼音化。

然而，對越南人來說，將越南語羅馬拼音化實在太過陌生，更何況想當官還得用漢字來應試，因此，當時羅馬拼音化的越南語並沒有普及。但是，當越南成為法國的殖民地後，行政公文就被迫使用羅馬拼音化的越南語加以書寫，國家官員的考試也是如此，這樣一來，越南人只好去學習它了。

法國對印度支那採取同化政策，總督黎眉否定了儒家教育，並且執行推廣法語的政策。統督琨玻為了確立法國對印度支那的統治，想要將過去的官僚體系一掃而空，於是在河內創立了「東京學院」，以便在越南推廣法語。保羅．杜美總督在其任內加強了同化政策的力道，他除了在錄用官員的考試上廢除漢字，還使羅馬拼音化的越南語更加流通，使其在民間達到普及的程度。這套被稱為「國語」的系統，正是今天越南語的表述方式。

南、北越統一後，越南民眾依然會去祭拜雄王，祈求家人身體健康、事業有成。

第四章
法國殖民地時代

民族悲憤——潘清簡

一八五八年八月三十一日，法國軍艦侵入峴港，在一片隆隆砲聲中，越南的歷史從此籠罩在一片烏雲之下，長達一個世紀。法國憑藉壓倒性的軍事力量，先是控制了越南的南部，後來也占領了北部的河內。在這期間，越南各地的反抗行動風起雲湧，阮朝皇帝甚至被法國流放到非洲。就這樣，越南進入了備受屈辱的殖民時代。法國把越南、柬埔寨和寮國合組成「法屬印度支那」，並且賦予總督所有的權力，藉此執行壓迫民眾的苛政。

在經歷了第二次世界大戰之後，越南於一九四五年再次受到法國的統治。一九五四年日內瓦會議後，越南國內形成南北分裂的狀態；直到一九七五年四月，北方的共產黨勢力憑藉著強大的軍事力量，以武力實現了南北統一。在受到外國勢力長期統治的期間，越南人就像過去抵抗中國統治時一樣，集結起來展開獨立運動。從越南最後的王朝——阮朝成立開始，越南史就是一段統治和抵抗交織而成的動亂歷史。

▼黎文悅總鎮的故事

越南人將農曆正月初一稱為「節」（Tết）[1]，過「節」的時候舉國歡慶，公司行號也放一個星期的假，就連在越戰期間，逢「節」還是要「放假」的。然而，在一九六八年過「節」時，越南民族解放陣線和北越的共產黨軍隊聯手，對以西貢為首的南越各城市發動了奇襲。但對於為生活所苦的越南民眾來說，節就是節，新年就應該是盛大熱鬧的。

穿過西貢（今天的胡志明市）的舊市區往北走，會來到嘉定地區，這裡有一座祭祀黎文悅的廟。從前每年除夕到春節期間，都會有很多人來這裡參拜，祈求國家平安、事業順遂；就算是華人，也不只到唐人街[2]的寺廟參拜，而是同樣會前往黎文悅廟上香，祈求生意興隆。越南人相信，這是一座有求必應的廟宇，因為堂中祭祀的黎文悅，可是曾經統治整個南部的總鎮呢！然而，一九七五年四月，北越透過新春攻勢奪下西貢，消滅了越南共和國後，竟然關閉了黎文悅的廟，而且理由還是「黎文悅是出賣祖國的賣國賊」。黎文悅的大名在越南南部無人不曉，但關於他的評價卻相當兩極。黎文悅是引進外國勢力、把原本盤踞在越南中部的阮氏地方政權擴大到全國、建立越南最後的王朝——阮朝的有功人物之一。

阮朝建立以後，黎文悅被任命為總領南部湄公河三角洲地帶的「嘉定總鎮」。一八一三年，柬埔寨國王安贊的兩個弟弟安東、安恩和暹羅共謀，想讓暹羅軍隊進駐柬埔寨，結果造成柬埔寨國王流亡西貢。黎文悅知情後率領三千名水軍迎擊，並在擊退了暹羅勢力後，護送安贊回國，然後在金邊駐軍，此舉開啟了越南對柬埔寨的控制。

1 譯注：越南農曆新年，當代越南語稱元旦節，指的是農曆正月初一的節日，是越南最重要的傳統節日。
2 編注：越語稱為「Chợ Lớn」，亦即「大市場」的意思，漢字寫作「堤岸」。

▼二代皇帝明命帝的復仇

嘉隆帝阮福映於一八一九年十二月十九日駕崩，享年五十七歲。阮福映在病危之際，將太子阮福晈和黎文悅等大臣喚到枕邊，留下「當今天下既已大定，我也沒什麼特別要交代的，只希望在我離開人世後，你們仍能夠君臣一心」的遺言。

一八二〇年正月，阮福晈即位，定年號為「明命」。然而，過去在皇位問題上，黎文悅曾經站在反對阮福晈繼承的一方。黎文悅是群臣中唯一能對阮福映直言不諱的人，他之所以反對阮福晈當皇帝，主要是因為阮福晈是嘉隆帝的嬪妃所生，因此不具備繼承皇位的正當性。然而，某位法國傳教士在書信中寫道：「阮福晈為人充滿正義感，深受一些宮中官僚的支持。而且，危亂越南周邊海域的海盜，也都很畏懼他；因為海賊們若是被逮住了，換作是其他官員，只要賄賂打點一下，還有可能獲得一條生路，但如果是阮福晈的話，就會立刻小命不保。」最後，阮福映沒有接受黎文悅的意見，還是把阮福晈立為皇太子。

當黎文悅於一八二八年八月過世後，阮福晈下令鞭打一百次他位在嘉定的墳墓，藉此報復、宣洩他對黎文悅的不滿。黎文悅的

阮朝第二代君主明命帝阮福晈（圖片來源：維基共享）

養子黎文傀，是黎文悅過去鎮壓北部叛亂時，因看中其能力而不忍殺之，隨後帶回南方的部落首領。黎文悅過世後，黎文傀繼承了他的地位；這位年輕的養子對身為嘉定總鎮的義父在過世後竟遭到這種屈辱，感到相當憤怒，於是在一八三三年五月，聚集了五千人起兵造反。年底，黎文傀已控制了南方所有的土地，並自命為嘉定城主和南部總鎮，對中央喊話要求阮福晈退位。雖然黎文傀後來得到暹羅援軍助陣，但還是在戰場上敗給了阮福晈派來平亂的三萬官軍，只能據守嘉定城。最終，黎文傀遭到混進自己陣營的官軍間諜下毒謀殺。亂事平定後，阮福晈仿照父親阮福映對待西山勢力的作法，把黎文悅的墓給夷平了。

▼對基督教進行徹底鎮壓

在越南人之間，可以分為支持阮福映（嘉隆帝）和支持阮福晈（明命帝）的兩個陣營。有人認為後來越南之所以會成為外國的殖民地，源自於阮福映勾結外國勢力所致。另一派則認為，阮福晈一心只想驅逐外國勢力，讓越南無法吸收西方文明，大幅延遲了近代化的腳步。然而，當時的越南雖然由阮朝政權完成了統一，可是全國各地仍然存在著許多反朝廷的行動，再加上外國勢力的干涉，情況可謂危機四伏。因此，阮福晈採取鎖國政策，倒也稱得上是理由充分。

十七世紀，北部的鄭氏政權以首都河內、庯憲（位於河內南方五十公里處）為主要外貿口岸，廣南阮氏政權則以會安為核心，和外國之間的商貿活動相當興盛。除了中國、暹羅、馬來西亞、菲律賓等東南亞國家以外，他們也和日本有貿易往來；歐洲的葡萄牙、荷蘭、英國、法國等國家，也在這些港口設立商館。然而，有別於北部政權對中國和歐洲諸國抱持著強烈的戒心，中部的廣南阮氏透過會安這個貿易港，和國外進行熱絡的交易活動，讓徵收到的關稅成為國庫重要的收入來源。

雖然控制會安的廣南阮氏同樣不敢對中國人掉以輕心，但藉由和中國人的商貿活動，不但讓城市生機蓬勃，還可以強化政權的統治基礎。會安這座城市還有基督教教會，吸引了許多日本信徒居住於此。當時對於基督教的態度，南、北兩個政權的作法可謂南轅北轍。

阮朝的開國之君阮福映，雖然是靠著以法國為首的外國勢力幫自己打下江山，但第二代君主阮福晈深受儒學影響，因此表現出明顯的仇視外國勢力傾向，不但把西方人稱作蠻夷，還在國內推行自給自足的孤立政策，對外則採取鎖國政策。

一封法國傳教士寄到澳門的信件裡這樣報告：「明命帝阮福晈對於所有和歐洲人的貿易活動都相當反感，而且幾乎推翻了父親嘉隆帝所採取的所有政策。皇帝是儒教的信徒，要求我們全部離開越南。明命帝願意接納西洋技術的唯一案例是，當瘟疫流行時，社會上有許多年紀尚小的孩子都不幸罹病過世了，於是朝廷只好認可西洋醫術，以作為對抗天花的手段。」

阮福晈對外國勢力的恐懼，和現實的國際環境有關。當他掌握實權時，暹羅正接受英國的援助，企圖在印度支那半島上擴張勢力。暹羅先是進攻鄰近的寮國，然後嘗試突破北部的國界線，對越南發動攻擊。此外，暹羅還支援黎文傀的叛亂，為出兵找到理由。不只如此，暹羅還想聯合柬埔寨一起對越南出手。暹羅背後有英國的勢力，而英國也正對中國虎視眈眈。

基於上述的理由，阮福晈可說是緊盯英國的動靜，絲毫不敢掉以輕心。然而，在越南國內，基督徒加強了反朝廷活動的力道；禍亂沿海的越南海盜則是勾結了中國的同行；之後連美國的船隻都來叩關、要求通商，而且看不出有任何離開的打算。於是，阮福皎決定讓前來越南要求通商的歐洲船隻，一律到峴港進行交涉，不得靠泊其他港口。接著，他派出十艘戰艦守護在峴港附近，並且在中部沿岸地帶修築砲台，進入高度警戒的狀態。

後來，越南北部又發生因朝廷官吏腐敗而引發的農文雲之亂。農文雲率領儂族一口氣攻占了北部高地四省，當順化朝廷想要追捕他時，他就逃到中國境內，接著在不久後再度回到越南發動攻勢。最後，農文雲在一八三五年回到根據地時，因遭到朝廷發動的火攻而亡。一連串的叛亂動搖了阮朝的權威，經濟的疲弊也讓社會動盪不已。

為了抵禦外敵，一八三三年一月六日，阮福皎公布了一道敕令，內容為「不准人民以任何形式信仰基督教，基督教教徒須立刻拋棄自己的信仰，若不這麼做則處以死刑。另外，所有的教會建築也應一併徹底毀壞。」阮朝對基督教的迫害一直持續到一八六〇年，在和法軍司令官波那簽訂條約後，基督教才獲得順化朝廷的承認，傳教士也才得以在越南境內自由且合法地傳教；在這之前等待著基督徒的，只有徹底且嚴厲的鎮壓政策。

一八三六年（明命十七年）十二月，位於越南外海的長沙發生了英國船隻觸礁擱淺的事件。事情發生後，阮福皎立刻派遣外務大臣阮知方前去提供糧食和必要的救助。阮知方在照顧船長一行人後，將他們送回了英國。

目前，越南、中國、甚至是東南亞國協（ASEAN），都宣稱對「長沙群島」[3]擁有領土主權。長沙群島位於越南金蘭灣約四百公里外的海面上。中國政府主張「這裡從漢朝開始就是中國的領土」，越南則是大唱反調，宣稱「這個地方在很早以前就已經被記錄在越南的地方行政圖中了」。雖然阮福晈嚴格監視英國的行動並採取鎖國政策，但他也為英國船隻提供援助，其行為還間接為二十世紀的中、越領土糾紛掀起一陣漣漪，歷史果真是饒富趣味。

▼法國軍艦砲擊峴港

清帝國因為取締鴉片走私，和英國爆發了鴉片戰爭（一八四〇—四二）。英國憑藉著強大的武力，壓迫清廷簽訂了《南京條約》；在這項條約中，他們不但獲得了香港，還得到一筆巨額的賠款。法國見狀後，也決定對印度支那採取強硬的武力壓迫政策。

一八四五年二月二十六日，法國的法萬．勒韋凱（Favin Levêque）船長指揮一艘載有三十門大砲的軍艦女英雄（Héroïne）號駛入峴港，要求釋放遭到逮捕並被宣判死刑的五名法國傳教士，甚至威脅順化朝廷如果不照辦的話，就要立刻把戰艦開到皇城順化。最後，紹治帝阮福暶下令釋放這些傳教士，女英雄號也在三月十六日離開峴港。

然而，賽西爾這位法國的中國海艦隊司令在偵查完日本、朝鮮、琉球和菲律賓後，把目光鎖定在印度支那地區。他在澳門時與後黎朝的後裔有所接觸，並向巴黎建議幫助後黎朝復國。賽西爾的後繼者是法國遠東艦隊司令拉皮埃爾，他於三月二十三日起，指揮一艘備有五十四門大砲的旗艦光榮（Gloire）號，和當時已經停泊於峴港、載有二十四門大砲的勝利（Victorieuse）號會合。接著，他對港內的越南艦隊發動奇襲並奪走了船隻上的帆，然後提出要求，要向越南皇帝呈遞法方的信件。四月十五日早上，法國軍艦開始進行砲擊，越南的五艘軍艦均被擊沉，另有四十人死亡，九十人負傷，一百多人下落不明；法國這邊卻只有一人死亡、一人負傷。

在法國交給越南的信件裡，提出了釋放傳教士的要求，但越南已在攻擊發生的數天前釋放了傳教士。所以，法國這次粗暴且不分青紅皂白的攻擊行動，完全是出於誤會所致。阮福暶雖然對此憤怒欲狂，但也只能屈服在法國的船堅砲利之下；畢竟，當時越南軍隊的士氣相當低迷，軍事技術也嚴重落後。對於法國的野蠻行徑不能採取任何相對應的措施，讓阮福暶怒不可遏，最後，他竟然在該年的十一月駕崩，過世前還留下了「處死所有外國人」的遺言。

▼全國統一的真實狀況

阮福映和外國勢力攜手合作一事雖然飽受後世批評，但在實現越南統一這件事上，卻也得到不少人的讚許。阮福映在位的十八年間，在國內火速推行了許多政策。當時越南所面臨的情況相當嚴峻，因為動亂過於漫長，導致全國陷於疲憊之中，連行政機關都相當混亂。有不少官員棄官潛逃，就算朝廷官府裡有人，也多是中飽私囊之輩，這讓民眾的憤怒達到了臨界點。朝廷沒有稅收財源，

3 即南沙群島。

登記田地的地籍和田土清冊早已散佚，道路和橋梁也因為內戰而遭到破壞，法律更是名存實亡。

統一越南後，阮福映首先要做的是重整行政機關。他在首都順化設立作為內閣的六部（省），分別為吏部（內政）、戶部（財政）、禮部（宗教、祭祀）、兵部（軍事）、刑部（法律）、工部（建設）。另外，他還將全國分為二十三鎮（如義安省等較大的區域）、四營（廣南省等較小的區域）、二道（位於柬埔寨國境上的朱篤省等軍區）。首都設在京師（順化），北部的十一鎮由北城（今天的河內）總轄，南部的五鎮則由嘉定城（今天的胡志明市〔舊稱西貢〕）統管；在這兩個地方分別設立「總鎮」，治理北部和南部地區。

經過長期的內戰，後黎朝的法律已經失去效力。於是，阮福映在一八一五年公布了新的《嘉隆法典》[4]。接著，他制定稅制，著手進行戶籍和土地清冊的調查，並將土地分成三個等級來加以課稅；此外，他還禁止了村有財產的買賣。外國船隻來航入港時，必須繳交入港稅。在工程建設上，官方著手修復道路、橋梁，以及北部三角洲的運河，除了整飭水利設施之外，也重建了港口。為了預防災荒時無糧食可吃，朝廷還以鎮為中心，興建儲備糧食的倉庫。雖然從上面的內容來看，官方確實做了不少事情，但實際上的執行狀況卻令人質疑。

阮福晈繼位後（一八二〇—一八四一年）改行中央集權統治；他在順化設立樞密院，在此審議國家大事。為了防範地方出現尾大不掉的狀態，他廢除了北城和嘉定城的總鎮，改由中央政府直接治裡。全國各地改以「省」為單位，共設有三十省。為了栽培新的官員，阮福晈也恢復了會試制度，並進行史書的編纂工作。雖然國內的建設不斷進行，但從阮福晈、阮福暶再到嗣德帝阮福時（一八四七—一八八三年），越南的南、北部還是發生了大規模的叛亂活動。

▼潘清簡入朝為官

阮朝第四代皇帝阮福時，是一位聰明好學又穩重的君王，他任用了兩位自己最信賴的大臣來應對外國勢力的挑戰，這兩人是阮知方和潘清簡。

一七九六年十一月十一日，潘清簡生於南部的建和（今天的檳知），祖父在明帝國滅亡時流亡到越南中部，後來為了躲避西山之亂再度遷徙到南部，以農民的身分過活。潘清簡在七歲時被送進寺院，當時正是阮福映重掌政權的時期；十一歲時，身為低階官員的父親因得罪上級而被入罪，必須服為期一年的勞動刑罰。雖然潘清簡不斷向法官求情，力陳父親是被誣陷的，但仍無法使法官重啟審判。不過，法官倒也很同情他們父子，於是安排潘清簡能在父親服刑的永隆繼續讀書。每天當潘清簡放學後，就會到監獄代替父親服勞役。潘清簡的孝行感動了一位寡婦，讓她願意幫潘清簡支付學費。

在一八二六年舉行的全國科舉考試中，潘清簡成為南部交趾地區唯一一位合格者，獲得了哲學博士（進士）的稱號，而寡婦的援助也持續到他考取功名這一年為止。在潘清簡即將赴順化參加殿試時，寡婦還送了他一件大衣。考場上，潘清簡的回答令人刮目相看，據說就連明命帝阮福皎都被他吸引，親自出題來問他。潘清簡終其一生都很愛惜寡婦送他的大衣，他也沒有忘記在成長過程中，那些曾經照顧過他的人。就算日後當上高官，每當他回鄉時還是會拜訪當年那位

4 又稱為「皇越律例」、「皇朝律例」。

法官，以及年邁的寡婦，藉此表達對他們的感恩之情。

在朝廷為官時，潘清簡因高潔的人品、體貼的個性和公正不阿的性格而受到讚揚，但也因為如此，他總是受到腐敗官員們的妒忌。潘清簡歷任廣南省[5]的軍司令官、派往清帝國的外交使節團副團長等職。擔任廣南省長時，他曾以「農民在農忙時節很忙碌」為理由，婉拒了明命帝前來觀光視察的要求，因而觸怒龍顏，最後丟了官位。繼任的省長還向上報告，說潘清簡「在任內有貪贓枉法之事」，使他遭到流放。不過，一八三九年，潘清簡又以司法大臣一職重回政壇。一八五一年，嗣德帝阮福時在位時，正值國家危急存亡之秋，阮知方和潘清簡被任命為南圻經略使，共同對抗法國。

穿著官服的潘清簡（圖片來源：維基共享）

起初，阮福時對外國勢力採取相當嚴厲的措施，不但處決了兩位法國傳教士，還在一八五七年斬首了兩位西班牙傳教士。一八五八年七月，甚至發出「對信奉基督教的越南人處以死刑」的敕令。

對此，法國的拿破崙三世決定出兵越南，以便讓法國人能在越南自由地傳教和通商，同時要越南補償傳教士所受到的損害；於是，他下令在中國沿岸的法國艦隊往越南挺進。法國還藉此機會和西班牙結成同盟，法西聯合艦隊共十二艘軍艦載著三千名士兵進軍峴港。八月三十一日，法西聯軍對越南沿岸的砲台展開砲擊，海軍陸戰隊登陸後，占領了兩座城池。

位在順化的朝廷接獲消息後，雖然立刻增援兩千名士兵進行防禦，但因為作戰失利，不斷損兵折將。隨著法軍凌厲的砲擊和攻勢，愈來愈多重要的軍事據點失守，於是擔任總司令的阮知方下令，修築長型的土壘來抵禦法軍的進攻。

有許多法國士兵因不耐酷暑而生病，為了突破戰局，法軍在峴港留下數百名士兵，接著於一八五九年正月拉長戰線，對南部的交趾支那地區發動奇襲。法軍占領頭頓岬後，沿著西貢河往上游移動，陸續奪下了邊和、嘉定的據點。二月十八日，法軍占領了南部總鎮嘉定城。後來，法國因為和中國開戰，全面把軍隊撤出峴港、調往廣東，只留下八百名守軍駐守西貢。

為了避免同時兩面作戰，六月，法國向越南提出了議和的要求，然而，順化朝廷內充滿了反對聲浪。當時任職於樞密院的潘清簡對時局提出看法：「法國的要求裡有三個重要的項目。首先，我們絕不能同意割讓領土，但通商則是自古有之。至於傳教一事，在陳朝和後黎朝時都曾經合法，所以我認為不妨答應此事。這陣子對基督教的取締相當嚴格，如果能放鬆一點，不但士兵能獲得休息，人民也能過上平穩的生活。」潘清簡深知歐洲諸國的實力，了解若是和法國硬碰硬，國家將會陷入何種境地，因此能維持和平是再好不過的事。然而，當時的主流輿論卻普遍認為，應該對法國採取強硬態度，導致朝廷內部持續著沒有結論的會議。

5 外國軍艦和商船可以直接進入的峴港即位於該省。

▼法國透過武力，合併交趾支那的東部三省和西部三省

讓我們把時間往前倒退一點，一八五六年，因為一艘停泊在中國廣州、名為亞羅（Arrow）號的英國船隻遭到中國官兵臨檢，進而在隔年引發了英法聯合進攻廣州[6]的事件。後來，英法聯軍逼近天津，並於一八五八年強迫清廷簽下《天津條約》。清廷因不滿不平等條約的內容，導致戰端再起。最後，當英法聯軍於一八六〇年兵臨北京城下，雙方才又簽訂了《北京條約》。

第二次鴉片戰爭結束後，法國的海軍司令沙內（Charner）率領十七艘艦隊、三千五百名士兵駛往越南南部交趾支那。沙內於一八六一年二月抵達西貢，並且在準備工作完成後發動攻勢。在交戰兩天後的二月二十六日，法軍攻下了位於西貢郊外的其和屯陣地。在這場戰役中，越軍吃了敗仗，總指揮阮知方負傷，士兵也傷亡慘重。法軍乘勝追擊，連續拿下邊和、土龍木、西寧、定祥等地。十月，新上任的博納爾司令繼續發動攻勢，成功壓制了巴地和永隆；越南軍隊在所有的戰線上都潰不成軍。

一八六二年六月五日，博納爾司令和擔任全權大使的潘清簡簽訂了議和條約[7]，條約共有十二條，主要內容如下：（一）法國和西班牙可以在越南境內傳教、（二）交趾支那東部的邊和、嘉定、定祥和崑崙島割讓給法國，此外，越南須賠償法國和西班牙四百萬皮亞斯特[8]、（三）法國和西班牙能在峴港和廣安兩個港口自由通商，並能自由往來於柬埔寨。越南又將此條約稱為「一八六二年六月五日條約」。簽訂這個條約後，開啟了越南備受屈辱的法國殖民時代。

潘清簡在和法國進行談判時，除了談判桌上的折衝外，有時還因為複雜的國內情勢，讓自己

處在進退兩難的窘境。當時越南的北部還有後黎朝的殘黨在作亂，是阮朝朝廷的燙手山芋；然而，一旦國內的反抗勢力衰退，朝廷在對法交涉方面，態度就會變得益發強硬起來。不只如此，在遭割讓給法國的南部三省地區，當地的輿論也強烈主張，應該毀棄潘清簡和法國簽訂的條約，與法國抗戰到底。同時，和越南一樣，法國也會因為國內的局勢變化，而在對越南政策上搖擺不定。

為了和法國針對條約內容再度進行交涉，順化朝廷派遣潘清簡一行人前往法國，法國政府也表明「只要越南支付賠償金，就願意歸還部分領土」。越南使節團於一八六四年三月回到國內後，潘清簡就條約修正內容向中央報告：「與何巴理[9]談判後，在領土和賠償金額部分，對方願意讓步」。但是，當何巴理於六月來到順化進行交涉時，嗣德帝阮福時卻強硬起來，要求法國對越南做出更多讓步。此舉激怒了法國，交趾支那總督格蘭迪埃（Grandière）決定中止談判，對已經割讓給法國的三個省分進行直接統治。

6 即第二次鴉片戰爭。

7 譯注：《西貢條約》，越南稱為《壬戌和約》。

8 piastre，相當於二千萬法郎。

9 Aubaret，法國駐曼谷總領事。

▼潘清簡的悲劇

從法國回到越南後，潘清簡曾把他在巴黎的所見所聞，以及歐洲文明在技術上的進步向嗣德帝阮福時報告，提出越南需要進行改革的建議。然而，朝廷裡沒有人把他的話當一回事。後來，潘清簡被任命為南圻經略大使，此時的他已深知越南的病灶到底出在哪裡。在如此危急的情況下，順化朝廷還在暗中援助被割讓給法國的東部三省從事反抗活動。當法軍進行掃蕩工作時，叛軍又會溜到越南的領地，於是，法國向順化朝廷提出抗議，兩國的關係愈趨緊張。

潘清簡雖然對交趾支那各地的反抗運動抱持同情的理解，但也知道只靠越南的力量是沒有辦法對抗法國的。儘管潘清簡受嗣德帝之命前去平息交趾支那的叛亂，但想要化解民眾的憤怒談何容易。

根據一八六三年八月十一日簽訂的條約內容，雖然柬埔寨成為法國的保護領地，但如此一來，成為法國領地的交趾支那便形同飛地，讓法軍在防衛上備感不安。於是，征服和柬埔寨相連的西部三省的計畫，開始浮上台面。

經過綜合判斷後，法國決定一口氣攻占交趾支那全境。法軍先是在一八六七年六月十九日占領永隆，接著在二十二日和二十四日攻占朱篤及河遷，最終以武力奪取了整個交趾支那，並且在二十五日單方面宣布此地為法國的殖民地。因為法國大部分的軍艦集結在永隆的港口，所以潘清簡決定到那裡和法軍進行談判，卻遭到回絕。潘清簡原本想勸法軍不要破壞糧倉掠奪糧食，以避免民眾恐慌，但因為法軍鎮壓三省的動作過於迅速，讓潘清簡的行動趕不上時局的變化。法國把占領的事情告知順化朝廷後，法屬交趾支那殖民地就正式成立了。

潘清簡覺得自己需要為這件事情負責，於是在離開官舍後就獨自待在一間稻草屋頂的小屋裡，寫下給嗣德帝的最後一封信。信中報告了在交趾支那發生的事情，並對自己無法阻止國家和人民遭到這種殘酷命運而道歉。他把朝廷最高位階的官服摺好，連同信件一同差人送到順化宮廷。七月十八日，潘清簡開始拒絕飲食，靜靜地等待死亡。八月四日，他在服用了一碗毒藥後離開人世。

潘清簡的三個兒子分別是潘清簾、潘清薌和潘清蒸，他曾留下一封信給他們：「除了這間小屋和幾本書，我沒有什麼東西可以留給你們。但這些書會教導你們，什麼是生而為人應盡的義務。我死後，希望你們能回到故鄉新盛村繼續務農，不可以接受法國政府給你們的任何職務。」後來，格蘭迪埃總督請兄弟三人為殖民地政府效力的信件果然遞到了他們手上。潘清薌和潘清蒸拒絕後，加入最後以失敗告終的反叛勢力陣營。

▼「是在條約上簽字，或是把王位讓出來」——柬埔寨成為法國的保護國

當越南在法國的武力面前備受屈辱地化為殖民地時，鄰國柬埔寨也一樣面臨法國砲艦外交的威脅。

柬埔寨位於越南和泰國之間，使得柬埔寨的王位繼承還得到越、泰兩國的承認才行。當法國已經完全建立起交趾支那東部三省的統治後，為了領地的安全起見，法國決定將和越南相鄰的柬埔寨

也納為自己的保護國。於是，格蘭迪埃總督看準了柬埔寨的王位繼承紛爭，決定介入這件事情。

當諾羅敦（Norodom）即將繼承王位時，他的弟弟西沃（Si Votha）[10]卻宣稱兄長沒有繼承王位的權力，於是諾羅敦帶著王冠逃往泰國。雖然在泰國的援助下，諾羅敦於一八六二年二月回到烏棟，但王冠卻被當作擔保物留在泰國，而當時泰國背後還有英國的勢力。法國藉著這起發生在鄰近交趾支那的事件，和諾羅敦國王攀上關係，計畫把柬埔寨也據為己有。這個行動的負責人是當年正值不惑之年的杜達爾・德・拉格雷（Doudart de Lagree），拉格雷雖是海軍軍人，但也精於考古學，他以湄公河探險隊隊長的身分名留史冊。

拉格雷到金邊赴任後，立刻就去晉見諾羅敦國王。之後格蘭迪埃也來到烏棟，一八六三年八月十一日，雙方簽訂了法國—柬埔寨的保護條約，其內容主張「雖然泰國不承認柬埔寨的獨立性，但法國一定會保護諾羅敦，因此成為法國的保護國絕對是一件好事」。雖然這是法國單方面的說詞，但法國傳教士從此可以在柬國自由傳教，雙方互設領事館，當柬埔寨的貨品在交趾支那販賣時，只要法國人同意，根據條約規定，他們還可以把關稅降為零。然而，諾羅敦似乎並不了解「保護國」的真正意義，並將這份條約送到泰國國王手上。泰王對法、柬的條約非常憤怒，因為柬埔寨向泰國朝貢，是泰國不容質疑的屬國。因此，泰國向諾羅敦提議，要在曼谷為他舉行正式的加冕儀式。

雖然諾羅敦想要王冠，但拉格雷卻威脅他：「如果國王要前往泰國的話，我將動用武力占領首都。」當諾羅敦真的打算動身時，法國的砲兵隊一起發砲，聽到砲聲的諾羅敦一行人驚恐不已，最終取消了到泰國的計畫。他還說：「失去了國家，我要王冠何用？」

一八六五年四月一日，法國和泰國簽訂條約，除了讓泰國承認柬埔寨為法國的保護國，還承認馬德望和暹粒為泰國的領地。然而，一八六七年，在諾羅敦和格蘭迪埃不知情的情況下，法國和泰國又在巴黎簽訂了一份條約，把柬埔寨的另外兩個州割讓給泰國。

法國對柬埔寨的統治，經常受到柬埔寨官員們的抵制。一八八四年六月十七日，交趾支那總督沁衛（Thomson）前來拜訪諾羅敦並要求他簽定新約，但卻遭到拒絕。沁衛說：「你是要在條約上簽字，還是把王位讓出來？」諾羅敦回覆：「我既不想簽約，也不會退位。」於是，沁衛用手指向停靠在王宮旁、停泊在洞里薩河畔的軍艦，接著說：「有沒有看到那艘軍艦？如果國王不簽字的話，就要請您到船上一趟了，雲雀（Alouette）號隨時都能啟程。」此時，艦上出現了與法國人合作的第二位國王人選[11]，他在船上說：「國家就交給我吧。」諾羅敦接著問：「你把我帶到船上要做什麼？」沁衛回答：「這就無可奉告了。」語畢，諾羅敦屈著身子在條約上簽了字，亦即「一八八四年條約」（Eveline Poree—Maspero）。

根據這份條約，柬埔寨國王雖然可以監督國家的政務，但司法、財政、經濟等幾乎所有領域的決定權都掌握在法國手上，尤其關於租稅和關稅的徵收權更是如此。在完成幾項讓保護國能有效運行的實質決定後，柬埔寨的國王就喪失了實權。

10 和兄長諾羅敦為同父異母。

11 這裡指的應該是諾倫敦另一位同父異母的兄弟西索瓦（Sisowath）。

▼城市和村落的衰敗實況

當阮朝首次統一整個越南時，國內的情況究竟是如何呢？當時來到越南的法國人，將他們親眼見到的城鎮和鄉村畫面記錄了下來：

「城鎮的行政中心都在城牆之內，大抵沿著河川而建。雖然在其附近有許多聚落，但聚落裡就沒有道路了。這裡看不見兩層以上的建築，用磚瓦砌成的房屋也很少，主要都是用稻草搭建的房屋，人口相當稠密。聚落外圍有果樹、竹林和仙人掌圍繞，從外面看是看不見住家內部的。居民透過各處不規則而彎曲的小路來聯絡彼此。」

「靠近城郭的河流以及溝渠上有一排稻草搭建的房子，那裡是做生意的地方。這裡沒有碼頭，有一半的房子蓋在地上，另一半則搭建在打在河裡的樁上，突出於河面。沿著此岸和彼岸的簷廊，通過狹窄的通道後，可以抵達位於上、下游的長方形廣場。廣場上的市場有稻草或磚瓦建造的大型倉庫。每天早上，居民都會聚集到這裡，熙熙攘攘、人聲鼎沸。如果要走進複雜的小路裡，一定需要有當地人帶路才行。雖說是城郭，但城裡也只有城門、不華麗的廟宇和政府機構，沒有像歐洲那樣引人注目的東西。」

「順化雖說是國王權力集中的地方，但也不過是一個大型的城郭罷了。裡面有附屬於王宮的禁衛軍、砲兵工廠、王室的寶物倉庫、兵器廠和彈藥庫。城裡雖然有一些官員們的住宅，但沒有平民的房舍，當然也沒有進行買賣的地方。所有的商業活動及其他職業，都被趕到離城鎮有一段距離的地方外。」

「一八五九年的西貢和法國海軍占領時期的樣貌一樣，沒有改變。市街可分為城內、祭壇廣場和幾間破房子所組成的商業區域。城市的中央只有布滿大型渠道的沼澤溼地。」

「一八八四年，河內這座城市的街道相當衰敗，道路非常狹窄，中國式的鋪設道路只見於城市中央，且寬約一公尺而已。路上鋪設的磚瓦不是損毀就是崩壞。另外，因為道路兩側沒有排水溝，因此積水處的味道相當惡臭難聞。道路上的商家為了遮風避雨，把稻草的屋簷突出於路面，讓能夠步行的地方更為侷促難行。如果碰到有人騎馬的話，有時候還會讓行人陷入深達一公尺以上的泥濘之中。」

還有描述農村生活的記錄：

「位於東京地區的農民，生活相當辛苦。他們必須在每年的二月和七月，重複兩次插秧的農活。農夫們隨著雞啼聲起床，左手拿著火把驅除黑暗，肩上扛著鋤頭出門，右手牽著水牛走在容易滑倒的田間道路上，前往祖先們世世代代開闢出來的田圃。」

關於戰爭和掠奪的情況也留下了相關的記錄：

「從法國介入東京的數年前開始，戰爭和掠奪就已經蔓延各地，到處都處於混亂狀態，到了一八八二年，全國已經處於無政府狀態了。其中一個原因是，長髮賊的殘黨黑旗和黃旗這兩批人馬[12]，因大理府開城以及領袖人物的死亡而流竄至此，聚集成大型的盜匪集團，住在紅河以及瀘江沿岸。另外，後黎朝雖然已經走入歷史，但依然活在人民的記憶中。那些自稱為後黎朝後裔的人們，也在北部三角洲地帶掀起叛亂，抵抗阮朝政權。他們雖然大多遭到討伐，但還是有少數人馬在富裕的三角洲地帶到處破壞。數以千計的農夫不知經歷了多少次失去勞作的心血，房子被焚毀、妻兒遭到殘忍地殺害。地方上的居民在碰到這種事的時候，根本毫無抵抗能力。膽小的人只能感嘆世風如此，稍微有點膽子的人也只有加入這群匪賊的選項。」[13]

12 編注：指太平天國殘黨。
13 楊廣涵，《安南史》，一九三九年。

抵抗法國——潘廷逢

▼阮知方憂憤而死

阮知方和潘清簡都是受到嗣德帝重用的人物，潘清簡負責和法國的外交事務，阮知方則主要負責軍事相關的工作。他身為海軍總司令，除了在峴港和法軍作戰，還以武力鎮壓北方的反叛，是朝廷重要的武臣。然而，一八六七年九月，嗣德帝認為阮知方沒有盡力防備法軍侵略南部的交趾支那，已故的潘清簡則是「輕率地與對方議和，讓領土遭到侵吞，沒有達成使命」，於是下令調查這兩人的過失。

隔年，阮知方雖然沒有被問罪，但潘清簡卻在死後被剝奪官銜。直到二十年後的一八八六年，阮知方和潘清簡才被國家視為愛國者，前者得以進入賢良祠受人祭拜，後者則恢復了生前的職位。

法國在控制了交趾支那後，便想更進一步確保從湄公河通往中國雲南的航道。在和柬埔寨交涉時威脅諾羅敦國王的格蘭迪埃，為此組織了湄公河探險隊進行調查。一八六八年，法國人發現想要沿著湄公河到雲南是一件不可能的事情，於是轉而開發源頭在雲南的紅河路線。

一八七二年十一月，法國商人涂普義（Dupuis）為了和雲南的中國官員做生意，讓載著英國人和中國官員的三艘船進入河內，向順化朝廷要求，希望能得到溯紅河而上前往雲南的許可。當時，雲南正發生伊斯蘭教徒的叛亂，涂普義想把武器彈藥送到雲南官府的手上。

對此，順化朝廷命令阮知方進入警戒狀態。一八七三年八月，涂普義帶著兵器彈藥、米、鹽等違禁品，強行前往雲南。這一趟下來，涂普義帶著大量的錫礦回到越南，然後又把載鹽的船開往雲南。順化朝廷以鹽是越南的專賣品為由，向法國要求召回涂普義一行，但涂普義卻派自己的代理人到西貢，除了說明自己的立場外，還要求順化朝廷支付賠償金給他。於是，南圻總督杜白蕾（Dupré，越南史料稱為游悲黎）交給大尉安鄴（François Garnier）一艘通報艦和兩百名士兵，要他前往東京調查涂普義的事情，並和越方商談開放紅河水路一事。

阮知方拒絕和法國就開放紅河水路一事展開談判，並要求涂普義離開東京地區。當安鄴發現越方無意在開放水路上談判，且對法國抱著相當深的敵意時，他認為先下手為強、展開軍事行動才是上策。於是在一八七三年十月二十日，他立即對河內發動攻擊，而且只經過短短的一個小時後，河內就被法軍攻陷了。

負責守衛河內的阮知方在這場戰役中身受重傷，兒子阮林也死於敵人的砲火之下，越南的官員不是逃亡就是成為俘虜。受傷的阮知方雖然在城內受到法軍的照料，但他拒絕飲食，連法軍提供的藥物和粥也被他倒掉。不久後，阮知方就離開人世了。安鄴為了確保海上的連絡道路，接著占領了紅河三角洲上的主要都市，他只花了二十天、兩百人的兵力，就征服了紅河三角洲。

此時的中國正遭逢太平天國之亂，其中有一支約三、四千人的部隊進入越南。後來這支部隊分裂為由劉永福指揮的黑旗軍，以及由黃崇英率領的黃旗軍。黑旗軍占領了紅河河畔的老街，黃旗軍則占領了瀘江畔的河江。黑旗軍接受嗣德帝的請託，幫助越南對抗法國的侵略。收到河內被攻陷的消息後，黑旗軍立刻前去救援，並且在十二月二十一日對河內發動攻擊，而安鄴則在趕回河內路上的一場戰鬥中陣亡了。

法方因為安鄴的死怒不可遏，但派往河內的欽差人臣阮文祥則是冷靜以對：「安鄴的死和我們失去阮知方是相同的情形。把整件事情調查清楚後，再來決定要做什麼是最重要的。」法國接受阮文祥的看法，決定對這件事妥協，接著把法國在東京地區占領的城市全都交還給越南。一八七四年三月十五日，越南和法國簽訂了《第二次西貢條約》[14]

條約規定越南不只受法國保護，連外交政策也要配合法國，不能與其他國家締結和越、法之間既有條約相牴觸的約定。此外，越南還須承認法國對交趾支那六省的完整主權。海防、河內等地的港口，也要配合紅河開港通商，每個港口都要有法國的領事駐紮。不只如此，越南還同意開放通往雲南的航道、法國的理事官進駐順化、和法國人相關的官司訴訟要在法國的領事館裁決。

▼東京、安南、交趾支那

一八七四年，法國仍稱呼越南為「安南」，在之前簽訂的條約中，法國也稱越南皇帝為「安南國王陛下」，越南人則稱自己的君主為「大安南國皇帝陛下」。如本書序章所述，「越南」這個國名其實是清廷取的，但越南並不喜歡這個名字，所以總是自稱「大越」或「大南」。

14 又稱《甲戌和約》、《法越和平同盟條約》。

雖然阮朝的明命帝實施中央集權，但從歷史上來看，越南的北部稱為「東京」、中部稱為「安南」、南部則稱為「交趾支那」。至於越南人自己，則依然沿用自古以來的地名，稱呼北方為「北圻」、中部為「中圻」、南部為「南圻」。

北圻見證了越南史上的許多大事，這裡經歷中國長達千年的統治，是獨立戰爭的戰場，擁有越南歷代王朝培育出來的傳統文化，以及傳統的社會組織。此處還是官員匯聚之處，所以對傳統也較為執著。

中圻在乾季時相當炎熱，到了雨季時又得提防洪水，是三個地區中氣候最惡劣的地方。不過，這裡卻誕生過許多意志堅強的歷史人物，政治家、革命家、知識分子輩出。

南圻屬於熱帶季風氣候，物產富饒的自然環境讓生活較為愜意，居住於此、生氣蓬勃的越南人，經營著熱絡的商業活動；當地人也被認為具有「今朝有酒今朝醉」的性格。

讓北圻、中圻和南圻連結在一起的，是越南人的「抵抗精神」。在和法國、美國的長期抗戰中，以性格奔放的南圻為中心，最能展現出越南人在法國殖民地時代的艱苦奮鬥，以及和美國作戰時，為了獨立不畏犧牲的英勇態度。

▼安南、東京成為法國的保護領

接著是越南和法國全面戰爭的時代。法國和中國也因為越南問題而爆發直接的軍事衝突。當時，東京地區的法國人經常受到黑旗軍和土匪的襲擊，基督教徒也遭到迫害。中國不承認法國將越南納為保護國，也拒絕撤回應順化朝廷邀請、派駐在東京地區的軍隊。於是，法國以此為藉口，宣稱有兩位法國旅人遭遇人身安全的問題，在一八八二年四月二日，再次由亨利．李維業（Henri Laurent）海軍上校率領三千名士兵回到河內。

李維業見越南的氣氛極度緊繃，於是在四月二十五日突然對河內城發動攻勢。河內城總督黃耀雖然浴血奮戰，但因為發生了火藥庫爆炸的意外，讓守備軍發生混亂，最後河內城還是落入法軍手中。黃耀認為自己要為這場敗仗負責，於是一個人安靜地走到王廟前的大樹上吊自殺了，而李維業在進城後，破壞了市街和這座廟宇。

順化朝廷對於李維業突然進攻河內一事非常憤怒，拒絕接受他所提出來的和談，並且派遣使節到中國求援，而清廷也利用這個機會介入越南事務，派兵占領了北寧和山西等軍事要地。法國隨後派出七百五十人的增援部隊，然後在一八八三年三月二十七日占領南定。然而，李維業本人卻在五月十九日從南定返回河內的途中，遭到黑旗軍的攻擊而陣亡了。

其實，在李維業戰死之前，法國輿論並不熱衷於「將印度支那殖民化」，但李維業的死訊讓法國朝野譁然，決定對越南採取強硬的態度。於是，法國將河羅芒（Harmand）從東京政務總管升職為順化討伐軍司令，並任命孤拔（Courbe）為東京沿海地區的海軍司令，率領兩千兵馬馳援東京。河羅芒先是在順化朝廷所在的順化河口，對捍衛首都的重要據點順安進行砲擊，接著在八月二十日占領順安。

雖然順化朝廷中的阮文祥主張和法國抗戰到底，但從當年四月起就為病情所苦的嗣德帝卻在七月十六日過世了，這無疑讓順化朝廷陷入更大的困境，最後只能在一八八三年八月二十五日，和法國簽訂由二十八條規定構成的暫時性和約，亦即《第一次順化條約》[15]。

條約內容寫到「安南成為法國的保護國」；另外還規定，安南地區以南的平順省劃入交趾支那的領地，而安南地區北部的清化、義安、河靜三省，則編入東京地區。剩下的安南地區，除了關稅和土木工程外，順化朝廷可以自己做主，由安南國王進行統治，但是順化需有法國的理事官員進駐。這樣一來，東京地區就成了法國的保護領，由法國進行直接管理。

▼反法強硬派——阮文祥和尊室說

簽訂條約後，法國要求黑旗軍自越南撤出，但越方對這個要求的反應激烈，而中國也任命劉永福為越南東京經略大臣，在國境附近加派了三萬五千名士兵，要求他加強防禦體系，並繼續駐留在越南境內。

嗣德帝過世後，原本應是由長子瑞國公應慎繼承王位，然而，因為對法國採取強硬態度的輔政大臣阮文祥以及兵部大臣尊室說反對應慎繼位，於是他們脅迫皇太后讓紹治帝的第二十九子，也就是三十七歲的朗國公洪佚登基。

此時的順化宮廷內，主和派與主戰派的意見彼此不容，東京三角洲各地的反法勢力也如星火燎原般展開。阮文祥和尊室說眼見朗國公有向法國妥協的趨勢，於是在一八八三年九月把朗國公拉下龍椅，將他關進監獄中並加以毒害。朗國公成為協和帝的日子只有短短四個月而已。接著繼位的是十五歲的建福帝膺登，但他也在半年後遭到毒殺。一八八四年八月一日，繼位的咸宜帝年僅十二歲。

一八八四年六月六日，駐中國的法國公使巴德諾來到順化，應順化朝廷的要求前來簽訂經過修改的條約，亦即《第二次順化條約》[16]。

該條約的內容主要有以下幾點：承認越南為法國的保護國、法國在所有的外交場合均為安南國的代表、雖然安南國的官員在法國理事官的指導下執行政務，但法國官員仍有權罷免安南國的官員等。從此之後，越南完全成為了法國的殖民地。

▼從中國世界到印度支那聯邦

越南雖然和法國簽訂了條約，實際上卻沒有要承認的意思。雖然中國仍然主張對越南的宗主權，李鴻章也向法國提出抗議，但法國反過來和中國簽訂了《中法會議簡明條款》，內容包括法國尊重中國的中越邊界線、清軍撤出越南、中國需尊重法、越之間所簽訂的條約等。然而，因為慈禧太后訓斥李鴻章「不能對法國讓步」，所以清軍拒絕撤回駐紮在東京地區的軍隊，結果又與法軍爆發軍事衝突。

法國政府聞訊後向中國宣戰，中法戰事再起。在海上，孤拔率軍砲擊了福州的兵器廠，並擊敗中國的艦隊。在陸上，法軍也奪下了和中國接壤的諒山、宣光等地。結果，清廷於一八八五年

15 又稱《癸未和約》。
16 又稱《甲申和約》。

六月九日，和法國簽訂《天津條約》，承認安南和東京由法國保護。

自從獨立以來，越南一直維持著對中國的朝貢關係。然而，當中國與法國簽訂《天津條約》後，中、越之間的關係也就斷絕了，越南完全成了法國的殖民地。

法國憑藉強大的國力，把寮國也納入保護範圍。在把交趾支那設為直轄殖民地後，法國也將柬埔寨納為保護國，接著更進一步把安南和東京也改為保護國。當目標逐一完成後，法國又再次把目光放到寮國上。法國以寮國和泰國之間沒有劃定國界線為由，介入兩國的領土問題。一八九三年，法國明確地向泰國宣告「法國要是沒有占領湄公河左岸的土地，是不會心滿意足的」，而這塊土地指的就是寮國。雖然泰國拒絕放棄對寮國的宗主權，然而，當時發生了法國官員在泰國遭到殺害的事件，於是法國派了三艘砲艦進入昭披耶河。這和之前法國把越南和柬埔寨收為殖民地的做法可謂如出一轍。

一八九三年十月三日，泰國於曼谷和法國簽訂了放棄對寮國宗主權的條約[17]。當時，法國已經在殖民地實施聯邦制度，因此在一八九九年四月十五日，根據法國總統的命令，法國把從泰國手中奪取的寮國也編入聯邦體制內。至此，由交趾支那、東京、安南、柬埔寨和寮國所組成的法屬印度支那聯邦就算正式完成了。

▼持續到今天的國界糾紛

越南雖然和中國切斷了舊有的關係，但直到今天，他們和柬埔寨、寮國之間仍留下一些不好處理的問題——說白了，其實就是越南和中國、柬埔寨之間的國界問題。

中、越兩國在國界問題上，都花費了大量的時間來處理紛爭。國界問題一直是中、越關係的重點。中、越的國界地帶居住著許多高地和山地民族，因此無法相當明確地劃分國界，有時候甚至還會根據當地的實際情況，以既有習慣加以劃分。

中、越邊境屬於喀斯特地形，林立著形狀細長的山峰，以及眾多水田。另外，邊境地區還有許多從越南流向中國的小河，進而引發爭端。因為村落的水田集中在平原地區，所以彼此是鑲嵌在一塊的；然而，法國當年在跟中國劃定國界線時，卻是很簡單地從這座山頭畫一條直線到另一座山頭，導致水田在平原的村落被劃分成兩個區域的弔詭情形。當中、越兩國關係良好時，這種情形倒還不會使雙方發生齟齬，但雙方大多數時間都處在緊張狀態下，一九七五年越南統一後，中越關係更是日趨緊繃，國境衝突不斷升溫。今天，複雜的國界問題依然是中、越雙方尚未解決的難題之一。

越南和柬埔寨之間的國界問題，也是引發越、柬兩國紛爭的導火線。而阮氏政權過去往南部擴張、兼併柬國領土的行為，更加深了彼此間的芥蒂。另外，法國在交趾支那和柬埔寨之間的國界線是由法屬印度支那總督布雷維耶（Joseph-Jules Brévié）憑藉一己強權所決定的，因此直到今天仍然兩國爭論的重點。

在殖民地時期，法國盡可能將直屬地交趾支那的權益最大化，導致法屬印度支那總督經常對

17 譯註：亦即「法暹條約」，又稱「曼谷條約」。

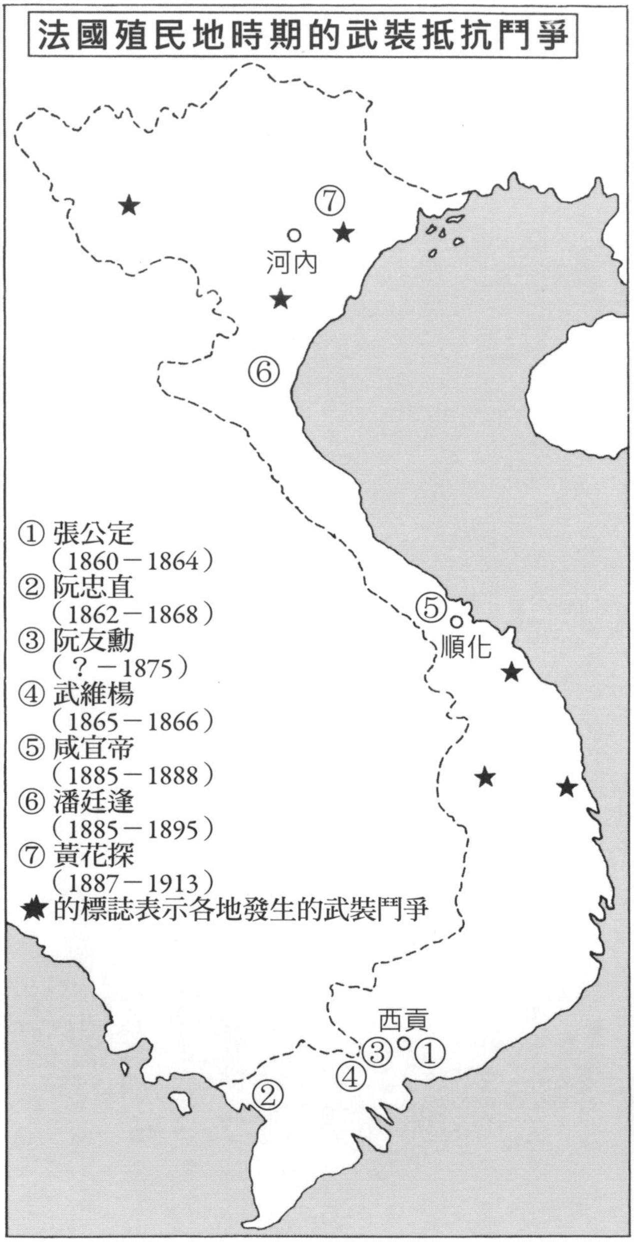

法國殖民地時期的武裝抵抗鬥爭

柬埔寨做出較為不利的裁決。柬埔寨的「紅色高棉」相當痛恨阮氏併吞該國的領土，因此對越南的領地發動攻擊。就算是在紅色高棉倒台、施亞努重新上台後，兩國的國界爭端，尤其是關係到暹羅灣的島嶼主權，以及背後所衍生的石油和天然氣問題，依舊讓越、柬兩國的外交談判窒礙難行。古老的史料就像亡靈一般，藉著國際關係的問題重返人間，讓印度支那半島各國以及中國，為了國家利益而大動干戈。

▼絕望——咸宜帝的抵抗

嗣德帝過世後，順化朝廷一時之間陷入群龍無首的狀態，當時朝中的大權主要掌握在兩位攝政——阮文祥和尊室說手上。

阮、尊兩人都是反法派、主張徹底抗戰，完全無視法國已取得的保護權。法國和阮朝訂立的新約把越南分為三個部分：交趾支那為直轄的殖民地，東京地區為半殖民地半保護地，而安南則為保護國。為了掃除東京地區的叛亂勢力，法國政府充分授權身兼統監（Résident-général）和陸軍司令的可爾西（Courcy）前往順化。一八八五年六月，可爾西抵達順化後，立刻要求順化朝廷解除支援叛亂活動的阮文祥的職務。另外，他還要解除宮廷的砲兵隊和武裝力量。接著，他還提出要求，要解散既有的樞密院，改設立以親法官員為主的新樞密院。

可爾西接著更進一步，要求在七月三日前和國王見面。這是法屬印度支那統監第一次來到順化遞交到任國書，並進行謁見的交涉。然而，順化朝廷的回應是把大砲架在城牆上，還補充了砲台的彈藥，並準備好三萬士兵所需的糧食。不只如此，順化朝廷還在數個月前就已經在位於廣治省偏遠地區的甘露[18]築城，以備在緊急事態發生時，可以讓皇室成員進行避難。當然，這些資訊也都在法國的掌握之中。順化王宮、法國公使館以及法軍的駐紮地，被流經順化市區的香河分為南、北兩邊。七月四日晚上，可爾西設宴招待了順化朝廷的官員們。

五日凌晨一點左右，越南軍對駐紮在南岸的法軍和公使館發動攻擊。順化朝廷讓前一天中午才剛從監獄裡釋放出來的犯人們手持火把，在法國的勢力範圍到處放火。接著把配置在城內、為數可觀的大砲對準法國的陣地，密集地進行射擊。但在法軍的嚴防下，越軍還是被擊退了。得知此次襲擊法軍的行動失敗後，尊室說在清晨六點半，帶著皇帝和皇室成員，以及五千名士兵逃出宮殿，法軍也隨之占領了順化。

▼《勤王詔》

咸宜帝和皇后一行人往北逃到金龍村，並在這裡發布了《勤王詔》。《勤王詔》呼籲人民在國家面臨存亡危機時忠於自己的皇帝。據說，《勤王詔》出自尊室說之手。公布《勤王詔》後，越南各地支持帝制的儒生們無不挺身而出，集結起來展開反法行動。

隔天，咸宜帝一行人來到廣治，從這裡又輾轉抵達位於甘露附近的小型要塞新所。皇帝和皇室成員，以及僅剩的一千名護衛士兵在這裡過了三天。一行人本來計畫順著沿岸的道路前進，往北進入東京。但法軍早已搶先他們一步，阻斷了皇帝一行人逃往北方的路線。雖然法國希望咸宜帝一行人返回順化，但這個提案卻遭到尊室說拒絕，最後只有皇后等人回到順化。

此時，法軍已經占領了安南山脈東側的所有地方，於是咸宜帝等人只能改變計畫，從安南山脈西側前往東京。一行人暫時先回到新所，接著越過甘露的隘口，途經寮國，然後抵達和中國國境相鄰的老街。

咸宜帝一行人的處境相當狼狽，當時的記錄中這樣寫道：「局勢愈加惡化，九月分適逢雨季導致河水氾濫，平地也都是積水。而且，因為一行人是從乾燥的地方來到潮濕之處，所以有不少人染上了嚴重的熱病，真是雪上加霜。皇帝的部隊毫無軍威，年幼的君主因染上熱病，只能乘坐鸞籠，其後跟著輿六具、馬十匹、大象三頭和五十件貨物，士兵加上官員約為一千人。不幸的是，此時疾病開始在這隊人馬中蔓延開來。當大家都覺得撐不下去時，終於來到了國境邊上的少數民族聚落安東村。就這樣，直到一八八八年十一月一日為止的三年間，年紀尚輕的咸宜帝都生活在廣平的偏遠之地。」

在咸宜帝逃難期間，法國為了掌握他們的行蹤，還公布了懸賞金額。尊室說為了請求中國支援，留下兒子尊室談和尊室詒兄弟在咸宜帝身邊後，就前往中國了。

被懸賞金額打動的芒族隊長光玉，帶著法國的部隊來到咸宜帝的藏身之處，並將其逮捕。當時咸宜帝喊叫：「與其把我交給法國人，還不如殺了我！」尊室詒原本要殺掉法軍將領布蘭傑上校，卻反而遭到射殺。

---

18 此地位於北緯十七度線南側的低緩丘陵地帶，在越南戰爭時，這裡曾是北越軍隊和美國海軍陸戰隊發生過激烈戰鬥的地方。

在法軍抓住咸宜帝之前，可爾西本來已不期待他會回到順化，於是在一八八五年九月十九日，讓二十一歲的阮福昪即位，年號「同慶」。原本擔任咸宜帝攝政的阮文祥則在遭到法國逮捕後被送往西貢，接著在一八八六年二月被送到大溪地，最後在那裡逝世。

咸宜帝被抓回順化後，又被送到西貢，然後搭乘法國軍艦來到阿爾及利亞，並在當地度過餘生。當時，阿爾及利亞盛傳坊間住著「年輕的安南王子」。後來，咸宜帝和一位法國女性結婚並有了子嗣。就這樣以一個越南人的身分，在阿爾及利亞過著平靜的生活。至於尊室說，則是客死於中國廣西。

同慶帝在位僅四年就過世了，繼位的成泰帝阮福昭在位十九年後，將王位禪讓給年僅八歲的維新帝阮福晃。一九一六年，維新帝年僅十六歲。當越南正在招募前往法國、支援第一次世界大戰的義勇軍時，卻在五月三日爆發了義勇軍反抗法軍的事件。牽扯到這件事情的維新帝雖然趁機逃離宮廷，但還是遭到法軍逮捕，最後和父親成泰帝一起被流放到非洲東部的留尼旺島。

繼位的啟定帝阮福晙在位十年後就過世了，於是阮福晪於一九二六年繼承王位，年號「保大」。保大帝是阮朝的末代皇帝，他在一九四五年隨著越南民主共和國的成立而退

越南最後一位皇帝保大帝阮福晪
（圖片來源：維基共享）

位，結束了阮朝一百四十三年的歷史，而越南超過千年的帝制也劃下了句點。

▼潘廷逢的抗爭活動

潘廷逢是一位在法國殖民時代初期，領導越南反法運動、家喻戶曉的傑出人物。

一八四七年，潘廷逢出生於越南中部河靜省的東泰村。他的父親曾擔任順化朝廷的順天郡郡長，但不幸於內戰中過世了。潘廷逢的故鄉自古以來就是知識分子輩出之地，他的大哥成為阮朝的海軍艦長，二哥是教授，三哥則擔任郡長。小時候的潘廷逢雖然沒有顯露出什麼過人之處，但他個性開朗，是個不會說謊、性格正直的孩子。他在二十九歲時通過科舉考試後，隔年在順化的全國考試中獲得了哲學博士（進士）的資格。

一八八三年七月嗣德帝過世後，關於該由誰繼承王位一事，當時在朝中當官的潘廷逢反對阮文祥及尊室說廢除新帝並加以殺害的作法，因而被囚禁在監獄中，後來則被遣回自己的故鄉。但隔年他又被任命為河靜省的地方行政官員。

當咸宜帝逃離順化並躲藏在山區、最後來到廣平時，潘廷逢曾前去謁見。因為尊室說讚許他具有冷靜的頭腦和洞察事物的能力，所以咸宜帝旋即任命潘廷逢為軍事總司令，高舉「勤王」的大旗，率眾展開抵抗法國的軍事行動。「勤王運動」的主旨在反對法國的統治，並且恢復阮朝的統治。

潘廷逢在今天義靜省首府榮市南方的山地要衝之處，也就是南北縱貫鐵路通過的香溪，建立了他的根據地。接著，他在河靜、廣平、義安和清化四省，展開抗法活動。在寫給民眾的一篇文告中，潘廷逢懇切地呼籲越南人民，要為解放受法國人控制的祖國而戰。知識分子受到潘廷逢的號召挺身而出，勤王運動迅速擴散至越南各地。

一八八七年，潘廷逢在前往東京的途中認識了同為河靜省出身的高勝。高勝也是一位優秀的軍事領袖，他在河靜省的山區打造了一處堅固的根據地。他還把向農民徵收來的每一銀圓稅金存起來，等累積到一定數量後，再前往泰國購買兵器和彈藥。高勝一共建立了十五個抗法的基地，每個基地有五百位士兵把守。在越南從事反抗運動的領導者幾乎都是知識分子，他們為各地的武裝勢力建立起聯絡網路，不同的組織在全國各地對法國展開游擊戰。

反抗運動中最困難的部分在於武器和彈藥的調度及補給。當時，一位名為「塔姆」的戰士之女（她父親曾活躍於反法的游擊戰），因為想要投身勤王運動而前來拜訪高勝。塔姆對高勝說：「我在市場上賣木炭的時候，因為被人勸說參加抗法運動，而被法國的情報人員盯上，現在已是性命不保，所以請你讓我加入反抗運動的行列吧！」聽完塔姆的話，高勝喊道：「這傢伙是來找尋我們基地位置的間諜，殺了她！」塔姆平靜地回覆：「我已經為抵抗運動獻身了兩年，但卻無法為接下來的事情貢獻一己之力，就聽你的，我這就去赴死。」聽完塔姆這番話，高勝對她說：「妳真是個有勇氣的人。」於是帶她去見潘廷逢。

這時傳來情報，有三十名順化的法國政府軍出現在潘廷逢的基地附近。塔姆說：「讓我把他們全部抓起來。」於是她讓二十名游擊隊員換上農民的服裝，然後在箱子裡裝滿酒和食物前去兜售。當官兵們酒足飯飽、醉醺醺時，游擊隊士兵順利地逮住了他們。

因為高勝信賴塔姆的機靈，於是把到泰國購買武器和彈藥的任務交給她。塔姆總共去了泰國五次，為基地帶來了四千磅的火藥。然而，採購之行充滿艱險，當塔姆在一次出行失去音訊後，就再也沒有任何關於她的消息了。

▼潘廷逢之死

高勝看到游擊勢力的擴大，認為他們已經成功地讓法國吃足了苦頭，於是向潘廷逢建議，是展開大規模作戰的時候了。雖然潘廷逢以現在仍為時尚早反對這個想法，但仍把這件事交給高勝來處理。一八九三年十一月，高勝集合了一千名精銳士兵，大膽地對義靜省首府榮市發動攻擊。然而，高勝卻中了法國政府軍的圈套而遭到包圍，他在身負重傷的情況下，回到基地後就過世了。高勝過世後，越南中部的抵抗運動也漸漸喪失了力量。

一八九五年七月，法國下定決心要對潘廷逢的根據地發動總攻擊。法軍有先進的槍枝和裝備，穿過叢林地帶一步步逼近游擊隊的基地。然而，就在法軍來到潘廷逢的基地後，才發現他們早已離開當地，撤到叢林的更深處去了。但順化的政府軍占據了山頂的優勢位置，對潘廷逢的部隊進行槍林彈雨般的攻擊。儘管如此，游擊隊的旗幟依然在叢林中隨處可見。入夜之後，游擊隊向政府軍和法軍發動奇襲，造成敵軍慘重的人員傷亡，連法國軍官也有多人陣亡。

但是，竄入山林後，潘廷逢的身邊只剩下一百五十名游擊隊員，他們沒有米糧，只能以芋頭和玉米果腹。十五個游擊基地均已遭到法軍破壞，游擊隊的總人數剩下一千七百人。

此時，森林中的潘廷逢身患痢疾，情況相當危急。冬季的冷風和濕氣也沒放過這些游擊隊員，而壓垮駱駝的最後一根稻草則是飢餓。在被病痛折磨了一個月之後，潘廷逢把部下們叫到枕邊，並對他們說：

「為了保衛祖國，我們已經奮戰了十年。在大家不屈的意志下，我們進行了大幅超越敵軍的作戰行動。雖然大家靠著堅定理念所發動的抵抗外國勢力的戰鬥即將結束，但後世一定會正確地了解我們的行動目的。我以身殉國，這樣的死是不會白費的。」接著，潘廷逢對家人說：「辛苦你們了，我為了自己的信念戰鬥到這一天。在我死後，沒有人攔著你們做什麼，要向法軍投降也可以，我只希望你們此後都能過著和平的生活。」

一八九五年十一月十一日，潘廷逢在叢林裡過世了，享年四十九歲。在他過世後，他的夫人和兩個兒子向法軍投降，回到故鄉後以農民的身分過著平靜的生活；日後，潘廷逢的兒子潘伯玉還曾到中國和日本留學。然而，順化朝廷的官員們在事後不但破壞了潘廷逢的墳墓，還把他的骨灰混合在火藥中。另外，潘廷逢有二十三名部下被判處死刑。

潘廷逢雖然壯志未酬身先死，但他的名字和信念卻深深地影響著越南人，進而成為日後反抗運動主要的原動力。

▼長期戰——黃花探

法國殖民地時代，越南起義軍領袖黃花探於東京三角洲進行為期最長的游擊戰，他是讓法國政府最感到困擾的人物，越南人習慣稱他為「提探」。

提探的養父本來是一位農民，他在安世建立的游擊基地位於河內北邊五十公里處，是東京三角洲地區三大抵抗運動基地之一。提探在二十歲時加入勤王運動，他擴大父親一手建立的基地，使其成為堅固的根據地。提探是一位出色的戰略家，他在各地和受到法軍指揮的順化政府軍作戰，累積了豐富的實戰經驗；他的攻擊不但對政府軍造成打擊，神出鬼沒的行動更令對手摸不著頭緒，因此獲得「安世之虎」的稱號。潘廷逢過世後，黃花探依然在東京一帶繼續從事反抗活動。

提探的活動範圍包含北江、北寧、太原、諒山等地，從東京三角洲的中心地帶一直擴大到中國邊境，並且和身在廣西的尊室說取得聯繫，彼此相互呼應。東京三角洲不但是越南的核心地區，也有許多法國人在此活動。因此，法國認為無論如何都要鎮壓當地的反法活動才行，同時還得提防中國的介入。

法國進行了好幾次掃蕩活動，破壞了不少根據地。在加利埃尼（Gallieni）上校指揮的部隊投入對游擊隊的作戰後，一八九四年一月，他攻下

黃花探終其一生都在率領越南人民抵抗法國殖民勢力（圖片來源：維基共享）

了牢固的友芮據點。雖然當時的友芮已是空殼，但被法軍占領後，仍能對提探的根據地安世造成威脅。

黃花探曾接受法國暫時停火的提議。在他願意保障東京地區法國人的安全為前提下，法國也承認他是安世地區的領主，管轄二十二個村、兩千六百位居民。然而，法國和軍方均在心中認為，終究要將反法的游擊勢力斬草除根。提探則認為暫時的休兵能為建立堅固的防禦提供必要的時間，他還打算在得到潛伏於政府軍中的同伴協助後，繼續和法軍對峙下去。一八九四年三月，加利埃尼前往中國，要求中國配合法國阻止在中、越邊境的游擊活動，並希望藉此阻斷游擊勢力的退路。一八九五年，法國單方面宣布撕毀停戰協定，對安世發動攻擊。然而，在提探的領導下，法軍最後仍然鎩羽而歸。一八九七年，法國再度進攻安世，這才奪下了黃花探的根據地。

儘管如此，反抗活動依然持續進行著。一九〇五年之後，反法的「勤王運動」發展為「革命光復會運動」（透過革命恢復越南獨立的運動）。黃花探在獲得一批新式武器和新的支持者後，著手展開下一個階段的反法活動。

一九〇八年六月，提探預計策動一次攻擊河內中心地帶的計畫。按照他的計畫，在攻擊法軍的軍營後，接著炸毀杜美橋（今天的龍邊橋），然後再襲擊中央車站和中央郵局。然而，在執行這個計畫之前，法國當局就已經掌握了情報。五十八位提探的幹部遭求處重刑，十八人被判死刑。一九〇九年，法國政府在安世處決了四十四位游擊隊員後，總算才平定了這次的事件。至此，黃花探的反法抗爭活動也才算結束。

雖然法國公布賞金緝拿黃花探，但他的行蹤卻在世人面前消失。一九〇九年，黃花探的三夫人和他的女兒被政府抓住，但法國人依然無法從她口中問出黃花探的下落。女兒黃氏世（Hoàng Th Thế）後來被法屬印度支那總督帶回法國，在法國長大成人。雖然有一說認為，黃花探是在一九一三年二月十日遭到叛徒暗殺，但關於此事真偽究竟如何，目前仍沒有定論。不過，打著「黃花探」旗號的抗法活動，在越南仍持續到一九一三年為止，乃是千真萬確的事實。

▼北部的抵抗運動

咸宜帝登高一呼，讓抗法活動在越南各地如星火燎原般蔓延開來，著實讓法國備感壓力。環繞北部東京三角洲外圍的是呈馬蹄形的高地和山地，這裡是少數民族的世界，對法軍來說是一個難以控制的地方。咸宜帝身邊的阮光碧，就是負責指揮這些山岳地帶少數民族的首領。

無計可施的法軍曾逮捕阮光碧的母親，藉此要脅他投降。基本上，直到一八八八年年底，法軍仍然無法進入咸宜帝藏身的中、越邊境地區，如老街和義路，或是和寮國相鄰的奠邊府。阮光碧過世後，從一八八九到一八九三年為止，改由泰族的德基烏（De Kieu）和德固（Doc Ngo）兩人領導沱江以及紅河上游一帶的反法活動。

正因如此，法國無法確保從河內到諒山這一段印度支那一號公路的狀況；而位於東北的太原和宣光兩地，也被反法勢力占領而無法靠近；至於和中國接壤的芒街，直到一八八五年為止依然受到游擊勢力的掌控。

從越南北部到中部安南的清化、義安、河靜等地，是反法活動最激烈的地區。在清化，由丁功壯領導的游擊勢力築起了巴亭要塞，雖然乍看之下像一個普通的村莊，但周圍其實有高牆聳立、深壕圍繞。城牆上還安置了數千個裝滿土石的籃子，可以用來阻止敵軍進攻。此外，要塞中有無數陷阱，裡頭布滿了削尖的竹子；還有壕溝以及可以相互連絡用的通道，防禦體制毫不馬虎。

從一八八六年九月到一八八七年一月為止，法軍曾數度進攻巴亭，但總是無法拿下這個地方。最後，法軍動員了兩千五百名士兵，還讓法國天主教會的傳教士負責補給動員，再加上猛烈砲火的掩護，才攻下這座死守了三十五天的要塞。

▼南部——張公定的戰鬥

相較於北部，南部交趾支那地區的反法鬥爭更為激烈。法國以武力把交趾支那收為直轄殖民地後，激起了效忠順化朝廷的南部知識分子們的憤慨。雖然嗣德帝一方面讓潘清簡和法國簽訂條約，但同時也支援南部知識分子的抗法活動。

一八二〇年，張公定生於廣南，他身材高挑、體格結實，精於劍術且善於謀略，在朝廷裡擔任交趾支那防衛軍的司令官。法軍在攻下嘉定（西貢）後，一八六一年二月二十四日，法西聯軍共四千名士兵繼續發動對其和屯要塞的攻勢。雖然在裝備和訓練上，越南政府軍都劣於法西聯軍，但在張公定的帶領下，他們以游擊戰術伏擊了法西聯軍，讓勢如破竹的法軍損失了兩千名士兵。在進入冷兵器的肉搏戰後，雙方的犧牲都很慘重，越軍的總指揮官阮知方負傷，最後其和屯要塞還是失守了。

後來張公定前往位於湄公河三角洲的鵝貢，在那裡把四散的越南士兵集結起來，然後購買新的武器，招募新的志願兵加入陣營。張公定的才能和人品，以及犧牲奉獻的行為，都讓越南人相當感動，因此有大量的民眾支持他的對法作戰。

六月二十六日，法國海軍對鵝貢發動攻擊，在戰艦砲火的支援下完成登陸行動。張公定先是把部隊隱蔽在草叢間，然後用舊式的步槍襲擊法軍。接著，在冷兵器的肉搏戰時，他還讓法軍指揮官身負重傷，相當善戰。隔日凌晨時分，張公定率領六百人偷襲法軍的營地，給予對手重擊，還讓從西貢前來支援的法軍部隊也嚐到苦頭。

然而，法軍憑藉著具優勢的近代武器，依然在十二月平定了鵝貢。不過，順化朝廷還是任命張公定為西部交趾支那的總司令官，並授予他將軍銅牌以資勉勵。在民眾的支持下，張公定繼續招募軍隊，並對成員進行有組織的訓練。另外，他還建構了負責補給任務和情報工作的非戰鬥人員組織，接著宣布成立驅逐外國勢力、保衛祖國的「自衛軍」。後來張公定的軍隊雖然奪回了鵝貢，但當時的順化朝廷已經和法國締結了停戰協定。

張公定向嗣德帝說：「熱愛祖國的越南人，無法成為外國勢力的奴隸。投降即意味著死亡。直到敵人殺掉我的那一天為止，我都會持續和他們奮戰到底，請您原諒我的選擇。」

作為順化朝廷的代表，和法國進行和平談判的潘清簡也和張公定見了面。張公定果斷地對他說：「我的子弟們都是愛國者，不論局勢如何變化，也無法改變他們絕不向敵人投降的決心。」之後張公定和士兵們一起在湄公河三角洲中心一帶發動游擊戰，讓法軍不堪其擾。

一八六三年二月二十六日，法國派遣了一支配備近代武器的特殊部隊攻擊鵝貢，反抗軍在這場戰役中遭受很大的打擊。之後，張公定發表了一篇對越南人民喊話的文章：「我奉上天的旨意，為了實現邊和、嘉定、定祥三省人民的期望，來昂揚越南人民的抵抗精神。為了驅逐敵人，恢復和平，我不惜違反皇上的敕令，繼續作戰下去。我們的戰鬥會一直持續到法國讓我們國家重獲自由的那天為止。」於是，張公定以西貢附近為據點，繼續和法軍作戰。他還從中部地區的朝廷高官和中國商人那邊得到援助，從泰國和香港買進武器彈藥。

九月，當法國的情報機關掌握了張公定司令部據點的位置後，旋即展開大規模的作戰，以猛烈的砲火摧毀該處。這時，張公定的身邊只剩下兩百人。法國捎了一封信給張公定，告訴他：「如果願意有尊嚴地投降，則會給予期望的官位。」但被張公定以「（法軍）如果想談判的話，先把從越南強占的國土還回來再說，只要還有一口氣在，我就已經有和法軍作戰到底的覺悟」而加以拒絕。

此時，張公定的陣營裡出現了叛徒。黃公晉原是抵抗勢力中的幹部，但他因為把用來作戰的款項挪為私用而被張公定究責，進而選擇投降法軍。法軍授予他少校軍階，任命他為來福槍大隊隊長。

一八六四年十月十九日，張公定和三十名同伴一起到前線基地視察。黃昏時分，他們來到鵝貢省賈南村支持者的家裡休息。獲得情報的黃公晉向法軍報告此事，於是在隔日天亮之前，法軍襲擊了張公定所在的那戶人家。雖然抵抗軍奮勇作戰，但張公定最後仍死於法軍的槍口之下，年僅四十四歲。

▼「對解放祖國的熱情，不會消失……」

雖然由張公定領導的反法勢力瓦解了，但他的副手武維楊卻繼承了他的遺志。越南人稱武維楊為「千戶楊」，意思是「有錢的楊」。即使法軍正在舉行大規模的掃蕩工作，但在一八六五年初，武維楊仍把反抗基地設在湄公河三角洲北部的「同塔梅平原」（Dong Thap Muoi），在這塊位於西貢西部和柬埔寨國境相交的地方，舉目所及盡是由泥沼、沼田和蘆葦所構成的平原地帶，所以也被稱作「蘆葦平原」（Plain of Reeds）。在一百年後的越戰時期，這個地方成為北越共產黨南部中央局、北越正規軍和南越解放民族戰線的根據地——祕密基地「D」[19]。

如果一般人進入「蘆葦平原」，馬上會被眼前廣闊的泥沼地搞得暈頭轉向，進而失去方向感。雨季的時候，此處又會成為一片被水覆蓋的汪洋。當地日常的交通工具是小舟，但若是軍事用途則需要登陸艇。越戰時，這裡是美軍和南越政府軍難以靠近的地方；而在一百年前，當武維楊在此建立基地時，法軍同樣很難在此抓捕反抗勢力。每當法軍試圖用登陸艇逼近祕密基地時，游擊隊就會從蘆葦的陰影中冒出來襲擊他們。當時，嗣德帝還下詔，封武維楊為已經被法國占領的交趾支那東部地區的總司令。

一八六六年四月十六日，法軍派了三百名士兵對蘆葦平原中的祕密基地發動奇襲。這場激烈的戰鬥持續了一個星期，最後基地遭到法軍占領，原本有一千兩百多人的反抗勢力，此時只剩下

19 「D」代表東部的意思

三百人。儘管如此，反抗軍還是經常襲擊法軍的基地，讓他們整天提心吊膽。同年年底，武維楊因染上瘧疾而過世了；雖然反抗勢力由武為楊的副手喬接手，但他也在數個月後離開人世；一八六七年年底，武維楊的游擊勢力正式劃下句點。

在瀝架領導反抗活動的阮忠直，最後壯烈成仁。阮忠直率領兩百名同伴組成自衛軍，抵抗法國部隊。嗣德帝曾頒布詔令，封他為河仙省[20]的軍事司令官。阮忠直在交趾支那西部地區的抵抗運動一直讓法軍很傷腦筋。然而，出賣張公定的前同志黃公晉卻誘拐了阮忠直年邁的母親，並威脅阮忠直如果不投降就要殺害他的母親。最後，阮忠直選擇投降，並於一八六八年十月二十七日遭到處決。

定祥省的反抗勢力由阮友勳領導，他是越南南部少數通過科舉考試的進士，因此，也被人稱為「進士勳」。在順化的政府軍敗給法軍後，他召集了一批年輕人組成反抗勢力，在湄公三角洲東部一帶展開反抗法國的游擊戰。一八六三年六月，當基地被法軍攻破後，他在危急之下逃到了位於越柬邊境的朱篤。法國軍官拉格雷（Lagree）率領五百人包圍朱篤，並威脅該省省長：「若不交出阮友勳，就要將朱篤夷為平地。」阮友勳被捕後移送到西貢，然後於一八六四年被流放到留尼旺島。然而，當越南、法國於一八七四年簽訂《第二次西貢條約》後，他又再次回到西貢，並且在經過保護觀察後獲得釋放。

成為自由之身後，阮友勳繼續展開抗法行動，他在西貢周邊進行活躍的游擊活動，但這次，他的基地仍然受到法軍的攻擊而毀壞。被逮捕後，法國用砲艦將他送到西貢，然後將他五花大綁在河岸邊供民眾觀看。一八七五年五月，在他要被處決之前，一位法軍上校問他有沒有遺言要交代，阮友勳平淡地說：「我要是怕死，就不會揭竿起義。你就和我一樣，做自己該做的事情就好了。」在行刑前，阮友勳還留下了一首詩：

> 熱愛國家的人們，他們對解放神聖祖國的熱情不會消失，而且會深深地刻在自己的心裡。雖然我的戰鬥沒有獲得勝利，但懷著對君主的感謝之情，現在要平靜地離開人世了。

在阮友勳被處決後，南越地區大規模的反法運動大致上算是平息了。

▼「拿起刀劍面對軍艦」

越南人的武裝抗法行動會被各個擊破的首要原因，在於法國具有他們難以望其項背的先進武器。法軍能動員砲艦，從艦上發射砲彈摧毀抵抗勢力的基地。在登陸以後，還能使用七十八毫米野戰砲發動猛烈攻勢。面對法國的武器，抵抗勢力只有刀劍和殺傷力微弱的槍枝。

當法國的艦隊載著特殊部隊和海軍陸戰隊往湄公河進軍時，阮忠直的作戰計畫是「拿起刀劍面對軍艦」。一八六一年十二月十一日，法軍的戰艦「希望」（L'Espérance）號為了切斷反抗勢力的補給路線，停泊在流經「蘆葦平原」的瓦姆科河（Vàm Cỏ River）上。下午兩點，當法國士

20 位於越南和柬埔寨國境交界處的重要據點。

兵們正在午休以度過炎熱難耐的午後時，阮忠直看準了這個機會，帶領一百五十人，分乘五艘戎克船來到希望號附近。阮忠直駛向戰艦，在登上舷梯後交出許可證讓法國士兵檢查，但就在這個時候，他用小刀一招擊斃了查看證件的法軍士官。接著，游擊隊員們蜂擁而上，揮舞著手中的白刃，攻擊法國水兵，並奪取了大量的武器，最後在船上裝好兩枚炸彈後離開戰艦。目睹希望號爆炸的僚艦加洛斯號急忙前來救援，但當他們趕到時，游擊隊員們早已不知去向。受到攻擊後，氣急敗壞的法軍襲擊了位於附近的新村（Nhat Tao），他們不但放火燒村，還殺害了三百名村民。攻擊希望號一役打響了阮忠直的名氣，皇帝還下詔讓他擔任新安地區的司令官。但此次「拿起刀劍面對軍艦」的作戰計畫，只是越南游擊隊在對抗法軍時所取得的少數勝利之一，在長期抗戰的過程中，越南的反抗勢力始終不敵法國充沛的後勤資源。

反抗運動另一個致命的問題在於地域局限。反法抗爭的領導人大多出自知識分子階層，他們精熟中國古典，認為權力掌握在帝王手中，而對皇帝盡忠則是自己存在的意義。因此，對法國作戰，其實就是他們對君王的效忠行為。所以，這些知識分子從事的反抗運動，只局限在特定區域而已。

就算是農民出身的領袖，他們的想法也和知識分子一樣，抵抗活動基本上仍局限在特定地區內，例如潘廷逢的活動範圍僅在河靜與義安省一帶；即使是長期抗戰的黃花探，其活動範圍也只限於以安世基地為中心的北部地區。另外，因為抵抗活動經常依賴領導人物而非組織，所以當領導人逝世後，該地區的抵抗活動也就逐漸瓦解了，有時還會發生因為領導人物過於傑出，導致難以建立組織的情形。

最後，抵抗勢力還有一個為人所詬病的地方，就是當反抗軍要進行游擊戰時，法軍一定會對附近的村落進行徹底的破壞，因此，抵抗勢力很難獲得當地居民的支持。雖然領導人物被奉為英雄，但因戰事而犧牲的平民百姓也不少。可以這麼說，十九世紀末發生在越南的武裝抗法運動，最後皆以悲劇收場。

革命事業——潘佩珠

進入二十世紀之後，越南的抵抗運動產生了很大的轉變，比之前變得更加複雜。越南的民族主義者認為若只是推翻法國的殖民統治，並沒有辦法使越南重生並得到發展。事實上，反抗法國統治，反而有可能讓越南古老封建的王朝政治捲土重來。

雖然在法軍近代化的裝備面前，由知識分子率領、抵抗法國的游擊勤王運動並無用武之地，但在抵抗過程中卻催生出了兩個新的行動。

其一是，從對抗法國統治的游擊戰轉變為組織鬥爭，從地區性的抗爭發展為高舉民族獨立大旗的國民鬥爭。我們還可以將這個新的運動劃分為兩個集團：一個是把越南國內的抵抗運動成員集結在一起，繼續從事武裝抗爭；另一個則是期待得到國際社會的奧援，藉此進行武裝抗爭。

其二是，反法抵抗運動逐漸將矛頭指向阮朝。雖然在阮朝的歷代皇帝中，像明命、嗣德、咸宜、成泰和維新等諸帝都是堅定的反法分子，他們無不希望用自己的力量來推翻法國的統治；然而，順化朝廷裡的官員們，卻對越南社會正面臨的殘酷現狀視而不見，反而狐假虎威，利用法屬印度支那總督府的權力，在徵稅或處理土地紛爭等事項上，對鄉民索求賄賂，藉此中飽私囊。和君主制度綁在一起的宮廷官僚、甚至是地方官吏，其深入骨髓的腐敗，讓以農民為首的所有階層都苦於他們的剝削。可以這麼說，法國的殖民支配，其實就是順化朝廷的官員在背後撐腰。

阮朝經常被認為是中國王朝的拷貝版，它還是越南歷代王朝中，最執著於模仿中國統治機構的政權。就算順化朝廷的官員們已身在法國殖民統治的組織之下，他們依然對歐洲文明沒有任何興趣，也不曾有過吸收歐洲近代文明的念頭。就算越南輕易地被法國征服了，他們在意的始終只有自己的地位。法國的統治像一面照妖鏡，讓越南統治階級的腐舊本質暴露無遺。

在反法勢力中，有一派認為應該要先吸收歐洲文明，然後再「以夷制夷」；另一派走的則是建構一個協調雙方的體制。

進入二十世紀之後，中部地區出身的潘佩珠和胡志明躍上歷史舞台，成為反法運動重大的轉捩點。他們兩位都以民族革命為主軸來展開革命運動。一直以來，奉胡志明為領袖的越南共產黨始終堅持「潘佩珠是勤王運動的提倡者，而非革命家」，但近期重新審視歷史，他們也改口說「潘佩珠是推動民族民主革命的優秀領導人物」。

雖然潘、胡二人都出身自中部，彼此也很熟識，但日後卻走上了不同的道路。儘管如此，兩人確實都是越南現代史中的傑出人物。另外，還有一位名叫潘周楨的人物，他傾向和法國採取協調路線，主要著重於越南人的意識改革。而阮太學為了推行穩健的社會改革，進而創立了越南國民黨，卻在總督府的鎮壓下轉為武裝抗爭，最後因行動失敗而遭到處決。

▼獨裁總督——保羅・杜美

一八八七年十月十七日，根據法國總統的命令，印度支那全境交由總督來管理，並且在殖民大臣之下，設立法屬印度支那總督府。法屬印度支那的領土範圍由交趾支那（直轄殖民地）和三個保護國——東京、安南、柬埔寨組成，各地以「邦」來稱呼。一八九三年，寮國保護國也成為法屬印度支那的一部分。從此之後，法屬印度支那便由五個邦所構成。一九〇〇年，法國從中國手中奪得廣州灣，並且將其劃在法屬印度支那總督的管理下。至此，越南的軍事、警察、財政、公共事業、郵政、農業、公共衛生和貿易等所有重要領域的權力，都掌握在法國手中。

關於法國以武力入侵越南的過程，前面的章節已詳加敘述。法國占領南部交趾支那時，仍是由軍方進行統治。然而，因為首任統監——海軍上將查納（Léonard Charner）疏於政事，加上越南官員們的逃亡，以及租稅名簿和公家文件的散逸，都讓治理變得極為困難。

待格蘭迪埃上將掌權後，總算才讓法國的「統治」開始有了樣子。在格蘭迪埃五年的任期內，他完成了徵收租稅、編列預算、擬定公共事業計畫和建立翻譯學校等政績。黎眉是第一位文人出身的文官統監[21]，雖然他召集法國人和越南的名人、儒士等，組成了交趾支那殖民地評議會，但這個評議會其實只是一個隨意進行稅金分配的機構。一八八六年，保羅．伯特（Paul Bert）被任命為安南和東京地區的理事長官，他認為與其採用強硬的同化政策，倒不如讓越南人

保羅．杜美（Paul Doumer），被法國人視為功績卓越的法屬印度支那總督，後來擔任了法蘭西第三共和國的第十四任總統（圖片來源：維基共享）

來替法國做事才是上策。於是，他讓順化朝廷的王權在安南復活，由法國殖民當局進行間接統治。接著，他派遣欽差大臣到東京地區，將安南和東京兩地巧妙地分而治之。雖然伯特的治理方法受到後世研究殖民地時代的學者普遍好評，但真正的情況是，越南官員遭到敵視，保護領逐漸法國化，而且此舉反倒更進一步強化了法國對越南的直接統治。

起初，法國設立法屬印度支那總督府的目的，是希望能鎮壓逐漸激化的反法抗爭，但拉尼桑（Lanessan）上位後，卻推翻了伯特的作法，承認順化朝廷對東京的宗主權，而且質疑交趾支那這個直轄殖民地適用法國《民法》的合理性。拉尼桑最為人所知的是他推動的工程建設，他在任內鋪設了三百五十公里的鐵路。此外，他還試圖增加租稅和關稅收入。然而，拉尼桑推動建設的真正目的是，方便法國從事軍事部署，以及更有效率地發展殖民地經濟。因此，法國金融機構為拉尼桑的計畫投入了大量的資金。

一八九七年，保羅．杜美（Paul Doumer）當上總督後，著手推行強硬的同化政策，以及法國本位的殖民地政策。為了治理法屬印度支那，杜美先是編列預算，接著進行增稅。他將人頭稅從零點五銀元（piastre）增加到二點五銀元，土地稅從一銀元上升到一點五銀元。此外，杜美還徵收間接稅，並且在一八九九年剝奪了越南皇帝和柬埔寨國王的權力。原本由順化朝廷徵收的酒類、鴉片和鹽的專賣收益，現在全部改由殖民地總督府接收，順化朝廷也不再提供薪水給官員們。東京的欽差大臣一職遭到廢止，東京和安南改由總督的代理人——理事長官進行直接統治。

21 編注：正式設立總督之前，統監是最高長官。

法軍由法國人、非洲人和其他外籍部隊所組成，但殖民政府在越南各省也成立了越南人的部隊。順化朝廷被指派平定反法運動，這讓越南民族不得不進行自相殘殺的殘酷鬥爭。

總督府會議是總督的諮詢機關，它由：（一）官吏議員[22]、（二）官吏以外的議員[23]所組成，他們在會議中會討論財政問題，決定總督府和各邦的預算，以及承認課稅及徵收的方式。另外，在總督之下，還設有法屬印度支那財政經濟高等會議，該會議由四十名各邦人士（法國人二十二人，其他民族十八人），以及十一位由總督指定的議員（法國六人，其他民族五人）組成，接受總督諮詢關於總督府預算和公共事業計畫的事宜。除此之外，他們還要對財政經濟問題、間接稅、設立租稅、發行公債等事情做出決定。因為能加入這些議會的各民族代表，都是由法國當局精挑細選出來的地主、商業和資本家，以及法國政府中的高級官員，因此他們絕對不會反抗法國，越南人則揶揄他們是所謂的「Yes Man」。

▼推行「國語」

為了強化法國對殖民地的統治，印度支那總督府採用了將漢字羅馬拼音（拉丁）化的政策。其實，早在一八六二年，作為直轄殖民地的交趾支那地區就已經採行羅馬拼音化的「國語」了。當這個政策執行之後，很快就滲透到不同地區的各個階層中。一八九六年，用來選拔官員的科舉考試中，已經有一部分題目是用國語來出題了。而且從一九〇三年起，法文文章也成為學校教育中的必修科目。科舉這個歷史悠久的制度，在東京維持到一九一五年，在安南則持續到一九一六年為止。

法國對越南教育制度的見解如下：「越南把傳統教育的基礎放在學習文字和歷史（中國史）上，因此越南人並不了解自己的事情，也欠缺科學知識的素養，這讓他們無法適應近代生活。因此，在加入法國的教育後，先要廢止過去的考試制度和傳統教育，然後創立新式的法屬印度支那教育制度。」雖然法國在越南設立大學，表面看起來也對教育制度進行了整飭，但如果進一步來看的話，授課內容中主要是在學習法國的東西，而非越南自己的文化和歷史。不過，當時的風氣比較傾向學習歐洲文學，而非研究越南的歷史或語言倒也是事實。整體來看，法國推動殖民地教育的目的，並不是以提高法屬印度支那地區的教育水準為目的，他們對此也不感興趣。

另外，法國在法屬印度支那也開設了許多不同的研究機構，例如巴斯德研究院（Institut Pasteur），就是活躍於研究熱帶風土病領域的重要機構；氣象研究所則透過蒐集氣象觀測的資料，來預報颱風的相關訊息；法屬印度支那海洋研究所的研究領域則在魚類和漁業上。一八九八年，法國政府在西貢成立了法國遠東學院（French School of the Far East），之後將其遷移到河內。這個機構是從事法屬印度支那和遠東地區眾多民族的歷史、風俗、語言、美術和文學，以及和民族文化相關的所有領域的核心研究機構。直到一九六〇年代後半，該機構仍在越南起到它的功能，之後才轉移到巴黎。法國遠東學院在修復、保存吳哥窟遺跡的工作上，發揮了相當大的作用。

22 法屬印度支那駐軍司令官、總務長官、東京及安南的理事長官、交趾支那長官、總督府各局局長。

23 交趾支那選出的法國下議院議員、柬埔寨、寮國和越南的代表，以及由總督仕命的五邦民族代表。

至於地質地理研究所和森林研究所等，則是法國為了從事資源開發所設立的機構。雖然地質地理研究所主要從事印度支那的地質和礦物調查，但其目的是為了開發礦山，而農業研究所則把焦點放在農業和林業的開發上。

▼杜美的苛稅

一九〇二年，杜美把間接稅的徵收權也收為殖民政府所有，他把酒類的生產和販賣，交由法國公司楓丹（Fontaine）做獨家生意。此外，杜美政府還強迫越南人要購買酒類飲料，每個村莊依人口多寡，會分配到不同的消費量；他還禁止越南家庭私自釀酒，一旦被發現違反規定，就會判刑入獄或財產充公，罰則相當嚴厲。楓丹公司投入了三百五十萬法郎的資本，每年獲利達兩至三百萬法郎。一九〇二年，一公升的酒精類飲料只要五到六分錢，但到了一九〇六年，卻漲為二十九分錢，這讓獨占專賣權利的法國企業賺得盆滿缽滿。

酒原本是各個越南家庭自己釀製的，村裡每戶人家都可以自由地釀造濁酒。這項工作通常由家庭主婦來負責，每到逢年過節，村民都會飲用這些私釀酒來大肆慶祝一番。總督府禁止家庭私自釀酒的命令，破壞了越南生活文化的核心，也引來了越南人的激烈不滿。

總督府也把鹽歸為專賣事業。政府從小規模的生產者那裡買入鹽，然後以高價出售。自從杜美於一八九七年把專賣權掌控在殖民政府手中，十年後，鹽價竟漲為原先的五倍，讓越南人民苦不堪言。

除了鹽和酒，鴉片專賣也為殖民政府賺進大把鈔票。從一八九六到九九年，鴉片從一公斤四十五銀元（一法國銀元相當於十法郎）暴漲為七十七銀元。一九〇二年杜美卸任時，鴉片收入較他上任時成長了一倍，來到了一千五百萬法郎。一九〇七年，越南的鴉片吸食者人口約為二十一萬人，這個數字是越南在成為法國殖民地之前、國內鴉片吸食者人口的兩至三倍。

杜美透過酒、鴉片和鹽的專賣，讓總督府的收入從一八九九年的八百萬銀元，成長到一九〇三年的一千零四十萬銀元，接著在一九一一年攀升到一千兩百萬銀元[24]。光從數字就可以得知，總督府有多麼依賴這項專賣制度了。

靠著這些從印度支那地區吸取的民脂民膏，法國的官員和軍隊規模也在一九一〇年達到了五千人之眾，這個數字和在印度的英國官員人數已經不相上下[25]。法國為了維持自身的殖民統治，根本不在乎是否強制執行違反人性的政策。

長期觀察法國殖民地政策的日本政府，對杜美的作法讚譽有加。杜美上任之前，法屬印度支那的預算呈現龐大的赤字。但在調高稅率和徵收間接稅後，一八九八年，法屬印度支那已有盈餘四百萬銀元。杜美決心在越南從事大規模的公共事業，他說服法國政府發行兩億元的公債，鋪設長達一千七百公里的鐵道。

對杜美的好評不僅止於鐵道建設，還有修築運河與港灣。此外，雖然杜美每年拿出一千四百

24 相較之下，總督府在一八九九、一九〇三、一九一一年的年度預算分別為兩千萬銀元、三千兩百萬銀元、四千兩百萬銀元。
25 但也有其他資料顯示，一九〇〇年，只有兩百九十名法國政府人員，和許多出身當地的官員。

萬銀元作為軍事費用，但他還是能創造出每年三千萬法郎的收入，讓殖民地的財政步上軌道。日本的專門調查機構對杜美的評價如下：「在杜美擔任總督的五年裡，大力推行他制定的許多政策，讓原本是法國殖民地後段班的法屬印度支那，翻身成為成績最亮眼的地區。」[26]

▼杜美對越南土地的強取豪奪

杜美在總督任內所引發的最大問題是，他在完全無視越南既有的土地制度下，設定一套法國的土地所有權制度，並套用在從越南皇帝那邊奪來的大片土地。

自古以來，越南就有土地受到王權管理的思想。如果一片土地經過好幾年都無人耕作的話，君主就可以將其收回。但根據習慣，這塊地實際上還是會被認為私有地。

然而，統治交趾支那地區的法國將領們並不了解越南的法律和習慣，於是把暫時無人耕作的土地，擅自分配給法國的殖民者們。一八七四年，交趾支那導入了「自由租地制度」，根據該制度，申請者在接受三年之內會進行耕作並繳稅的條件後，就可以免費承租國有地或者無主地。

當杜美走馬上任時，在東京和安南地區，原本屬於皇帝的土地已經遭到剝奪，如此一來，法國殖民者就可以任意使用這些土地。這種蠻橫的行徑激怒了越南人，全國各地的農民都對法國殖民政府反感，反抗行動愈趨嚴重。

在杜美的政策下，理事長官成為柬埔寨的實際掌權者，皇室財政遭到剝奪，連皇帝都拿不到皇室費用。殖民政府強迫柬埔寨承認法國人的土地所有權，然後獎勵法國人投入農業殖民行動，這些行為讓柬埔寨農民對殖民政府恨之入骨。今天，在柬埔寨湄公河的東岸，廣闊的橡膠農園延伸到地平線的盡頭，其規模是亞洲之最。就算是白天，待在鬱鬱蔥蔥的橡膠樹林裡也會顯得天色昏暗。從前，這裡是由法國的米其林公司利用前述的「自由租地制度」所開發出來的土地。

當北部東京地區的反法武裝鬥爭進入白熱化時，有些村民曾暫時移動到高地去避難，然而，當他們返鄉之後，卻發現原本的土地被法國殖民者給瓜分了。在越南中部的安南地區，還留有不少公有地，這些土地過去曾有一套每隔數年就會進行再分配的制度，然而，後來卻出現了官僚和地主們擅自將這些土地納為己有的情形。

交趾支那地區也出現了大地主。在湄公河三角洲進行的圍墾工程，讓和法國殖民者沾上關係的越南官員們都可以分一杯羹。在一八九七年到一九一三年期間，法國的殖民者和企業得到了四十七萬公頃的土地，其中有三十六萬公頃的土地屬於交趾支那直轄殖民地。

像這樣能在土地分配中占到便宜的，通常都是封建時代的地主階級，以及積極參與殖民地行政業務的官員們。他們在得到土地後成為大地主，土地也就這樣逐漸掌握在少數人的手中。

法國殖民時代的土地集中現象，瓦解了占總人口九成的農民階層。社會上形成握有土地的地主階層，以及連稅金都繳不出來、從自耕農淪落為佃農的人們；完全失去土地的農業勞動者日益增加，農民在殖民地時代的貧困程度更是逐步惡化。農民一年的米消費量，在一九〇〇年為兩百六十二公斤，可是到了一九一三年，卻降至兩百二十六公斤。

26 〈法領印度支那篇〉滿鐵東亞經濟調查局，一九四一年。

和交趾支那的大地主人數相比，沒有土地的農民數量急速增加。在東京和安南地區，農民的土地不是被騙走，就是聽信有人能代為支付稅金，進而把手中的土地交了出去，最後落得藉由幫人耕作少量的土地維生。有些失去土地的農民會到金屬礦山或煤礦坑打零工，賺取微薄的收入。

一九二九年，越南約有二十二萬名勞工。其中五萬三千人在礦山工作，八萬零六百人在種植橡膠樹的大型農園裡勞動。越南勞工因素質高而受到好評，他們也會到柬埔寨、寮國、新喀里多尼亞等法國其他的殖民地工作。然而，由於長時間勞動，加上營養不足，許多勞工因此染上瘧疾而身亡。在這種惡劣的強制勞動環境中，除了越南勞工，中國裔勞工也在大型農園裡工作。雙方為了爭取更好的待遇而攜手建立組織，或是祕密結社。這些組織後來成為在法屬印度支那地區組成共產主義團體的原動力。

法國為了確保法屬印度支那地區的經濟發展、資源開發和產出物資的流通，持續推進當地的開發。杜美在擔任總督時提出了一個宏大的公共計畫事業，提升了越南在法國殖民時期的建設速度。當然，杜美只是為了從殖民經濟的發展中得到好處，絕非為了提升印度支那各地人民的生活水平。尤其是在柬埔寨，當地所有的物資都被送到金邊，然後集中運送到西貢，最後再由法國資本的貿易公司把這些貨品賣到法國本土或其他國家。

在交通建設方面，法國除了整修舊有的道路、鋪設柏油路面外，也建設新的道路，讓都市和重要的地區之間能夠以汽車相互往來。到了一九三六年年底，法屬印度支那的道路總長已來到三萬五千八百三十公里，其中有一萬八千四百一十九公里屬於柏油路面；在這當中有七千九百九十九公里，其路況在一年的大部分時間中，足以讓汽車暢行無阻。一九三六年，法屬印度支那縱貫鐵道竣工，鐵路把東京、安南和交趾支那連結在一起，這時，法屬印度支那鐵道的長度已達到兩千九百零八公里。殖民政府也整修了河內、南定、堤岸的河港，以及海防、錦普、鴻基、檳知、峴港、西貢等地的海港，讓外國商船能夠停泊於此。

在印度支那歷任總督中，阿爾貝特・薩羅（Albert Sarraut）採取的是較為尊重民族文化的殖民政策。他除了增加教育預算，也重視其他民族的傳統文化，以及儒家道德。他還在金邊為僧侶設立了師範學校，並大力改善公共衛生。在第一次世界大戰爆發的一九一五年之際，越南派遣了高達十四萬名士兵和勞工前往赴戰。然而，當時的徵兵方式不只飽受爭議，政府還強制要求殖民地人民要為戰爭做捐獻，讓民眾怨聲載道。後來薩羅再次回到越南，並約定好要給予陣亡者的遺族撫恤金。

薩羅之後的總督們，雖然在其任內也曾推動財政、自治、行政改革，以及村落共同體的重建和充實教育等政策，但隨著第一次世界大戰結束後而來的蕭條，讓殖民地的經濟遭受很大的打擊，這使得越南、柬埔寨和寮國等法屬印度支那地區的人民陷入更加艱難的處境。

▼潘佩珠赴日

一八六七年，潘佩珠出生於中部的義安；也就在這年，法國憑武力控制了整個越南南部。潘家是義安地區的古老望族，族中優秀人才輩出。一九〇〇年，潘佩珠通過了科舉的鄉試；青年時期，他親眼見證了北部和南部地區受殖民統治的現況。後來他認識了一些領導反法運動的知識分子，並從他們那裡聽到這樣的話：「救國行動需要得到民眾的支持才行。但如果沒有充足的財源購買武器，那也不可能推翻擁有歐洲近代裝備的殖民勢力。」

一九〇四年四月，潘佩珠在同志阮誠的家中（位於廣南一處丘陵地上），召開了組織革命運動的會議。雖然當時沒有討論出一個正式的組織名稱，但會中大家一致推舉強柢侯爵為會長。強柢繼承了年紀輕輕就過世的阮景的血脈[27]，是不容質疑的皇族直系後裔，因此，很適合由他來擔任復興越南的象徵。

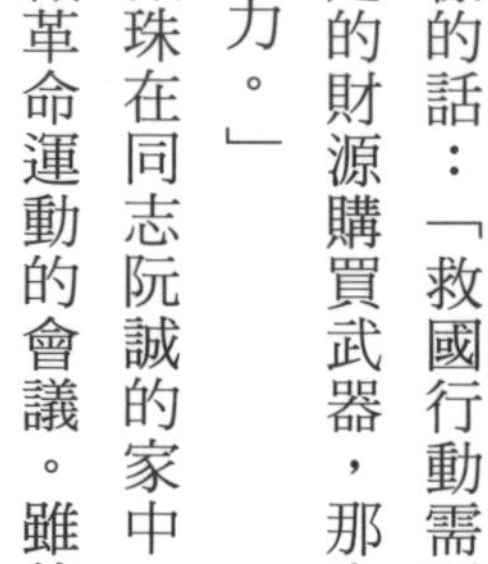

越南民族主義革命家、愛國志士潘佩珠（圖片來源：維基共享）

潘佩珠曾經去探訪在東京地區抗法的黃花探，但黃花探當時因為生病，所以由他的兩個兒子和潘佩珠見面。接著，潘佩珠繼續遊走於各地，拜訪認同他的革命運動的領導人物，加深彼此的友誼。不久後，這項運動便獲得了「維新會」的稱號。

一九〇四年，潘佩珠開始毫不避諱地抨擊順化朝廷：

「像家父長制度這種古老的傳統以及舊式的教育，已經無法應付當今的社會，更不可能為解放民族的大業，帶來捨身奉獻的理念。國民的心靈和精神狀態，也必須隨著新的時代而做改變才行。我們要創造新的傳統，接受符合新時代的教育。」

此番呼籲獲得了社會上極大的反響，救國志士們紛表贊同。潘佩珠也因此結識了潘周楨和陳季治，對他來說是更大的收穫。

一九〇四年，維新會做出決議：「抵抗運動的終極目標是發動起義，以武力驅逐法國勢力。為了達成這個目標，需要借助國外的力量，因為只用越南境內的武器，無法戰勝法國。」於是潘佩珠作為強槭的代理人，成為海外工作的負責人。

十二月，潘佩珠和曾拔虎一起偷渡出境前往中國；接著，他們在廣東見了阮善述。阮善述曾是勤王運動的領導人物，但行動失敗後就留在了中國。他像是忘年之交一樣，熱烈地迎接潘佩珠。阮善述明白了潘佩珠的想法後，向潘佩珠等人分析了中國和日本對越南的態度，並提出個人意見。阮善述說：

「中國在一八八五年六月九日和法國簽訂了《中法新約》，已經不能再插手越南事務了，因此我們不能寄望中國能在擊敗法國這件事情上有所作為。而且，此時中國的革命志士們也正忙於推翻滿清政權。在我看來，想獲得援助唯一的可能性，就是到日本去，我把正在橫濱發行《新民叢報》的梁啟超介紹給你。到了日本後，你要好好努力，我的志向和對祖國的期待就託付給你了。」

語畢，兩人相擁而泣。

27 阮景是阮朝開創者嘉隆帝的長子，曾被他立為皇太子。

▼「東風一吹，實為大快人心」

潘佩珠把他當時的心境記錄在〈獄中記〉一文中[28]。當時他在廣東被逮捕，身陷囹圄。以下內容節錄自第五章：

第五章　日俄戰爭的結果驚醒夢中人　我代表黨離開祖國來到日本

此時吹起東風一陣，帶來令人雀躍不已的好消息。不用我多費唇舌了，旅順和遼東的砲火聲，已經越過海峽傳入我們的耳畔。日俄戰爭的確在我們的腦中打開了一個全新的世界。在法國入侵之前，我們國家的人民只知道中華；在法國占領越南後，只知道有法國。世界的變遷和風潮，似乎完全沒有得到國民的關心。只有我和同志們長年來一廂情願地四處奔走，豁出性命去喚起大家報仇雪恨的天性。然而，每當談到獨立的具體計畫時，我們仍然會陷入五里迷霧中。之後我踏出國門，來到海外，才有機會重新審視自己的想法，而日俄戰爭的餘波當然也影響了我。

啊！現在回頭來看，當歐美風潮於十九世紀中葉席捲全球時，我們國家雖然栽了跟頭，卻仍在睡夢中，簡直連一隻井底之蛙都不如，成為世界的笑柄，實在可悲之至。世上還有和我們處境相同的國家嗎？在過去的鎖國時代，我們所有的知識都來自於漢學科舉考試的文章中，因此國民自然如同啞巴和盲人。亡國後，法國人把我們當成傻子，推行蒙蔽我們眼界的政策。如果沒有前些日子，從旅順和遼東傳來的砲火聲，我國人民依然只知道有法國，而不了解世界上發生了什麼事。

甲辰年間（明治三十七年，一九〇四年）日俄戰爭爆發以後，這場歐亞競爭和黃白人種的鬥爭，總算是把我們的睡魔給趕跑了。我黨的志士開始向法國復仇，光復越南國的熱情比過去更加熾熱。然而，困擾我們的仍然是武器的問題，為了解決這個最大的難題，必須盡快想出辦法才行。

▼潘佩珠的東遊運動

一九〇五年四月，潘佩珠抵達橫濱後，立刻前去拜訪梁啟超。當時，梁啟超和康有為因一八九八年的戊戌政變[29]被國內的保守勢力驅逐出境，最後落腳橫濱。雖然梁啟超主張的君主立憲和孫文的立場相左，但他仍刊行《新民叢報》，鼓吹中國改革、介紹歐洲思想。

梁啟超熱忱接待了潘佩珠，並在聽完潘佩珠的想法後對他說：

「聽你說來到日本的目的，是為了尋求推翻法國統治、擴大抗爭所需的援助，這一點我深感認同。我也是為了祖國的改革，而持續投入艱難的奮戰中。然而，我必須告訴你，想要倚仗日本政府援助是不可能的事，因為他們不會贊成用武力推翻法國對印度支那的掌控。日本已經和法國締結友好條約，換句話說即是自縛了雙手；不管是哪個黨派上台執政，結果都不會改變。但我還是會介紹日本的友人給你認識。」

---

28 收錄在《越南亡國史及其他》，長岡新次郎、川本邦衛編譯，平凡社，東洋文庫，一九一四年一月。
29 中日甲午戰爭後，康有為、梁啟超和光緒皇帝共同推行的變法改革，最後卻遭到失敗。

梁啟超將大隈重信[30]、犬養毅[31]等人介紹給潘佩珠，他們是清楚國際社會動向、對從亞洲各地流亡到日本的人士具有同理心的政黨政治家。接著，犬養毅又把福島安正[32]、根津一[33]介紹給潘佩珠。

根據潘佩珠的記錄，犬養毅雖然理解他的想法，但也表示：

「我們日本當然想助同洲同種的越南一臂之力，但因為這問題屬於國際關係，所以政府也不得不對現有的局勢加以妥協。而且，因為日俄戰爭才剛結束不久，日本也無暇處理其他事情，所以目前必須先靜待時機。另外，貴國想採取的是君主制還是民主制呢？」

對於犬養毅的詢問，潘佩珠答道：

「目前我們的當務之急是將法國勢力驅逐出去、恢復國家的獨立，至於要走君主制還是民主制，那是另外的問題……不過，從以往的歷史來看，還是走君主制較好吧！」

當他向犬養毅說明強柢擔任會長一事後，犬養毅等人建議強柢最好也能走訪日本一趟。

梁啟超和潘佩珠談話後，也做出以下的建議：

「貴國的獨立計畫，會面對以下三個重要的課題：第一是越南國內的實力，第二是從中國兩廣（廣東、廣西兩省）地區而來的武器支援，第三是來自日本的援助，在這方面主要是以外交為主。然而，最重要的，還是（越南）有沒有足夠的人才。目前的當務之急，應該放在培養人才一事上。唯有足夠可用的人才，才有可能成功地一舉推動變革。」

潘佩珠第一次待在日本的期間，親眼目睹日本在軍事、政治、經濟層面上的近代化；更重要的是，這樣的近代化居然是在不破壞日本傳統文化的情況下實現的，這讓他感到相當震撼。一九〇五年七月，潘佩珠離開日本、悄悄返回越南；一九〇六年一月他再度赴日，並在日本迎接強槭和潘周楨的到來。潘周楨待在日本的期間，也對日本的事物相當感興趣：

「日本和越南的差異真有這麼大嗎？讓祖國獨立的抗爭，其難度超過了我們的能力。儘管如此，我們仍肩負著崇高的使命，這項使命就是去培育有能力建設新社會的青年。」

於是，潘佩珠製作了呼籲越南人留學日本的小冊子並將之送回國內，目的當然是希望有為青

30 憲政本黨總裁。
31 日後成為政友會總裁，在五一五事件中被暗殺。
32 日本情報軍官，曾獨自橫越西伯利亞，在俄羅斯蒐集情報，並於日俄戰爭擔任參謀一職。當時他並不在日本。
33 在上海從事蒐集情報的工作，並於當地設立東亞同文書院，培養出許多學生。

年能在日本學習後，能為越南的獨立運動注入新的活力。潘佩珠的振臂一呼獲得很大的迴響，於是在越南北部，興起了把年輕人送到日本的「東遊運動」。一九〇七到〇八年間，潘佩珠為了接待大批越南青年而忙碌不已，全盛時期曾有超過一百位越南學生在日本求學。

當時，日本東京有一間由陸軍設立、福島安正也參與其間的「振武學校」，這裡接收了很多來自中國的留學生。中國的年輕人在這裡學習，希望回國後能夠為自己的仕途加分。中國留學生總共有數千人之多，讓橫濱和東京一時吹起一陣中國留學風。但在這批學生當中，也出了不少日後抗日運動的領導人物；之所以如此，原因是當時日本社會正沉醉於甲午戰爭的勝利，因此對中國的留學生多有侮辱性的言行。振武學校裡也有越南青年的身影，然而，因為越南留學生是偷渡出國的，因此有不少人會在日常生活中喬裝成中國人的樣子。

關於「東遊運動」的特徵，越南國內有以下的評論：（一）這個運動帶有民主主義和近代資本主義的傾向；（二）其鬥爭方法，主要集中於對越南同胞的宣傳與教育；（三）這項運動一方面主張充實國內民眾知識、發展民眾力量、擴張民權，另一方面也向海外的有力國家請求援助。他們先是倚賴日本，之後則是求助於中國的革命派勢力；（四）試圖團結為數眾多的民族，並達成社會上所有階層的融與團結感；（五）具有國際合作的精神；（六）重視民族文化、文學的發展[34]。

越南國內對潘佩珠的呼籲也做出了回應，一九〇七年，「東京義塾」成立。關於此事，陶文習教授指出：

（一）創設東京義塾的目的，在於培養新時代的人才。學校裡的教育方針，除了教授新學和來自歐洲的科學外，也要讓學生繼承越南的傳統文化和民族遺產。

（二）義塾裡使用國語來授課，社會學科的內容有文學、歷史和地理，自然學科有算數和生物。義塾不只是授課和學習，還要為獨立革命運動培育能夠起到積極作用的人才，因此這裡也是養成進步愛國主義青年的場所。

（三）潘周楨認為，想要實現革命就不能缺少能夠領導行動的人物，而把年輕人送到國外留學，是一項重要的工作。這些喝過洋墨水的青年學子，一定可以成為建設國家的棟樑。

「東京義塾」並不只是一間學校而已，它還是越南有史以來的全新嘗試。義塾的經營全靠捐款，除了不向學生收取任何費用，還提供文具用品。學校也組織了教育班、宣傳班和著作班，負責教科書的編輯和出版。除此之外，還會請獨立運動的思想家來學校演講。很明顯地，東京義塾是從福澤諭吉創辦的慶義義塾那邊獲得靈感。越南的其他地方受到東京義塾的啟發，紛紛成立了如梅林義塾、玉川義塾等機構。然而，因為察覺到東京義塾發揮的影響力，法屬印度支那總督府於一九〇八年勒令將它關閉，並且逮捕了阮權等主事者。

▼失望的潘佩珠

東遊運動期間，雖然潘佩珠曾一度回到越南，但受制於法國祕密警察的嚴厲追捕，於是在

34 「東遊、維新運動及東京義塾」，陶文習，越南社會科委員會史學院院長，一九八三年。

一九〇七年二月，他又來到了香港。此時到日本的越南留學生總數也達到了一百人。潘佩珠集結了在香港的越南人，成立了「越南維新會」，接著在海外組成一個臨時政府。一九〇九年，法國政府根據日法友好條約，要求日本政府將越南的留學生全數驅逐出境。響應東遊運動而來到日本求學的越南學生，因為害怕遭到法國警察的逮捕，分別逃到北京、廣西和泰國等地。

潘佩珠對日本政府的舉措感到失望，下定決心推動武裝鬥爭，為了籌集購買武器的資金，他開始四處奔走。此時，越南國內的鎮壓活動也愈加緊迫，就連潘周楨也遭到逮捕，被囚禁在崑崙島上。曾經一起推動東遊運動的同志，像是鄧蔡紳和陳季治等年輕人，都被法國當局判處了死刑。

清帝國在經歷了辛亥革命的巨變後，一九一二年被中華民國取而代之，孫文則成了大總統。知道這件事情後，潘佩珠立刻前往上海向中國國民黨求援，並得到相當正面的回應。許多越南的愛國志士集結到廣東，在當地組成「越南光復會」，並推舉潘佩珠為會長。大會除了發行軍票[35]充作抵抗運動的資金，還制定了組織近代軍隊的方針，然後把大量的宣傳單送回越南國內，強化宣傳活動。但是，越南國內的武裝抗爭，並沒有如他們所願地順利發展起來。

一九一三年，在以河內為首的北部、中部城市裡，陸續發生了土製炸彈攻擊事件。因為法軍相當重視，於是在軍事法庭判處十四人死刑；在這當中，潘佩珠也遭到缺席審判，成為獲判死刑者之一。這一年，中國發生了政變[36]，導致潘佩珠在中國遭到逮捕，在廣州的監獄裡度過了兩年鐵窗生活。袁世凱過世後，中國政府於一九一七年釋放了潘佩珠。此時，越南的抵抗運動因資金不足而陷入了絕境。一九二四年，法屬印度支那總督梅蘭（Merlin）在廣東遭到范鴻泰襲擊，梅蘭本人沒有受到傷害，但范鴻泰卻投河自盡了。之後，范鴻泰的遺體被潘佩珠的中國國民黨友人以革命志士的身分加以厚葬。

▼潘佩珠被捕

對潘佩珠來說，堪稱人生中極為戲劇性的一件事，當屬結識了胡志明。為了和中國國民黨取得聯繫，蘇聯派遣鮑羅廷前往中國，在蘇聯的外交使團中，可以看到胡志明的身影。當時，胡志明使用的假名是「李瑞」，他向鮑羅廷建議，也應該和潘佩珠等越南光復會的成員見個面：

「共產國際成立的目標，是促成『受壓迫普羅大眾的聯合』，支援在殖民地和帝國主義國家中為獨立而戰的人民。越南也應該參加這個運動，來完成獨立的大業。我認為共產國際可以在全世界受壓迫的未開發地區人民中，特別針對越南民眾成立一個『亞洲局越南分部』；透過國際性質的攜手合作，一定可以達成這個目標。」

一九二五年，潘佩珠結束在中國的遊歷後，召開了一場會議，會中就成立「越南分部」一事

35 譯注：戰時發行，用來購買物資的臨時替代貨幣。但因為沒有擔保，所以常常變成「掠奪」的代名詞。

36 編注：即二次革命，由孫文發起的反對袁世凱之武裝抗爭，最終不敵北洋政府而告終。

達成決議。

這項決議的內容包括了：（一）提高人民的愛國情操；（二）對越南國內的抵抗鬥爭提供財政支援。特別是第二點，引發了與會者不少的討論。

當時，潘佩珠身邊有一位名叫林德樹的人，他為了籌得資金而出賣了潘佩珠，把潘佩珠交到法國人手裡，並拿到了賞金。過去一般認為，林德樹的目的是為了得到抗爭所需的經費。雖然潘佩珠被送上法庭，但基於林德樹的觀察，他認為如此一來，可以把法庭變成陳述抗爭運動合法性的場合，進而在國際上掀起輿論，批判法國殘酷的殖民政策。

雖然潘佩珠遭到一起奮鬥過來的同志出賣，實在是一件令人難以置信的事，但越南人普遍相信林德樹和法國的情治單位本來就「關係匪淺」，而且他還清楚掌握了潘佩珠和胡志明的往來接觸。是林德樹把潘佩珠的動靜，洩漏給在法國駐香港領事館工作的一位韋姓越南人。

回頭來看這件事的起因，原來是潘佩珠為了舉辦「共產國際亞洲局越南分部」的成立儀式，而發了一通預告他要回廣東的電報。但是，當他乘著火車抵達上海車站時，法國警察立刻衝進車廂逮捕潘佩珠，並直接把他押上法國的軍艦送回越南，讓他在河內接受審判。然而，法國這種治外法權的行動，侵害了中國的主權，引起中方的強烈不滿，也讓這起逮捕事件引起了各國的關注。

▼「越南國內有政府可言嗎？」

一九二五年十一月二十三日，法國在河內召開軍事法庭，潘佩珠以牽涉八起對法國人的恐怖攻擊為由遭到起訴，而他則主張自己是無罪的，並做出以下陳述：

「越南是一個獨立的國家。法國政府雖然宣稱要讓殖民地的人民文明化，但實際上只是把我國人民當作奴隸對待，越南人完全沒有得到任何好處。越南的統治階層，透過貪汙和鎮壓來消滅人民期望獲得解放的心願。事實上，我們已經不再支持帝制了。檢察官說我企圖發動革命，然後把許多反對法國殖民統治的愛國人士送到刑場，或是直到今天仍把他們關在監獄裡。我是這些人的領導者，我只是為了這群希望獲得自由、民權的人們奮鬥而已。所以，給予越南自由、創建民主政府、並同意越南學生前往海外留學吧！」

法官問潘佩珠：「你是反對法屬印度支那總督府，還是反對越南政府？」潘佩珠明快地回答：「我抗議的對象是法國政府，越南國內有政府可言嗎？」最後，法庭宣告潘佩珠處以無期徒刑。

判決出來後，越南國內外都出現了反對軍事法庭的抗議活動，希望潘佩珠能得到赦免的輿論形成一股浪潮。當新任法屬印度支那總督瓦雷納（Varenne）走進河內的總督府時，他看到青年們搖旗吶喊，並向他喊話：「社會主義者瓦雷納萬歲，請赦免潘佩珠，清除那些殖民地主義者用來壓迫人民的機構！」幾天後，瓦雷納把為潘佩珠辯護的兩位律師請到總督府，並詢問他們的看法。

十二月二十四日，瓦雷納決定赦免潘佩珠，並且立刻釋放他。之後的某一天晚上，瓦雷納在官邸宴請了潘佩珠，他倆相談愉快。瓦雷納還告訴潘佩珠，為他保留了順化政府的教育大臣或法屬印度支那總督府政治顧問的位子，但都被潘佩珠給鄭重婉拒了。隔天早上，潘佩珠一手拄著瓦雷納送給他的拐杖，離開了總督官邸。

之後，潘佩珠被送到順化，住進支援者為他蓋的小屋裡，過著自宅軟禁的生活。雖然潘佩珠似乎恢復了自由之身，但其實一天二十四小時都有法國祕密警察，片刻不離地監視著他。有一次，他收到昔日同志的邀請，要前往越南北部，然而，在前往目的地的國道上，卻看到一面高掛的法國國旗。對方命令潘佩珠的車停下來，並問道：「請問你是潘佩珠先生嗎？」潘佩珠回答：「沒錯。」對方接著說：「我們剛剛收到要攔住你的電報。」潘佩珠說：「這裡是越南。」對方回覆：「沒有討論的餘地，請你返回順化。」潘佩珠回應：「如果我繼續開車呢？」對方說：「那我們就會用槍射擊車子的輪胎」。潘佩珠又問：「如果我搭火車呢？」對方回應：「那我們會命令站長不要把票賣給你。」潘佩珠再問：「如果我飛過去呢？」對方又說：「那我們就逮捕你」。

一九三九年，當第二次世界大戰爆發時，潘佩珠已經躺在病床上了。一九四〇年九月，日軍進駐法屬印度支那，此時已到了日本在亞洲發動戰爭的前夕。雖然不清楚潘佩珠當時的心境如何，但我們也沒有機會知道了。在日本軍進入越南的一個月後，一九四〇年十月二十九日，潘佩珠在順化家中與世長辭。

▼潘周楨抨擊順化政府

和潘佩珠同樣在思考民族革命的潘周楨，主要是以在法國殖民支配下推動改革為目標，因此被認為是一名體制內的改革派。一八七二年，潘周楨出生於中部的廣南，父親是阮朝軍隊裡的高官，母親那邊的家世也相當顯赫。當法軍攻擊順化宮廷時，潘周楨只有十三歲。順化城陷落後，潘周楨的父親因參加了知識分子們發起的抗法活動而犧牲了。

一九〇〇年，潘周楨通過了鄉試，並於隔年通過會試，進入順化朝廷為官。當時的他親眼目睹了國家的腐敗和衰退。同時，他還得知中國正藉由引進歐洲文明，創造出推動國家變革的能量。「越南救得起來嗎？」就在潘周楨思考國家的未來時，他結識了潘佩珠。潘周楨重視國民教育，認為應該探索如何把過去舊式的學習方式，導向吸收科學技術的新方向。於是，他辭去官位，開始到各地宣傳新式教育的普及，以及打破官僚主義的必要性。

一九〇六年，潘周楨東渡日本。他在日本更加堅定了自己的想法，認為想要實現民族解放，必須透過改革和學習歐洲近代文明才行。因此，他相當支持東京義塾的運作。然而，他也認為潘佩珠那種和法國直接硬碰硬的作法，最後必定會以失敗收場。十月十五日，潘周楨寫了一封信給法屬印度支那總督保羅・博（Paul Beau）。信中寫道：

走溫和改革路線的潘周楨（圖片來源：維基共享）

順化政府的道德既頹廢又腐敗，官僚主義從中央蔓延到地方上的每一個角落，民眾苦於官僚們貪贓枉法的行徑，感到身心俱疲。然而，總督府卻容忍順化朝廷的惡行，輕視見多識廣的知識分子。這造成在上位者和被統治的人民彼此疏離，而官僚則看準了雙方之間的裂痕並加以利用，以傲慢的態度壓迫老百姓。總督府讓這些惡人擔任地方官吏，讓他們一有機會就魚肉鄉民。話雖如此，我並沒有要用武力和政府作對的打算，只是想讓越南也能走上近代化的道路。如果總督府願意這麼做的話，想必反對勢力也會改變自己的態度，願意和政府攜手共進。法國和越南之間需要彼此合作才行。

這封信的內容在越南境內廣為流傳，吸引了大眾的注意力。陶文習這般評價潘周楨的革命思想：

（一）他否定了在各地進行的武裝行動，想以改良主義的方式來達成獨立的目標。而首先要做的，是先往法國殖民主義靠攏，推翻封建王朝，散播民主思想。等祖國的經濟和文化發展起來後，再來收拾殖民主義。因此，他並不贊成向外國尋求援助的作法。

（二）潘周楨主張的祖國改革方案，是以促使民眾起身反抗為契機，同時和反對賦役、反稅、改革舊俗和推廣國語學習等運動加以結合。很多地方都發生了要求免稅、減稅的示威遊行，最後甚至演變為武裝鬥爭。例如一九〇八年三月，發生在印度支那總督府前的包圍行動中，和順化的警備人員發生衝突的抗議群體，最後還殺死了法國的官員，就是其中一個具體的案例。

一九〇八年三月十一日，中部的會安發生了反對重稅的暴動，許多民眾在鎮壓時遭到開火射擊。陳季治被認為是活動的煽動者而遭到順化政府逮捕，後來還為此步上斷頭台。潘周楨雖然也遭到逮捕並被宣判死刑，但因為有來自總督府的干涉，最後減為無期徒刑，然後被送往崑崙島的監獄服刑。

法國當局經常調查潘周楨和潘佩珠兩人的差異，甚至乾脆直接詢問潘周楨本人。潘周楨表示：「潘佩珠認為法國不樂見越南的近代化，因此堅信必須借助外國、尤其是日本的力量，來推翻法國的統治。這是我和潘佩珠最大的不同之處。」一九一〇年十二月，依照總督府的建議，法國政府同意釋放潘周楨。

▼「陛下，我在此宣布要和你進行鬥爭」

一九一一年，潘周楨為了尋求與法國合作的可能，與總督科洛布科夫斯基（Klobukowski）一同前往巴黎。他除了在當地一間由越南人經營的照相館打工來維持生計，還結交了許多政治人物，希望能透過說服他們，來改變法國對法屬印度支那的統治政策。一九二二年，由於啟定帝在前往馬賽舉辦的萬國博覽會途中會經過巴黎，於是潘周楨寫了一封給啟定帝的信：

當我國面臨重大危機時，我在世界上不同的國家，親眼目睹了許多變革。從結果來說，我認同民主主義的理念，並逐漸無法忍受獨裁的君主制度。我絕對無法容許國內政治腐敗的狀態，而官員們需要為這種情況負責。我國到現在還沒有建立民主體制，也沒有憲法。然而，陛下卻借助外國的軍隊狐假虎威，維持絕對的君權。下面，我要列出您的七宗罪名：（一）錯誤地頌揚君主制度；（二）讓貴族階層濫用權力；（三）喜歡別人阿諛奉承；（四）沒有節制地使用公有財產；（五）故步自封、守舊如昔；（六）隱藏在權力體系裡的不道德；（七）陛下來巴黎訪問的錯誤決定。孔子和孟子是最受中國人尊敬的聖人，陛下似乎忘了他們說過「民為貴，社稷次之，君為輕」這句話。在這裡，我宣布要和陛下進行鬥爭；今後，不是我身首異處，就是陛下迎來權威倒地的那一刻。

這封信的內容同時刊登在以法文和越南文書寫的報紙上，獲得熱烈的回響。潘周楨認為，法國社會黨執政後，一定會改變對法屬印度支那的統治政策。於是在一九二五年十一月十八日回到西貢。這一年，潘佩珠在上海遭到逮捕，儘管如此，潘周禎還是相信要去構築一個與法國合作的體制，並持續他的活動。當潘周楨聽聞潘佩珠被釋放的消息後，原本想到順化去探望他，但他自己也生了重病，因此無法成行。一九二六年三月二十四日，潘周楨嚥下了人生最後的一口氣。越南南部的知識分子們知道這件事情後，立刻組織了治喪委員會。葬禮當天，西貢聚集了來自越南各地的愛國分子，他們來此和潘周楨做最後的告別。越南從未有這麼多的群眾共同參加一場葬禮。這群人後來在越南南部逐漸發展為示威抗議的隊伍。

之後，當越南與美國爆發激戰之際，峴港出身、擔任南越解放民族戰線發言人的阮氏萍[37]，即為潘周禎的外孫女。阮式萍曾說：「我一路走來始終提醒自己，不要讓先人的名聲蒙羞。」

▼越南國民黨員阮太學的壯烈成仁

一九〇四年十二月一日，阮太學出生於永安省。他的父親是一名農夫，母親則從事棉花買賣的生意。他身高一百八十公分，是一位肩膀厚實的男人。十歲時，阮太學騎著水牛到田裡，遇到一名在反法抗爭中喪命的康姓男子的母親，這位婦人聲淚俱下地對阮太學說：「你能不能把敵人的頭砍下來送給我？」想必這句話對孩子的心理，一定造成了很大的衝擊。

阮太學曾就度於河內的法屬印度支那大學商學系，並對以社會主義推動社會改革頗有興趣。第一次世界大戰結束後，阮太學也曾高舉「法越合作」的口號。一九二六年，他和一些同為知識分子的朋友們共同創立了「南同書社」。以此為基礎，他們編纂了有關歐洲社會改革主張的刊物，並於市面上販售。

雖然法國也有針對出版品的審查制度，但像是這類刊登文章的雜誌，可以先提交後審查，算是相當寬鬆的制度。正因如此，阮太學等人將這些具有政治意圖的出版品付印後，就趕緊讓它流通出去。然而，一九二八年，法屬印度支那總督府嗅出了這些出版品中濃厚的政治訊息，於是下達在出版之前，必須接受審查的義務，這也成為法國在法屬印度支那推動審查制度的首次案例。在這次事件中，阮太學的親友被送到崑崙島監獄服刑，並死於當地。

在贊同南同書社主張的人之中，有些人在法國政府機關裡工作，也有些人在法國人的家庭裡

---

37 她還兼任南越共和臨時革命政府外交部長、越南社會主義共和國副總統等職。

幫傭。他們認為阮太學應該採取非暴力的和平運動方式來獲得自由。然而，現實對阮太學來說很殘酷，他經常被祕密警察懷疑持有炸彈而百般刁難。

一九二七年聖誕節，南同書社的各省代表召開了第一次大會，並於會中成立了「越南國民黨」。這個政黨成立的目的是「為了恢復越南的獨立，必須以武裝革命的方式來推翻法國的支配體制」。阮太學被推舉為中央實行委員會的議長。在越南國民黨的組織中，由中央實行委員會來統籌外交、財政、宣傳、監察、恐怖攻擊和軍事部門。在中央實行委員會之下還有地區委員會，地區委員會之下則有省委員會和分科會（由四個人分別負責財務、組織、情報和宣傳），最底層則是猶如細胞組織的實行委員會（由九個人組成）。換句話說，越南國民黨打從一開始，就是為了反法抵抗運動而生的。

法國對層出不窮的恐怖攻擊感到不勝其擾。一九二九年九月二十一日，北江省一名越南國民黨員的家中因發生炸彈爆炸的事件，而遭到法國情報機關逮捕。這位黨員在嚴刑逼供下，於臨死前把國民黨為了發動省規模等級的武力抗爭，而開始檢查炸彈和武器的事情說了出來，造成越南國民黨員相繼被捕。這一年年底，法國當局在北寧省發現了被藏匿起來的各式土製炸彈。這件事讓越南國民黨遭遇了相當大的危機，雖然他們知道時機尚未成熟，但也只能開始執行各地的起義行動。阮太學寫了〈祖國解放復興宣言〉，讓這篇文章在各省流通。北部如安沛、山西、富壽、北寧、海陽、海防、建和各省，都已做好起義的準備。

一九三〇年二月九日破曉時分，祕密攻擊部隊集結到安沛的法國軍營附近。傍晚，革命部隊已在周邊的森林裡集合完畢。二月十日凌晨一點，總攻擊開始了。戰鬥過程中，有六名法軍軍官遭到殺害，反抗軍還奪取了武器和彈藥，然後升起紅、黃兩色的革命旗。接著，攻擊部隊把目標轉向位於山丘上的主要兵營，然後在上午五點控制了那個地方。然而，因為部隊無法長期壓制這個據點，於是在受到巨大損失後，又撤到附近的森林裡。隔天雖然也發生了兵營遭到攻擊的事件，但這場軍事行動仍以失敗告終，領導者在被捕後死亡。法軍開始進行搜索工作，查獲了大量的武器。儘管阮太學逃過一劫，但黨員們接二連三落到法國祕密警察的手裡。不成熟的戰鬥技術和數量不足的武器彈藥，使這次行動陷入絕望。二月二十日，阮太學在海陽遭盤問時雖然想趁機逃脫，卻因腳遭到槍擊而被逮住。

之後，法國當局在安沛召開了針對越南國民黨的軍事法庭，庭上幾乎所有的黨員都保持緘默，因為他們都已經抱著必死的決心。阮太學的妻子阮氏江對於法國人的提問沒有回答，只是笑著對他們說：「請你們先回法國，然後把聖女貞德的銅像推倒後，我們再來談。」一九三〇年三月二十八日，軍事法庭判處阮太學等四十人死刑，五十人流放到崑崙島服無期徒刑，三十四人終身服重勞動刑。在七萬名越南國民黨北部黨員中，有三千人喪命於這次的事件。

在獄中期間，阮太學寫了一封給法國議會和法屬印度支那總督的信，信中說這次事情的責任在他，請不要把罪名加在那些沒有關係的人身上。另外，他還呼籲法國應該立刻停止不人道的政策，法國當局不應該壓迫越南人，而是當越南人的朋友，讓越南重拾自由、人權，以及新聞報導的空間。最後，他還期待當局能解僱那些貪贓枉法的官員們。

六月十六日，阮太學和另外十二名幹部被送到安沛的刑場，當他從牢房中被帶出去時，他對夥伴們說道：「現在我要去赴死了，獨立的旗子需要用血來染紅。自由的花，需要用我們這些愛國者的血來灌溉才會綻放。我們祖國的名字，接下來還須藉由更多愛國者的犧牲，繼續書寫下去。最後，革命會以勝利告終。」

在前往刑場的途中，越南籍的教士問他：「你讓那麼多人死於革命活動，難道沒有要反省的地方嗎？」阮太學平靜地回答：「對於我們採取的行動，有什麼好感到後悔的呢？雖然我們是鬥爭下的敗者，但絕不是罪犯。」接著，他用法語簡短地說：「為國家犧牲，是最純粹的事情，是讓人羨慕之事。」

在刑場上的阮太學依然保持著尊嚴，他拒絕喝水，直到死前還大聲呼喊：「越南萬歲！」阮太學是這次被處決的十三人中的最後一位。臨行前，他環顧四周並露出笑容，直到被斷頭台奪走性命之前，他仍在高喊：「越南萬歲！」

獨立建國——胡志明

▼阮愛國的大團結

胡志明是一個很不可思議的人物，相貌沉穩留著長長的鬍子。他是完成越南獨立的指導者，也是第二次世界大戰後，眾所周知的亞洲卓越政治家。胡志明是越南現代史上最卓越的領導人物，在實現越南獨立之後，越南共產黨仍將「胡志明主義」奉為指導國家的理念。然而，關於胡志明的一生，至今仍有許多不為人知的地方。

一九一一年，胡志明離開越南，當他再次回國時已是一九四一年。在這段長達三〇年、相當於他一半人生的時間裡，他都生活在海外；因此，胡志明並沒有參加早期的抗法運動，相反地，他主要的活動多半是去傳遞共產國際的指示。胡志明曾兩度在中國被捕，他挺過了極度惡劣的牢獄環境並且存活了下來，像一隻浴火重生的鳳凰，成為越南獨立運動的核心人物。在每一個發展獨立運動的關鍵時刻，我們都可以看到胡志明的身影。

胡志明並不是一位獨裁者型的亞洲領導

被視為「越南國父」的胡志明（圖片來源：維基共享）

人，當他擔任領導班子核心時，曾遭到「對法國讓步太多」的批判；越戰期間，他也曾猶豫是否要在越南南部發動武裝鬥爭，以致於遭到武力鬥爭派的逼宮。從這些事情我們可以得知，胡志明認為在追求越南獨立時，讓所有同胞團結一心，是革命不可或缺的一大前提，而他正是一位善於凝聚人心、並為革命創造出良好條件的領袖。在越南結束了漫長的戰爭、完成南北統一進入建設新國家的階段時，社會上所有的領域都開始進行了「革新」[38]。此時，「胡志明思想」又再度躍上舞台，成為矚目的焦點。

一九四五年九月二日，胡志明首次在越南民眾面前亮相。這一天，在位於河內法屬印度支那總督官邸前的廣場上，胡志明站在廣場中央一個像是為了舉辦日本盆舞[39]而搭建的望樓型演講台上，宣布了越南民主共和國的獨立。聚集在廣場上的群眾，莫不對對這位體型消瘦、留著長鬚、態度沉穩的男人留下了深刻印象。一九四五年，當第二次世界大戰即將結束之際，當時的法屬印度支那正逢法國的殖民統治和日本軍駐留重疊的時期；這時，由越南共產黨掌握主導權的「越南獨立同盟」（以下簡稱「越盟」）在北部開始活躍起來。「胡志明」這個名字，也逐漸在河內民眾之間口耳相傳開來。儘管如此，卻沒有人清楚這個男人的底細。

「胡志明」這個名字，是一九四二年他為了潛入中國，偽裝成中國人所使用的化名。這讓人想起過去胡志明在延安時，也曾用過「胡光」作為自己的名稱。然而，在所有的化名中，最受到胡志明青睞且充滿使命感的則是「阮愛國」，這個名字有著「愛國者阮」的含意。

胡志明在國外波瀾萬丈的生活持續了三十年之久，因此有人稱他為「流浪的革命家」。他在巴黎、莫斯科和廣州等地，持續推動、組織抵抗殖民統治的運動，但不論他身在何處，都一貫使用化名度日。目前已知關於他的化名有「李瑞」、「王」、「陳先生」、「汪山爾」、「宋孟祚」、「李諾夫」、「林」、「李嚴」、「老陳」、「涂」、「同文蘇」等。有一說認為，胡志明的化名有十九個，但也有人主張應該是三十二個，此外，還有學者主張應該是七十六個。從一九五一年到胡志明過世的一九六九年為止，他在越南共產黨的機關報《人民》上，用過二十六個筆名來發表文章；然而其中，仍然是以「阮愛國」最為人熟知。

▼前往法國

胡志明是否真的出生於一八九〇年五月十九日，至今仍無法確認。在越南共產黨史上，關於他的出生年月日寫的是「一八九〇年五月十九日」，法國祕密警察手上的資料則有「一八九二年一月二十四日」和「一八九四年」兩種版本。而胡志明第一次入境蘇聯（一九二三年六月十六日）時，護照上的出生日期則為「一八九五年一月十五日」。有人認為，共產黨史之所以會標明「五月十九日」，主要是因為胡志明不喜歡在他生日那天，人們為他舉辦特別的慶祝活動，因此才把自己的生日和越盟成立的日子（一九四一年五月十九日）定為同一天。

胡志明的父親名為阮生色，是個農夫的私生子；他先是在農家幫忙做活，後來娶了當地地主

38 編注：越南學習中國的「改革開放」政策，於一九八六年推出「革新開放」，實施經濟改革。
39 日本盂蘭盆節時，民眾會跳的一種舞蹈，本為一種佛教儀式。

的女兒黃氏鸞，共生了三個兒子，最小的兒子名為阮生恭，也就是日後的胡志明。阮生色是一位認真的讀書人，一八九四年，他通過了省級的科舉考試，接著又於一九〇一年在全國考試中合格。為了紀念這件事，他把阮生恭改名為阮必成。

胡志明出生於義安，這個地方在乾季時非常酷熱，當季風從孟加拉灣吹向印度支那半島的背脊安南山脈時，會引起被稱為「老撾風」的焚風，義安當地深受其擾，嚴重時甚至連水稻都會熱到枯萎。然而，到了雨季，颱風又會襲擊此地，造成河川發生氾濫，引發大洪水，沖走居民的財產。乾旱和洪水重複發生，讓人感受到這是一片無法違逆自然強大威力的艱困土地。

或許正因如此，當人們談到義安時，就不能不提到「反抗」一詞。發起東遊運動的潘佩珠、印度支那共產黨第一任總書記陳富、國民詩人阮攸，皆出身於此地。

法國統治時期，義安農民的生活益發窮困。因為義安鄰近寮國，所以有許多農民被法國當局強迫徵召，參與修築道路的工程。當時還曾流行過這樣一首歌：

「到廣佬去的人啊，別忘了帶上蓆子。它可以用來睡覺，也可以幫你收屍。」

在這種強制的賦役勞動下，蓆子可以用於睡覺，也可以把死者捆起來，然後掩埋。當咸宜帝發出《勤王詔》時，各地都有蜂起響應的武裝勢力，然而，他們最後都敗於法軍和與法國聯手的順化官兵手下。

阮生色雖然通過了得以成為官僚的科舉考試，但他對於處處仰法國人鼻息的順化朝廷，以及法國當局對越南事務的日益干涉感到憤恨不平。於是，他決定不求官職，轉而到私塾去教孩子們讀書，當時他還說過「官員是奴隸的奴隸」這樣的話。雖然阮生色也曾當過郡長，但因為他的作風不被法國人所喜，還曾為此發生過爭執，最後遭到解任。為了躲避法國當局的監視，阮生色曾輾轉於越南各地，最後來到南部的西貢，並在此定居下來。之後他在華僑經營的藥房前，開設了一間代寫處方箋的鋪子維生。因為這份工作的報酬並不多，所以阮生色經常是靠一顆水煮蛋、一碗飯和魚露度過一天。後來，法國警官命令他搬到湄公河三角洲的沙瀝。一九三〇年，他的身體已然弱不禁風，最後在收容他的寺院裡逝世。

阮生色還在當老師時，潘佩珠經常去拜訪他。雖然潘佩珠也曾經向他勸說，希望他響應東遊運動、把阮生恭送往日本，卻被阮生色婉拒了。相較於日本，阮生色似乎對法國比較感興趣。

在父親的推薦下，阮生恭進入順化的名門國立學校就讀。這所學校的程度約在中學左右，學校的教育內容為法語和「讓越南人文明化」的課程。當父親被解除郡長一職後，阮生恭來到位於南部的藩切，在一間附屬於魚露工廠的小學裡教授法語和越南語。

後來，阮生恭來到了西貢，他先是進了培訓海員的訓練學校就讀，但在三個月後就離開了。一九一一年，他以實習廚師的身分搭上了往返於越南和馬賽之間的法國商船，告別了越南。在接下來兩年的船員生活中，他到過地中海和北非的港口，還去了美國，並且造訪了波士頓和紐約，接著又前往英國倫敦。

在這段期間內，阮生恭從事過劃雪、洗盤子、飯店廚房的料理見習生等工作。一九一七年，當第一次世界大戰即將結束時，他移居到法國巴黎。戰爭期間，曾有十萬名越南人被動員參與歐洲戰線。這時，潘周楨等人也在巴黎，正為了集結不斷摸索如何脫離殖民統治的越南人而努力奔走。

▼「讓越南獲得自由……」

一九一九年六月，胡志明以「阮愛國」之名，向巴黎和會提出發表了請願書；這是世人首次認識到這號人物。這篇請願書是他和潘周楨等人討論之後才公布的，標題為「由越南愛國者團體所提出、關於越南人民的要求一覽」。

他所提出的要求有八項，分別是：（一）赦免所有越南政治犯；（二）改革法屬印度支那的法律，讓越南人和法國人受到同等法律基礎的保護，並廢止刑事法庭；（三）讓越南人擁有出版和言論的自由；（四）讓越南人擁有結社和集會的自由；（五）讓越南人能自由遷徙和出國；（六）讓越南人擁有受教育的自由，為地方原住民開設教授技術的職業學校；（七）讓越南人的代表有可以表明自身願望、參與法國國會的機會；（八）廢止強制越南人消費酒類和鴉片、廢止強制勞動和鹽稅。此時，阮愛國已經以越南人的身分參加了法國社會黨，因此這封請願書的內容也同時刊載在社會黨的機關報上。

隨著第一次世界大戰即將進入尾聲，美國總統威爾遜於一九一八年一月，發表為了終結這場戰事所提出的「十四點和平原則」。內容除了「公海上的航行自由、撤除關稅壁壘、縮小軍備、民族自決、建立國際和平機構」外，還提倡「公平地解決殖民地問題」，此舉顯然是為了贏取那些反抗歐洲列強殖民支配的民眾支持。阮愛國等人接受了威爾遜的提議，他們把越南的狀況公諸於世，認為從殖民統治狀態中獲得解放，是越南人當時最適切的要求。然而，耐人尋味的是，在阮愛國的八項要求中，並沒有觸及「越南獨立」的內容。

繼向巴黎和會請願之後，隔年（一九二〇）十二月二十六日，阮愛國以法屬印度支那代表的身分，在法國社會黨第十八次大會（於法國圖爾召開）上發言，使得他在歐洲開始受到矚目。

在請與會者安靜後，這位身形消瘦的亞洲青年開始進行演說：「在法屬印度支那，法國帝國主義者毫不留情地欺壓越南人民。在越南，監獄的數量遠遠超過學校，而且總是人滿為患。法國社會黨有必要採取行動，支持在所有殖民地中，因反抗帝國主義而遭受壓迫的當地居民才對。」阮愛國的言論讓許多在場人士印象深刻。

當胡志明從西貢出發、首次抵達馬賽時，曾因為被法國人稱為「先生」而大吃一驚。那時，他才了解到「原來在本國的法國人和在殖民地的法國人是不一樣的」，但他仍因為這些法國人對殖民地的事情漠不關心，而感到強烈不滿。因此，他藉由把殖民地的真相告訴法國人，冀望法國人能採取停止殖民統治的行動。在這次大會中，法國社會黨分裂了，左派組成共產黨，參加共產國際，而阮愛國也加入了支持他追究殖民地問題的共產黨，成為第一位加入法國共產黨的越南人。關於這件事，胡志明在日後如此解釋：

「我最想知道的就是，究竟哪一個國際才是殖民地人民的靠山。在某次聚會裡，幾位同志們告訴我，答案當然是『第三國際』（共產國際）。他們把《人道報》（L'Humanite）借給我，要我讀刊登在報中、由列寧所寫的〈民族與殖民地問題提綱初稿〉。我反覆讀了好幾次，既感動又興奮，甚至留下了喜悅的淚水，然後確信這就是我們所要的解放之道。讓我對列寧和第三國際產生信心的，首先是愛國心，而不是共產主義。透過一步步的鬥爭，讓我愈來愈相信，只有社會主義和共產主義，才能讓被壓迫的民族和全世界的工人階級，由隸屬的地位中獲得解放。如果你們不去批判殖民主義，且不站在被壓迫的人那一邊，那麼各位口中所高喊的革命，指的又是什麼呢？」[40]

▼「協調者」阮愛國

阮愛國持續在巴黎為國際殖民地聯盟的機關報《賤民》[41]執筆撰文，後來他前往了莫斯科。在一九二四年六月召開的第五次共產國際大會上，阮愛國要求發言，並批評「法國共產黨毫不關心殖民地問題」。

法國政府為了填補在第一次世界大戰期間耗竭的財政支出，決定徹底榨乾殖民地的利益。共產國際派阮愛國到廣州，要他待在時任中國國民黨顧問的鮑羅廷身邊。對於當時的局勢，阮愛國認為「一切時機都還尚未成熟」，因此反對在越南進行恐怖攻擊和罷工等冒險行為，主張應先建立一個強而有力的組織。

順著阮愛國的想法，流亡青年黎鴻峰等人參加了在一九二五年六月成立的「越南青年革命同志會」。這個組織除了發行《青年》這本刊物，還培育出不少革命家。阮愛國強調：

「革命不屬於一部分的人，而是全民共通的課題，勞工和農民則是革命的基礎。建設一個屬於馬列主義者的政黨是絕對必要的。就像若有優秀的掌舵者在船上，航海就能順利進行般，如果黨夠有力的話，革命就會成功。在國際社會上，無產階級和被壓迫的民族必須相互合作。越南的革命和世界的革命是彼此連動的，我們不能等待有誰會前來支援，必須自立自強才行。法國帝國主義是有兩隻觸手的寄生蟲，一隻觸手壓榨法國的勞工階級與本國人民，一隻觸手則壓榨越南與其他殖民地的人民。因此，法國帝國主義是法國人民和殖民地人民共通的敵人。」[42]

後來，阮愛國一度回到莫斯科，接著又前往泰國展開活動。但就在這一期間，越南革命組織的內部發生了分裂。越南青年革命同志會急於組織國內的勞工團體，將全國大會的時間訂在一九二九年五月一日於香港舉行。然而，在大會上，北部的東京代表提議「成立印度支那共產黨」的意見遭到否決，於是，代表在六月十七日返回越南，回國後，旋即在河內宣布成立「印度支那共產黨」。到了十月，越南青年革命同志會交趾支那分部解散，改組為「安南共產黨」。一九三〇年一月，新越革命黨組成了「印度支那共產主義者同盟」。

40 〈讓我走向列寧主義的道路〉，一九六〇年。
41 一九二二年四月創刊。
42 〈革命之路〉，阮愛國，一九二六。

革命力量分裂成三股勢力成了一個大問題。有鑑於此，莫斯科的共產國際下達了整合革命力量的指示。當時，人在泰國的阮愛國被召回香港，接著於一九三〇年二月三日在九龍舉行統一大會。印度支那共產黨和安南共產黨分別派出兩名代表與會，而印度支那共產主義者同盟則無法派出代表參加。

在經過四天的討論後，二月七日，眾人達成了組織「越南共產黨」的共識，並採用阮愛國起草的黨政治綱領和大眾組織規約。關於阮愛國的想法，其重要性在於他把黨的核心命題定位在「越南革命」上，而越南革命是「以無產階級為先驅的布爾喬亞民主革命，要推翻帝國主義和封建主義，然後達成民族獨立，實現土地改革，以完成共產社會的目標」。他把「越南獨立」放在最重要的位置，亦即重視民族主義運動，這一點相當值得關注。這時，越南共產黨已有將近五百位黨員。

然而，就在同一時間，也有反對阮愛國「越南革命」觀點的人士，在莫斯科學習國際共產主義運動的陳富即是其中一位。一九三〇年十月十五日到三十一日，越南共產黨在香港召開了第一屆中央委員會，陳富在會中反對「越南革命」，將黨的路線定位為「印度支那革命」。陳富表示：

「越南、寮國、柬埔寨都屬於印度支那地區，皆屬於法國的殖民地。當下的世界局勢正面臨經濟危機，為了達成市場的重分配，列強都卯足了勁準備下一場戰爭。而對抗帝國主義、資本主義和擁有殖民地國家的鬥爭，也已經日趨強勁。面對這種現狀，印度支那革命將在革命浪潮中扮演起重要的角色。」

「勞工和農民是革命的主力，不須經過高度資本主義的階段，應直接往社會主義邁進；在勞動階級的指導下，結合布爾喬亞民主革命勢力，實現反封建、反帝國主義的獨立目標。」

中央委員會還把黨名改為「印度支那共產黨」，並選出陳富擔任第一任總書記。一九三五年三月二十七日到三十一日，在澳門舉行了印度支那共產黨的第一次全國大會，有十三人作為六百位黨員的代表參與此次會議。然而，因為陳富在一九三一年於西貢被捕，所以總書記改由何輝集擔任。

▼義靜蘇維埃運動

後來，越南國內成立了「義靜蘇維埃」。一九三〇年九月十二日，義安有六千位農民走向榮市。因乾旱而引發的飢荒襲擊了義安一帶，當農民的生活實在無以為繼時，他們開始自主發起組織、召開集會，沒收地主的財產並進行重分配。

此外，透過越南青年革命同志會的活動，在西貢、峴港、義安、河內、海防等地的勞工也不斷地組織化。不只如此，到一九二九年為止，鴻基、美甌坎、汪秘等地的煤礦坑、礦山、大農園、造船廠、製瓶場、紡織工廠、發電廠、水泥工廠、鐵路機車廠、印刷廠和汽車修理廠等，已經結成了一千七百多個工會，並且在一九三〇年後開始展開罷工。

根據越南共產黨史的紀錄，從一九三〇年二月到一九三一年四月為止，在這段期間內反對恐怖攻擊、要求工廠改善環境狀況的罷工、農民遊行以及學生集會等抗爭活動，在越南國內竟高達一千兩百三十六件。從一九三〇年二月到一九三一年十月為止，光是在義安就有四百三十九次抗爭活動，動員人數達到三十四萬人。雖然不清楚這些抗爭行動是否由共產黨領導，或是由農民自己組織起來，但越南共產黨史寫道：「一九三一年，登記在義靜的黨員有兩千零十一人，組織了工人、農民、婦女解放團體和共產主義青年同盟。」

義靜的抗爭運動逐漸往反法和反政府的暴力活動發展。由農民組成的示威團體燒掉郡公所、毀掉公文，還襲擊了政府的監獄，把政治犯放出來。好幾個郡的郡長選擇逃亡，於是這些地方接受了農民所提出的要求。根據共產黨史的記錄，從一九三〇年九月到一九三一年年初，由共產黨率領的農民組織，在農村地區對政治、經濟和生活等方面進行了自主管理，並設有蘇維埃式的權力機構。

接著，義靜蘇維埃處罰了與法國合作的順化朝廷官員和地主，並進行公田重分配、降低地租，然後用地主的米糧來援助飢荒。在教育方面，他們透過推行識字教育，教導人們如何閱讀報紙和書籍，並禁止飲酒和賭博，建構一個當面臨經濟危機時，仍然可以互相扶持的互助體系。

同一時期，在越南北部安沛還有阮太學領導的越南國民黨起義，但最終卻以悲劇性的失敗收場。已經有太多的教訓顯示，時機尚未成熟的起義，往往只會帶來失敗。相較於越南國民黨的起義，雖然義靜蘇維埃也有不少的犧牲者，但透過農民、工人和婦女組織推動的反抗活動，對日後越南國內的反法運動帶來了很大的影響，同時也讓法國總督府對越南人的群眾活動深感威脅。大眾的參與會凝聚成一股巨大的政治壓力，對殖民體制造成威脅。越南人開始確信，相較於一部分的人企圖拿起武器造反，把人民聚集起來是更重要的事。

對此，法國殖民政府祭出力道更大的鎮壓。阮愛國的同伴如范文同[43]和孫德勝[44]等人都被法國當局逮捕，送到崑崙島的監獄，那裡約收容了八白人。另外，還有三百人在崑嵩遭到處決。

一九三三年五月，西貢進行了一場被告人數達一百二十人的審判，結果有八人被判死刑，十九人無期徒刑，七十九人被判五到二十年不等的刑期。阮愛國也曾於一九三一年被榮市的法院宣判死刑，接著，他在六月六日於香港遭到英國警察逮捕，抓他的理由是「此人為蘇聯的間諜，企圖推翻英國對直轄殖民地的統治」。當時，阮愛國患有結核病，一九三三年時甚至還有新聞報導指出，他已因不堪監獄的苛酷而死在獄中。胡志明自己則說：

「英國律師羅士庇（Henry Loseby）為我辯護，經過香港最高法院的裁決，我因為沒有起訴的理由，所以對方的訴狀遭到駁回，但命令我得離開香港才行。然而，如果就這樣離開的話，我肯定會被送到中國去，在那裡被蔣介石的人抓住並押進黑牢，最後死在裡面。因此對於這個決定，羅士庇替我提出抗議，並上訴到倫敦的樞密院。剛好當時我生了病，被送到監獄的醫院治

43 越南戰爭期間擔任北越總理。
44 日後成為北越總統。

療。上訴的結果是，因為我沒有違反英國的法律，所以立刻就被釋放了。雖然羅士庇讓我搭上了開往英國的船，但我在新加坡時被迫下船，接著又被送回香港，然後再度被逮。知道這件事後，羅士庇巧妙地趁祕密警察和（中國）國民黨的爪牙們還搞不清楚狀況時，把我送出香港。」[45]

▼第二次世界大戰爆發

一九三五年三月，印度支那共產黨在澳門召開了第一次大會；緊接著，第七次共產國際大會也於莫斯科登場。阮愛國和當時擔任印度支那共產黨總書記的黎鴻峰一同出席莫斯科的會議；在此次大會上，印度支那共產黨獲得正式承認，得以加盟共產國際。

阮愛國當時提出的主張相當穩健，內容如下：（一）黨認為，現在提出獨立或開設國會等高調的要求，可能會讓越南掉進日本設下的陷阱中。因此，當下對於民主權利、結社、集會、言論自由和共產黨的合法化等訴求，都應該暫時先緩下來；（二）為了達成上述的目標，需要發展民主戰線，並讓（思想）進步的法國人和民族資產階級（布爾喬亞）加入；（三）在面對資產階級時，黨應該要有臨機應變的彈性；（四）透過學習馬列主義，來提高黨幹部和黨員的政治意識[46]。

一時之間，越南的反法行動看似迎來了光明的前景。一九三六年四月，法國人民戰線於大選中取得勝利，萊昂．布魯姆（Léon Blum）內閣於當年六月成立，布魯姆上台後赦免了越南的政治犯，像范文同和南部的領導者陳文朝都獲得釋放。發現局勢改變後，印度支那共產黨於上海召開中央常任委員會，制定新的行動方針。「基本戰略仍維持反帝、反封建，但目前要做的，並不是立刻排除法國帝國主義者的掌控，而是對抗淪為法西斯走狗的殖民地反動勢力。與此同時，我們也要追求民主式的自由、幸福與和平。」由此可以看出，上述內容是和法國人民戰線妥協後的結果。

這次會議催生出包含所有階層的「印度支那反帝人民陣線」，這個組織之後演變為「印度支那統一民主陣線」，接著又進一步改組成「印度支那民主戰線」。一九三七年九月，又召開了兩次黨中央委員會。為了吸收更多的支持者，還成立了「反帝青年聯合」、「勞工協會」、「農民協會」、「農民救濟機構」。另外，像友好協會、相互扶助協會、讀書會、夜間學習會、運動同好會以及音樂團體等活動，也陸續出現。一九三八年，越南甚至還首度舉辦了國際勞動節（May Day），光是河內就有兩萬五千人參加。

然而，到了一九三九年九月，歐洲爆發了第二次世界大戰，所以法國再次對印度支那展開徹底的鎮壓行動。面對這個狀況，范文同和武元甲等人逃往中國。阮愛國原本選擇前往蘇聯生活，但一九三八年八月他又再度前往中國。一九三九年，他在中國共產黨葉劍英將軍的手下擔任政治委員。一九四〇年二月，阮愛國和范文同與武元甲見了面，在那之後，阮愛國開始準備重返越南。歐洲戰線的狀況也牽動著亞洲的戰事，亞洲殖民地因歐洲勢力的壓迫而陷入苦境。

---

45 *North of the 17th Parallel*，Wilfred Burchett，一九五五年。
46 阮愛國，《一九三九年的報告》

▼日軍進駐法屬印度支那

在越南獨立運動史上，日軍進駐法屬印度支那是一個堪稱戲劇性的轉捩點。一九四〇年六月十七日，以貝當[47]為首的法國政府投降德國，隨後成立維琪政權。儘管戴高樂將軍在倫敦的流亡政府仍繼續主張對德作戰，但德國的部隊橫掃法國，甚至逼近多佛海峽（Strait of Dover）。

為了應對歐洲瞬息萬變的局勢，日本的第二次近衛內閣決定盡快結束中國戰事，然後放手處理南方事態。以此為目標，他們在一九四〇年七月二十七日制定了〈應付世界情勢推移的時局處理要綱〉。其中關於法屬印度支那的內容如下：「為期徹底切斷法印（印度支那）對蔣介石政權的援助，應盡快讓法國殖民當局同意為我軍進行補給，讓我軍在當地通行，並得到能使用的機場。此外，還得掌握（日本）帝國所需的資源，在情況需要時，也可以動用武力。」

當時，日軍在中國戰場已到極限，但蔣介石政權仍固守在牢靠的重慶，讓日軍焦頭爛額。英國、印度和美國都在援助蔣介石，法國則利用火車運輸，幫忙把在越南海防上岸的「援蔣物資」，途經雲南送進中國。這些援助物資每個月約有一萬五千噸，其中送往重慶的部分就占了總量的一半。在法國投降德國後，日本立刻脅迫維琪政府必須配合「禁止運送援蔣物資」，並且「在中越邊境派駐監視團」。後來，日本更進一步和法屬印度支那總督府進行交涉，在九月二十三日這一天，讓日本的印度支那派遣軍進駐越南北部。

日本的行徑讓美國、英國、荷蘭以及重慶政府對日的態度漸趨強硬，然而，為了執行南方政策，日本必須掌控法屬印度支那才行。於是，日本以「印度支那共同防衛」為理由，向維琪政府提出了強硬的要求：在一九四一年七月二十八日，讓日本的第二十五軍進駐越南南部。當時，法國在法屬印度支那的軍隊約有九萬人，而日本的第二十一師團則部署在越南、柬埔寨和寮國全境。

就在那時，越南南部出現了和日軍合作的團體「高台教」。該教是創立於一九二一年的新興宗教，具有濃厚的政治色彩。據聞，高台教的創始者是一位政府官員吳明昭，他具有以桌子為媒介，傳達神諭的能力。高台教融合了佛教、道教、儒教和基督教，視一隻眼睛的「天眼」為本尊。該教團以西寧省為中心，據說一度吸引到兩百萬名信徒。然而，高台教也因為吸引了廣大民眾而受到政府打壓，許多人為此殉道。「高台」意為「至上的宮殿」，在該教剛成立時所規定的教義中，即出現了含有「高」「台」這兩個字的文章，文中還出現了「民主、和平、自由」這三個詞彙。由此可以明顯看出，這是一個經過組織、反對法國統治的政治團體。西寧因土地貧瘠而難以發展農業，然而，窮困的農民仍需支付超過負荷的稅金，因此生活難以為繼。一九四〇年，為了抵抗法國，西寧開始出現有組織的武裝勢力。觀察到這一點的日軍開始接近高台教，並與他們合作對付法國。

另外，在湄公河三角洲擁有大批信徒的「和好教」，也站在日本這一邊。和好教的根據地位於越、柬邊境的安江省，一九三六年由黃富楚這位年輕人所創立。許多人相信他有治癒疾病的能力，在湄公河三角洲擁有約五十萬信徒。因黃富楚說過「能拯救我們國家的事物來自東方」，所以他相當歡迎日本軍的到來。黃富楚最後遭到暗殺，有人認為下手的是越盟。在筆者於一九六六

47 編注：亨利·菲利普·貝當（Henri Philippe Pétain），法國政治家、將領，曾擔任法國維琪政府元首。

年走訪該教的據點時，那裡仍有軍隊駐紮，他們可以搭乘登陸艇，在湄公三角洲一帶自由活動。

▼成立越南獨立同盟（越盟）

眼見法屬印度支那的統治力量陷入混亂，印度支那共產黨決定透過軍事行動來建立共和政權。人在越南南部的黎筍[48]等幹部，於一九三九年九月召開黨中央委員會，並在會中強調「民族解放是印度支那革命的根本課題」、「反帝革命和土地革命是布爾喬亞民主革命的核心命題」。接著，他們組成「印度支那反帝統一民族戰線」，並指出「帝國主義之間的戰爭，是我們達成印度支那革命千載難逢的機會，我們必須在時機到來的時候，準備好以暴力奪取政權才行」。而且，他們還決定也在寮國和柬埔寨建立革命基地。緊接著，他們在南部設立軍事最高司令部，並於一九四〇年十一月二十二日在蘆葦平原起事。

然而，法軍以空襲來鎮壓這次行動，不但造成大量游擊隊員死亡，還有六千人被關進收容所。一九四〇年十一月，在北方北寧省的亭榜，印度支那共產黨又召開黨中央委員會，長征[49]、黃國越[50]等人都出席了此次會議，他們在會中制定了「印度支那人民的主要敵人是法國和日本，黨的任務是用武力擊敗這兩股勢力」的方針。

時間來到一九四一年二月八日，這一天，阮愛國回到了越南。自從在西貢搭上前往法國的汽船赴歐後，這是他睽違三十年後再次踏上祖國的土地。阮愛國這次回到越南的目的，是為了直接指導印度支那革命。當時的祕密基地設在北部高平省的紫砂洞（Pac Bo Cave）。此地和中國的廣西壯族自治區相接，紫砂洞正緊臨著中越兩國的國界線。這裡擁有石灰岩的喀斯特台地，林立著宛如壽山石般細長的山，周圍水田廣布著清澈的河流，山上盡是洞窟，且植被茂密。洞窟就是天然的要塞，阮愛國等人就以洞窟作為祕密基地。

一九四一年五月十九日，第八次黨中央委員會在紫砂洞的祕密基地舉行，這一次阮愛國也有與會。此次會議做出了成立救國民族統一戰線「越南獨立同盟」（簡稱為越盟）的決議。委員會分析局勢，認為歐洲的戰爭將會以納粹的敗北結束，而越南如果要脫離法國的殖民統治和日本軍國主義的支配，並以民族解放為目標的話，就需要團結國內所有的階層、政黨和宗教組織，組成一個大範圍的民族戰線才行。此外，還要進一步沒收帝國主義及其追隨者（法國人和順化政府的官員們）的土地，把這些土地分配給貧窮的農民，並且降低土地租賃的費用和農業金融利率，做到公平地分配公田。在「耕者有其田」的口號下，階段性地實現目標。這次會議做出了盡快準備好武裝鬥爭的決定，然後便開始著手增強游擊隊和自衛軍的實力，並且建設游擊基地。

第一次大戰結束後，全球性的經濟不景氣對法屬印度支那造成很大的壓力。一九三〇年代，米和橡膠的外銷價格暴跌，造成南部交趾支那地區的水田耕作面積縮小。在礦、工業領域中，只有電力、水泥和製酒等產業有所成長，但礦山的開採量卻下降，導致許多勞工失業流落街頭。從

48 胡志明於一九六九年去世後，黎筍成為北越最高領導人，日後統一了越南。一九七六年，他成為越南共產黨總書記。
49 一九四一年當選為印度支那共產黨第一書記。他的名字取自中國共產黨於一九二四至三六年期間領導的紅軍長征。
50 日後成為越南祖國戰線議長。

事小規模買賣的商人和地主同樣受到影響，而這也直接反映在越盟的宣傳標語上。越盟的組織幾乎涵蓋了所有的階層，例如農民、工人、青年、婦女、宗教團體、商人和地主等。所有的運動團體都以「救國」為口號，使用紅底金星的旗幟[51]。在這面旗幟下，「救國」是他們共通的語言。貫穿整部越南史、當面臨中國入侵危機時所展開的救國意識，是越南獨立運動不變的中心思想。

越盟把農民置於群眾運動的核心位置。他們從反對法國當局「停止種稻，轉植黃麻」的政令運動開始，到了一九四三年，他們已把反抗運動推廣到各地的村落。而在都市裡，工作重點是爭取知識分子和學生們的支持。

▼首次以「胡志明」之名亮相

一九四二年七月，當阮愛國把名字改為「胡志明」後，他從紫砂洞的祕密基地出發，越過了中越邊境。但就在這時，他被蔣介石的祕密警察給逮捕了。

胡志明這次越境行動的目的是為了和中國共產黨取得聯繫。當時，蔣介石已和毛澤東領導的中國共產黨分道揚鑣，因此他特別關心印度支那共產黨的動向。也正因如此，阮愛國才會用「胡志明」這個中國風格濃厚的名字來潛入中國。

然而，負責聯絡的中國人卻因為沒有身分證明資料而遭到逮捕。雖然胡志明的名片上標示他的身分是記者，但同樣因為沒有身分證明文件而被捕入獄。負責聯絡的中國人最後過世了，而胡志明則被迫走了八十天的路，並且在被囚禁的十四個月裡，換了三十處監獄。儘管他被鎖鏈拴著，脖子上套著項圈，腳上也戴著腳鐐，但他依然堅強地活了下來。當時，胡志明的腳染上風濕，視力衰退，還為發燒所苦。武元甲[52]曾說過下面這段話[53]：

「我們收到了一封內容寫著胡志明被蔣介石的軍隊逮捕，並且已經死在獄中的緊急信件，當大家知道這件事情後都亂了頭緒。接著，我們把這個消息向中央委員會報告，並開始籌劃追悼儀式，由范文同負責寫悼詞。我們打開胡志明旅行用的藤製包包，看看裡頭有沒有什麼能保留下來的遺物。然後，我們決定派人到中國確認這件事，並找到他的埋骨之處。」

「但就在不久之後，從中國寄來一封完全出乎我們預期的信。從信中的內容，我們一看就知道是胡志明寫的。」

信裡說到：「我祝國內的弟兄們都身體健康，同時希望大家都能在行動上繼續努力。我的狀態非常好。」

文章裡還寫了首詩：「白雲圍繞著山峰，山峰擁抱著白雲。大地上的河流，如一面鏡子潔淨無染。當我在西方群峰的頂上，遠眺南方的天空時，回憶起舊友們，心情也為之雀躍。」

「（知道胡志明還活著）我們雖然都很高興，但也感到詫異，不太明白這究竟是怎麼一回

51 即今日越南社會主義共和國的國旗。
52 越南人民軍的創設者兼總司令，被美國《時代》雜誌稱為「紅色拿破崙」。
53 〈武裝鬥爭時代〉，武元甲，越南勞動黨史編纂委員會，收錄於「胡志明」，一九六二年。

事。我也不清楚，到底胡志明死在中國的消息源自哪裡？只知道是位中國國民黨的軍官口述的。我們為了要準確知道這位軍官說話的內容，於是反覆唸出他寫在信中的內容；或許是聯絡人員把中文的『是的，是的』，誤聽為『死了，死了』吧。」

最後，蔣介石仍無法除掉胡志明。為了對越南發揮影響力，中國國民黨找來張發奎將軍組織「越南革命聯盟」，讓持續在中國活動的越南人和中國革命運動家參與這個團體。胡志明在柳州時雖然一直受到中國國民黨的監視，但也被允許加入「越南革命聯盟」，繼續展開自己的活動。胡志明說服了反對中國政府作法的同志，要他們也加入「越南革命聯盟」，然後自己才返回越南。或許，胡志明察覺到，在當時的情況下，越南革命運動還是需要中國作為後盾，所以決定不和中國國民黨作對，並且達成暫時的妥協。

▼胡志明下達「全體起義」的命令

一九四四年十月，大難不死的胡志明回到紫砂洞。在歐洲戰場上，戴高樂將軍明言「法國將重返印度支那」。於是，胡志明在十二月時決定組織武裝宣傳隊，並命令武元甲為總司令。

武元甲這個人個性沉穩，說話又極具魅力，因此在越南人民中的聲望很高；打從年輕時候開始，他就帶著無比的熱情，站在反法運動的最前線指揮。一九一二年，武元甲生於廣平省，從河內大學法律系畢業後，曾經當過學校的歷史老師。雖然他在學習印度支那歷史的過程中，開始對中國產生反感，但在歐洲爆發第二次世界大戰時，他還是前往中國，並在中國認識了阮愛國。一九四一年，武元甲和阮愛國回到越南後，開始建立游擊基地並成立越盟。然而，這也導致武元甲的妻子和妹妹遭到逮捕，最後死於法軍的牢獄中。雖然武元甲以辯才無礙的能力受到胡志明的青睞，進而被延攬入胡志明的麾下，但他和胡志明同為革命第一代成員，並以其熱情和高潔的人格，深得人民的信賴。

越盟的武裝勢力在越南西北部的山區如北山等地建立了游擊基地。北山地區是為控制北部山岳地帶的要衝之地，只要能控制這個地方，河內北方的高地和山地，也就宛如囊中之物。到了一九四三年年底為止，在這一帶的各個地區，到處都可以看見越盟游擊隊的身影。由武元甲率領的越南解放宣傳隊，在一九四四年十二月二十四日到二十五日，更發動了對法國軍事堡壘的武裝攻擊。

▼日軍發動明號作戰

一九四五年三月九日，日本決定對印度支那進行武力壓制，這對越盟來說是一個絕佳的機會，因為這件事會讓法國總督府的統治徹底癱瘓。當時，印度支那的主權雖然在法國手上，但日本以《有關法屬印度支那共同防禦之日法議定書》為基礎，可以在印度支那駐軍。

時序邁入一九四四年之際，日本因美國採用跳島戰術（Island hopping），在太平洋戰線上節節敗退，這讓日本在南方的占領地區，極有可能因美軍的攻擊而被切斷。於是日本設法打造了

「絕對防禦圈」，但隨著塞班島淪陷、緬甸戰線和菲律賓決戰的失利，讓泰國和印度支那兩地成為一定要死守下來的地方。然而在歐洲，當戴高樂為首的流亡政權於倫敦成立後，印度支那這裡的戴高樂派勢力也很強大，從而導致和日本之間的齟齬日趨嚴重。於是，當美軍於一九四五年三月在中國沿岸或印度支那半島大舉登陸的可能性愈來愈高，日本也決定「依據情勢的變化，採用武力來解決印度支那的問題」。

當時印度支那的兵力布署，法軍和外籍部隊約有兩萬人，越南部隊約有七萬人，日軍則少於四萬人。雖然讓．德句（Jean Decou）總督平常待在河內，但日軍以西貢的通訊基地有問題，要他赴西貢一趟，並掌握了讓．德句在二月底會出發的情報。日方決定在讓．德句過來時，發動「明號作戰」（三九政變），行動日期設定在三月九日晚上九點。當天晚上六點，日方請讓．德句出席一場關於稻米供給的會議，並簽署合同。

但在現場，日方卻要求讓．德句「解除法軍的武裝，讓印度支那由日軍管理，並承認印度支那的獨立」，而且還規定答覆的期限只到當天晚上九點為止。然而，因法國陣營的回答有所延遲，晚間八點，駐紮河內的日軍通訊兵誤以為收到了指示發動攻擊的「7．7．7」信號，於是在河內的日軍便開始發動攻勢。既然河內方面已經開戰，第三十八軍司令官土橋勇逸中將也就不等法方回覆，逕自在晚上九點二十一分，發出進行攻擊的「7．7．7」信號。

河內的戰事非常激烈，雙方陣亡的士兵人數頗多；在諒山戰場，日軍也蒙受了很大的損失。到了十日晚間，印度支那的主要城市都已被日軍以武力拿下。之後，法國軍隊解除武裝，讓．德句遭到拘禁。其實，法軍很早就掌握了日軍何時要發動攻擊的情報，但因為情報傳達鬆散，加上政府高層彼此間缺少互信，所以根本沒有戰意可言，當然也就無法抵抗日軍的攻勢。

九日晚上，日軍在順化找到當時坐在車內的保大帝夫婦，並將兩人置於保護下。保大帝於十一日宣布廢棄和法國簽訂的保護條約，並發表安南王國的獨立宣言。在柬埔寨，日軍為了提防諾羅敦．施亞努國王逃亡，於是封鎖了道路，最後在王宮的寺院裡，發現了扮成僧侶躲起來的施亞努。當施亞努知道法國已經投降後，於十三日發表獨立宣言。寮國因交通不便，所以並不相信來到琅勃拉邦王宮的日本使者所說的話，直到日軍進駐該地後才知道時局的變化。隨後，瓦達納（Vatthana）也在四月八日宣布獨立。

然而，這些獨立宣言畢竟是在日軍發動軍事政變後所宣布的，因此不能說是完全獨立。越南在日軍的管理下，於三月底成立了以陳重金為首相的內閣。接著，保大帝將國名改為「越南」。日軍在五月十五日宣布明號作戰結束，公告廢止「人頭稅」，然後對保大帝發出「日軍對於按理應歸越南國的原法屬印度支那殖民地由越南政府收回一事，沒有異議」的通告。於是六月十四日，保大帝對外宣告，由越南政府收回法國的舊領地。

然而，施亞努主張交趾支那在過去是柬埔寨的國土，就這件事和越南僵持不下；但直到日本戰敗為止，柬埔寨都沒能收回交趾支那。

越盟的活動因日本的軍事行動而愈加活躍。法軍中約有五千六百人逃往中國，越盟除了協助這些法軍逃亡外，還請法軍軍官設立士官學校。

然而，禍不單行的是，一九四四年秋天，越南因遭受颱風的襲擊，導致稻米嚴重歉收。當時，越南每年都會從南部交趾支那地區運送二十噸的米糧到北部，但因為受到美軍的空襲，鐵路、道路和橋梁都柔腸寸斷，根本不可能輸送。就算想走海路，在美軍潛水艇不斷將海域變成日本貨輪墓場的情況下，也完全無法運送物資。西貢的發電廠也因為無法取得北部鴻基提供的煤炭而停止運轉，當時甚至還發生過以燒稻殼作為替代方案的情況。因為補給北方的稻米無法送達，造成北方的飢荒更加嚴重。

但這場飢荒也和法國總督府報復日本有關。法國暗中囤下大量稻米，卻不讓其在市面上流通，加上華僑米商眼見有投機生意可做，於是也選擇不釋出稻米，結果讓災情更雪上加霜。最後，情況演變成受到颱風影響較大的北部地區沒有糧食，而影響沒這麼大的地區雖然有米糧，卻也因實施禁運政策，讓物資無法運送出去。結果，有米的地方就是有，沒米的地方就完全沒有，涇渭分明的畫面宛如一幅馬賽克圖像，造成許多越南人民在缺乏食物的情形下死於飢餓中。越盟認為「餓死的人數達到兩百萬人」，而當時身分是河內欽差、但在日後加入越盟的潘繼建則表示「約有四十萬人死亡」。

越盟盡可能地利用當時的情勢，展開反法、反日的宣傳活動。一九四五年七月，他們已經控制了越南北部和中部大部分的地區。胡志明聯繫上法國的讓．桑東尼，針對法屬印度支那領地，試探性提出以下的條件：

「展開以普選為基礎的國會大選，選出的立法機關應作為我國的最高權力機構。法國總督在我們完成獨立之前，可以行使總統權力。需保證我國在五年到十年之內完成獨立。國際聯盟所認可的一切權利，在印度支那都應該獲得保證。礦物資源屬於我國所有，但法國可以享有經濟上的特權，並禁止在越南販售鴉片。」

根據上述的內容可以知道，胡志明在面對法國時，仍有考慮過留在法蘭西聯盟內並達成獨立的可能性。

▼越盟奪權

一九四五年八月六日和九日，美國在廣島和長崎投下原子彈，蘇聯也於八日當天，在無預警的情況下入侵滿洲。十日，在盟國同意維持天皇政體的條件下，日本政府宣布接受《波茲坦宣言》。

胡志明藉由廣播知道這件事情後，立刻展開行動。他認為「對革命事業來說，現在可是千載難逢的機會，我們要準備迎接新的局面了」。從十三日到十五日，位在河內北方新洲的越盟司令部，以胡志明為議長召開印度支那共產黨全國大會，並成立了全國抗戰委員會。接著在十六、十七日，越盟舉辦了召集所有政黨、組織、少數民族代表出席的全國大會，並在會中制定了十大政策，要在盟軍抵達印度支那前，從日本和陳重金政府手上奪權，然後成立自己的政府。於是，在下達以迎接盟軍為目標的全面起義命令之後，他們選出了以胡志明為主席的臨時政府和民族解放中央委員會。

在十大政策中，主要有以下幾項：（一）成立越南民主共和國；（二）強化解放軍；（三）沒收帝國主義及其追隨者的資產，必要時將其國有化；（四）廢除法國和日本強加在越南人民頭上的稅賦，建構正確的財政系統；（五）保障人民的基本權利；（六）公平地分配公田，降低地租和農業金融的貸款利息，延緩償還的期限。

之後，印度支那共產黨和胡志明主席發表了談話：「決定我們祖國命運最關鍵的時刻將要來到，全國的愛國志士，請靠我們的力量，來解放自己的民族吧！」呼籲各地全面展開起義行動。十三日晚間，全國抗戰委員會發布了軍事指令第一號，號召全國人民一同揭竿而起，為爭取獨立而戰。從十四到十八日間，解放軍在民眾群起呼應下，壓制了北部三角洲地帶。接著，民眾的反抗活動更擴散到了中部，以及南部的一部分區域。

八月十五日，日本宣布無條件投降；緊接著在十七日傍晚，原本陳重金政府打算要在河內舉辦集會，但主導權卻被越盟所奪。群眾揮舞著越盟的旗子，從集會場出發，最後演變為一場示威遊行。十九日，越盟召開大會，二十萬名示威群眾占領中央政府各機構，陳重金政府徹底垮台。在順化，越盟革命軍事委員會掌握了權力。二十四日保大帝退位，把權力讓渡給越盟的河內人民委員會。在南部的西貢，到二十五日為止，越盟已經占領了當地重要的行政設施。從二十三日到二十五日，扣除由中國國民黨軍隊所控制的國境地帶外，越盟已經接收了北部諸省的行政機構。從二十五到二十八日為止，他們更進一步掌握了南部各省的權力機構。八月二十五日這一天，胡志明進入河內市。

▼越南《獨立宣言》

一九四五年九月二日，在印度支那總督府前廣場（今日的巴亭廣場）舉辦的獨立紀念儀式國民大會上，胡志明第一次在滿山遍野的民眾面前亮相。他站在簡易搭建起來的四腳望樓上，宣讀了由他本人執筆、名垂青史的越南《獨立宣言》。

胡志明先是引用一七七六年美國《獨立宣言》的內容，指出「人人生而平等，擁有生命權、自由權和追求幸福的權利」，接著他力陳：

一七八九年，法國大革命的《人權和公民權宣言》也提到，所有人生來自由，而且在生存的權利上平等。然而，超過八十年的法國帝國主義，卻濫用了自由、平等、博愛的口號，占領我國的領土，欺壓我國的人民。在政治上，他們從我國人民手中剝奪了所有的民主自由，還把不人道的法律強加在我們頭上。法國當局破壞了我們國家的統一，妨礙我國人民的團結，並在越南的北、中、南部，設置三種不同的政治制度。法國人建立的監獄比學校還多，並且毫無憐憫之情地殺害我國的愛國志士，把我們的革命起義推向一條流淌著鮮血的河中。

一九四〇年秋天，日本法西斯侵略印度支那。當他們要建構一個能和盟軍對抗的新基地時，法國帝國主義立刻就對他們卑躬屈膝，把我國讓給了日本法西斯。從那天起，我國就深受法、日兩國的雙重殘害，人民的處境更加悽慘。結果，從去年年底到今年年初，從廣治省到越南北部，有兩百萬同胞死於飢荒。三月九日，法軍被日本解除武裝，法國殖民主義者不是逃難就是投降。這顯示法國不但沒有能力『保護』我們，還在短短五年之內，兩度把越南賣給了日本。

日本向盟軍投降後，我國人民重新站了起來，奪回自己的國家主權，成立了越南民主共和國。事實上，我們不是由法國手上，而是從日本那裡爭取到獨立的。就這樣，法國人逃了，日本人投降了，保大帝退位了。越南人民花了將近一個世紀，才掙脫了法、日束縛在我們身上的枷鎖，為祖國贏得了獨立。與此同時，我們還掙脫了控制越南長達十個世紀以上的君主制度，然後建立了今天的民主共和國。基於這些理由，臨時政府的成員代表越南全體民眾宣布，從今天起斷絕和法國所有的殖民地關係，廢除法國代替越南簽下的所有國際條約，並廢止法國人從越南以不法方式所得到的一切特權。我們相信，盟軍既已在德黑蘭和舊金山確認過民族自決和平等原則，那麼肯定不會拒絕承認越南獨立。

在此，我們越南民主共和國臨時政府的成員們，要面向世界正式宣告，越南有成為自由獨立國家的權力，事實上也是如此。越南全國民眾為了守護獨立和自由，不惜動員所有物質和精神層面的事物，奉獻出生命和財產。

河內，一九四五年九月二日。總統胡志明。[54]

儘管宣布了《獨立宣言》，但後來法國又回到了印度支那，而越南也在冷戰架構下，先是經歷了反法的獨立戰爭（第一次印度支那戰爭），然後又必須面對抗美的救國戰爭（第二次印度支那戰爭，即越戰）。由胡志明所領導的越南獨立之戰，最後竟然長達三十年之久。

▼胡志明的遺言

胡志明是越南獨立鬥爭的領導者，受到國民的景仰，他於一九六九年九月二日過世，這一天恰好是他面向世界、宣讀越南《獨立宣言》的二十四週年獨立紀念日。雖然當時越南已經戰勝法國並贏得了獨立，但在那之後，因為美國介入而爆發的越南戰爭則更為慘烈；越南想要實現南北統一的完全獨立，似乎仍是遙遙無期。出師未捷身先死的胡志明，為越南人民留下了這段遺言：

「要建立公園來紀念在戰爭中犧牲的人，要培養大家的愛國心。對於受傷的士兵和殉難者的父母妻小，若有生活面臨困難者，地方政府機構應輔導他們走向能夠維持生計的道路，絕不可坐視他們挨餓受凍。」

胡志明建議，當戰爭勝利後，「應免除一年的農業稅」。接著他又說：

「我死後請用火葬，然後把骨灰分為三份，為了北、中、南方的人民，分別埋葬在這三處的丘陵地上。丘陵地上不建石碑、銅像，為了讓到訪的民眾可以在此休息，希望能建成一座簡單、廣闊、堅固、涼爽的建築，最好還能在丘陵地上植樹，讓每位到訪者為了紀念，都能種下一棵樹。日子久了，這裡就會成為一座森林，形成悅人的景色，想必這對農業也會有所幫助。至於管理者，則可以找些年紀大的人來擔任。」

胡志明還在其他的遺書中這樣寫道：

---

54 在胡志明之後，還有有十位官員共同署名。

「或許對抗美國侵略的戰爭還會持續好一陣子，實際上，在這場愛國鬥爭中，我們會經歷更多的困難和犧牲。但不論面對怎麼樣的情況，直到取得全面勝利為止，都必須有和美國侵略者作戰到底的決心。我們的河川、山岳及人民都會留傳下去，等擊敗這些美國佬後，再把我們的祖國建成比現在更美十倍的地方吧！不管橫亙在我們面前的處境有多艱難，我國人民最終一定會取得全面的勝利，讓美國帝國主義捲鋪蓋回家。我們的國家一定會再次完成統一的，北方和南方的同胞們，都會在同一個屋簷下再次團聚。我國經歷兩次可歌可泣的戰爭，擊敗了法國和美國兩大帝國主義國家。我們是能在民族解放運動上做出巨大貢獻，名聲響亮的少數族裔。」

越南戰爭是一場傷亡非常慘重的戰爭。北越有超過一百萬名士兵、南越民族解放陣線十萬、南越的平民則有四十三萬人犧牲；同為越南人的南越政府軍，也有超過十七萬人死於戰場上；至於美軍和其他參戰的外國部隊，則有六萬三千人陣亡。直到今天，在這場戰爭中下落不明的人，據說仍超過三十萬。

一九九一年六月二四至二七日，在越南共產黨第七屆全國大會上，第一次提出了「胡志明思想」一詞。目前，越南共產黨仍是越南「唯一的執政黨」，雖然越南國內也有其他政黨，但早從一九四五年開始，越南共產黨還在北部時就一直都是執政黨。自從一九七六年南北越統一之後，它仍是統治越南全境的獨裁政黨。在《越南社會主義共和國憲法》[55]中，明確地將「胡志明思想」放在序言，成為明確的國家營運方針：

「我們誓言以馬克思、列寧主義和胡志明思想為根本，為實現在朝向社會主義轉換時期的國家建設計劃，越南人民須團結一心，在國家建設上展現自立精神，推動獨立、主權、和平、友好、合作的外交政策，嚴格遵守憲法的規定，藉由努力實踐革新，來達成建設和防衛祖國的偉大成功。」

然而，就像胡志明的遺書所顯示的那樣，他並不是一位會把自己的「思想」放進黨的政治綱領和國家憲法裡的人。當胡志明還在世時，他並沒有說自己是思想家，反而自認為是一位「為人民實現獨立和自由的職業革命家」。

那麼，為何到了二十世紀九〇年代，會出現「胡志明思想」呢？我們可以將「沒有比獨立和自由更尊貴的事物」這句話，看作是胡志明的核心理念，正如他平日經常掛在嘴邊的「比起當奴隸，還不如死了比較好。為了贏得最為重要的獨立和自由，我們要不斷奮鬥」。

對胡志明的思想，越南國內有這樣的看法：「胡志明吸收了馬列主義和孫文思想後，在越南的土地上加以實踐」、「胡志明吸收了佛教、基督教以及馬列主義的優點」、「雖然越南有很多以獨立為目標的革命家，而且每個人都提倡要團結。但只有胡志明能夠統整反抗勢力，加入工農同盟和階級視野，成功實現大團結的目標。也就是說，他透過在越南的民族性中，加入人類共通

55 完成於一九九二年四月一五日，因此又稱為「一九九二憲法」。

的思想，進而完成民族解放的事業」。

看完上述的意見後，我們可以得知，近年「胡志明思想」之所以會被頻繁提到的時空背景，和他在越南獨立戰爭時，追求越南民族的大團結、並竭力使之實現有關，所以才能重新得到正面的評價。雖然越南的軍事力量無法和法國、美國相提並論，而且可以預期到的，一定會有許多人民為了對抗法國、美國而犧牲，但胡志明仍然能在獨立戰爭中團結國民；之所以如此，其根本的力量，或許就是來自胡志明強大的說服力吧！

▼革新政策的發展

「胡志明思想」被頻繁提出的背景，也和「革新」（Đổi mới）政策有關。在越戰結束後[56]，越南先是於一九七八年十二月入侵柬埔寨，接著又於一九七九年二月遭到中國攻擊（中越戰爭）；一九七九年六月，在越南共產黨第六次全國代表大會上，決定執行「從戰時體制往和平體制的轉換」。為了達成經濟自主，決定：（一）實施農地承包；（二）承認私營企業，以增強生產力為目標。除此之外，為了真正發展自主經濟，還要保證企業的自主權[57]，這麼做是為了對作為社會主義經濟基礎的國營企業進行改革，改變戰時的配給制度，並廢止造成國家財政負擔的補助金。

一九八五年六月，革新路線邁出了第一步：（一）解體被官僚主義所支配的中央管理系統；（二）通過廢止補助金制度。一九八六年七月，黎筍總書記過世之後，阮文靈總書記在十二月的第六次黨大會上，宣布了「革新」政策，同時揭示了三大目標：（一）增產食糧食品；（二）擴大生產消費物資；（三）增加出口商品。但革新政策並非只局限於經濟面向，還包括以下這些思維：

「為了重建和發展越南，不能墨守過去的成規，而是要在包含思考方式在內的所有各個領域裡，推動革新」，「為了要創造出新的局勢，需要對黨的思考方式、勞動體制、組織和幹部進行『革新』。這會成為國家緊迫的課題，我們必須和因陳舊保守的思想所導致的停滯奮戰，更必須和教條主義、主觀主義、急性子、墮落、率性而為，以及一直以來因襲固執的事物奮戰」。

革新是越南共產黨面對在長期的戰爭中所陷入的官僚主義，提出的一次大膽挑戰。不只如此，這也是對黎筍總書記領導下，越南共產黨的僵化體質全面性的改革。黎筍在胡志明過世後接掌政權，然後便突然打出「南北社會主義化路線」的旗幟，向蘇聯一面倒，從而否定了胡志明「在中蘇對立間取得平衡」的路線；故此，越南的「革新」，其實也就是回歸胡志明的路線，而為了讓革新路線深入人心，也必須強調它是胡志明的思考方式。

56 一九七三年，北越、南越、越南民族解放陣線和美國於巴黎簽訂和平協約。
57 一九八一年，黨政治局二十六號決議。

▼胡伯伯和越南的「村社會」[58]

越南是一個生產稻米的國家，村落的共同作業以「Làng」[59]（傳統的村落共同體）為基礎，在其上聳立著行政方面的村落機能。「Làng」設有長老會議，雖然在行政上，村落由共產黨統治，但政府也不能忽視長老的意見。傳統村落共同體的精神中心是祭祀祖先的「亭」。「亭」是村中的集會場所，具有村落的核心機能。然而，在胡志明過世、越南完成南北統一後，中部地區已不再重視「亭」原來具有的作用，只是將它當成農村集團合作社放置農機工具的地方，甚至被當作養豬場來使用。北部共產黨勢力較強的地方，則是因為深知「亭」的重要性，所以刻意將之破壞。不過，隨著革新政策的進行，中部地區的「亭」已開始復甦，過去的村落共同體又重新恢復了。

雖然越南是一個社會主義國家，但其社會基礎仍是「村社會」。「村社會」採民主的運作方式，直到今天仍生生不息，或許，我們也可以說越南是一個「村社會」主義國家，社會主義的發展需要建立在「村社會」之上才能成立。

胡志明相當重視「村社會」，當他領導越南和法國、美國作戰時，從越南人民的實際生活中所感受到的一體感，正是來自於「傳統的村落共同體」。因此，胡志明才會這麼珍惜越南人的傳統。「村社會」反映出整部越南史，每個村落都有自己獨特的歷史故事。

越南人民出生於「村社會」，在村落裡生活，然後再交棒給下一個世代，「村社會」是越南歷史的原點。從越南第一次誕生出族長社會開始，在往後的兩千多年裡，「村社會」既是和外敵作戰時的基地，也是創造出文化的地方。

在村落裡，只要到了五十歲就可以被稱為「老」，有資格擔任村落的顧問；到了六十歲時則被稱為「上老」。今天，在越南的村落裡，仍稱呼年長者為「Bác」，以示尊敬。這個習慣也可見於都市中。

越南人稱胡志明為「胡伯伯」（Bác Ho），而不直呼「胡志明」。就連在正式文件上，也會使用「胡伯伯」一詞；甚至是胡志明本人，也稱自己為「胡伯伯」。在越南，伯伯（Bác）這個稱呼，其實是在面對外甥時所用的自稱。雖然有人把「胡伯伯」翻成「胡大叔」，但這是不正確的用法，無法用日語準確地翻譯「Bác」。在越南，人們稱呼年紀略大於自己的男性為「Anh」，但「Anh」並不能翻為「哥」，因為在軍中，士兵們也可以稱官階較高的軍官為「Anh」。不論是「Bác」或「Anh」，都是越南人民對於年紀長於自己的人最基本的敬稱，是充滿親近感的表現。「胡伯伯」就是「胡伯伯」，不多也不少。當越南人說出「胡伯伯」時，充滿著特殊的情懷。這時的胡志明並不是獨立戰爭的「英雄」、「革命家」或「國家主席」，他就是「胡伯伯」。

在越南史上曾出現為救國而捐軀的二徵姊妹，現代則有為獨立事業奉獻一生的「胡伯伯」，想必越南人民是絕對不會忘記這些歷史人物的。在二十一世紀前半葉的今日，越南即將迎來一億人口，而救國與獨立的故事仍會伴隨著這個國家的歷史繼續前行。

---

58 在日文中，「村社會」一詞指的是為了維護傳統秩序，具有排他性的村落組織。壞了村中規矩的人，甚至可能會遭到嚴厲的制裁（村八分）。一般來說，是個帶有貶抑的詞，用來形容封閉或墨守陳規的狀況，故作者在文中加上引號來使用。

59 關於「Lang」，請參考第二章「竹垣之內不受君令」一節。

致謝

越南的人口即將邁入一億大關，他們克服了在越南戰爭中經歷的巨大犧牲，堅持著國家的獨立。從一九八〇年代起，越南的經濟成長充滿活力。在東西冷戰體制崩壞後，隨著亞洲局勢的變動，越南也加入了東南亞國家協會（ASEAN），可以預期在二十一世紀裡，越南肯定會有更長足的發展。

讓越南能夠如此活躍的動力究竟來自哪裡呢？本書的目的，正是希望從該國發展的進程中，挖掘出藏在歷史裡的蛛絲馬跡。然而，想用一本書，以通史的方式來講述漫長的越南歷史並非一件易事。在這層意義下，本書想以「越南人的心靈」這個詮釋角度出發，向各位讀者娓娓道來越南兩千年的歷史。

如果你生活在越南的話，會被告知「越南人的抵抗精神，源自於二徵姊妹」。過去，在小學的倫理課堂上，還會教授阮攸的《金雲翹傳》。另外，陳國峻的故事，也被用來提高人民在面對中國時，所抱有的強烈抵抗意識。上述這些事情，都能讓人強烈地感受到「越南人生活在歷史故事中」，這正是越南社會的寫照。

筆者執筆時參考了相當多關於越南的資料，但因為篇幅有限，只能列出少數的參考文獻，關於這點還請讀者海涵。在市面上，概述越南歷史的書籍仍不多見，雖然目前主要仍是以中國的文獻為基礎，但越南國內的歷史研究正方興未艾。另外，由日本學者所做的越南史研究，其成績在世界上鶴立雞群，這些都是研究不斷積累的成果。如果有讀者想更進一步深究越南歷史的話，除了可以參照日本和越南關於各個時代的研究文獻，還應該加上東南亞史的分析，這樣不但能增加讀史的樂趣，也能獲得更進一步的理解。我無法在這裡附上更多的參考文獻，實屬可惜。

本書所能敘述的時代範圍，從史前時代一直到法國殖民時代的胡志明為止。有關從胡志明時代開始的越南現代史，期待將來能挖掘出更多的新資料。此外，如果筆者的拙著《越南戰爭全史》（岩波書店）能作為各位的參考資料，實屬萬幸。

關於本書的出版，和之前的拙著《朱印船時代的日本人》一樣，都深受中公新書編輯部木村史彥先生的大力協助，在此獻上誠摯的感謝。

一九九七年七月

小倉貞男

潘佩珠	（1867.12.26～1940.10.29）推展反法抵抗運動的革命家。曾推動送越南學生到日本，吸收近代文明知識的東遊運動，但隨後即遭到法國當局禁止。成立越南光復會，持續在海外活動後遭到法國官兵逮捕，其後被軟禁於自家，在失意中過世。
曾拔虎	曾於1904年在平定省組織反法勤王運動，接著在同年和潘佩珠依同前往日本，推動越南青年的海外留學工作。1914年回國後遭到逮捕，最後在順化遭到處決。
強㭿（彊柢）	（1882～1951.4.6）嘉隆帝長男阮景的直系皇族後裔。參加「維新會」後流亡日本，於二戰後過世。
康有為	曾經推動清朝徹底近代化的政治改革，失敗後流亡日本。是自強運動的核心人物，曾和潘佩珠往來。
梁啟超	和康有為一起推動改革運動失敗後，流亡日本。梁啟超發行報紙，討論近代化的議題，曾經對潘佩珠提出建言。
潘周楨	（1872.9.9～1926.3.24）主張推行新式教育，學習歐洲近代主義。抨擊順化政府的封建體制。
陳季治	（1861～1908.6.3）1908年時，因煽動會安反對重稅的暴動而被逮捕，後被判處死刑。
范鴻泰	（～1924）參加反法運動的「心心社」，在廣東謀刺印度支那總督馬蘭失敗後，投河自殺。
阮太學	（1904.12.1～1930.6.16）阮太學原本想走的是緩和的社會改造路線，之後卻轉變為武裝行動。率領越南國民黨在安沛起義失敗後，遭到處決。
胡志明／阮愛國	（1890.5.19～1969.9.2）高舉越南民族解放和獨立的大旗，和法國、日本、美國奮戰不懈的領導人物。身分有法國共產黨員、共產國際工作員。曾為亞洲社會主義的指導者，但後來重視越南民族獨立的路線，改為領導民族民主革命。
陳富	（1904.5.1～1931.9.6）1930年10月，在香港召開的越南共產黨第一次裝央委員會上，將黨名改為「印度支那共產黨」，並被選為第一任總書記。
陳重金	（1887～1953）1945年3月，在日本軍發動政變推翻法國統治後，成為由日本扶持的內閣的總長（首相）。

劉永福	清朝太平天國之亂的殘黨，黑旗軍的首領。1873年時，攻擊了占領河內的法軍。清政府封他為越南東京經略大臣，他的軍事行動對法軍造成很大的困擾。
阮文祥	（～1886）對法強硬派的重臣。1885年7月，在襲擊法國的使節失敗後，和咸宜帝一起進入高地進行反法抗爭。1886年被捕後，流放到大溪地。
尊室說	（1839.5.12～1913.3）對法強硬派的實際掌權者。和咸宜帝在高地時，面向知識分子公開勤王詔。
潘廷逢	（1847～1895.11.11）響應咸宜帝的勤王運動，主要以游擊戰的方式，進行反抗法國的抗爭行動。
高勝	（1864～1893.11.21）參加潘廷逢的抗法活動。一次在執行武裝行動時，因中了法軍的陷阱而身亡。
黃花探／提探	（1845～1913.2.10）他是在北部三角洲地帶，從事反法游擊戰的時間最長的人物。
張公定	（1820～1864.10.20）以湄公河三角洲為中心，持續進行反法的游擊作戰。最後中了黃公晉的計策而被害身亡。
黃公晉	曾經是參加張公定的反法行動，並成為陣中幹部。投降法國後，在各地襲擊反法勢力。
武維楊	（千戶楊）1865年時，在南部蘆葦平原進行反法活動，之後被法軍擊敗。
阮友勳	（～1875.5.17）在湄公河三角洲東部進行反法行動。
阮忠直	在湄公河三角洲進行反法行動。曾以刀劍向法國軍艦發動攻勢，造成敵軍恐慌。之後因中了黃公晉的計策身亡。
拉尼桑	（Lanessan）印度支那總督（在職1891～1894）為了有效率地發展殖民地經濟，而推動經濟開發。
保羅・杜美	（Paul Doumer）印度支那總督（在職1897～1902，在職期間並不連續）獨自籌措殖民地經營預算，徵收間接稅，強奪專賣權力。
阿爾貝特・薩羅	（Albert Sarraut）印度支那總督（在職1911～1914，1917～1919）尊重越南的民族傳統文化和教育。
保羅・伯特	（Paul Bert）1886年時成為安南和東京兩地的理事長官，分別治理兩個地區。強化了法國隊越南的直接統治。

第四章　法國殖民地時代

黎文悅	（～1828.8）嘉隆帝的心腹，阮朝的開國元勳，官拜嘉定總鎮。為得到國外勢力的援助到處奔波。
黎文儴	黎文悅的養子。因養父的墳墓遭到明命帝羞辱破壞而心生不滿，於1883年發動叛亂。最後被阮朝軍隊擊敗，遭到毒殺。
明命帝	（1791～1841，在位1820～1841）阮朝第二代皇帝，強化裝央體制，採行拒絕法國等外國勢力進入越南的鎖國政策，最後招致法國的武力入侵。
紹治帝	（1807～1847，在位1841～1847）阮朝第三代皇帝。
嗣德帝	（1829.9.22～1883.7.16，在位1847～1883）阮朝第四代皇帝。任內雖然推動行政改革，但因打壓傳教士，而和法國的關係發生裂痕，導致法國把越南南部領土直轄殖民地化，把北部變成保護領。
咸宜帝	（1872～1936，在位1884～1885）阮朝第八代皇帝。在反法派重臣的建議下，進行和法國對抗的抗爭活動，最終以失敗收場。曾對外發布勤王詔，並在高地地區過著逃亡生活。在遭到法國當局逮捕後，被流放到阿爾及利亞。
同慶帝	（1864～1889，在位1885～1889）阮朝第九代皇帝。
成泰帝	（在位1889～1907）阮朝第十代皇帝。
維新帝	（在位1907～1916）阮朝第十一代皇帝。因被懷疑在第一次世界大戰期間，於招募越南人義勇軍赴法國時，企圖策畫叛亂，而遭到逮捕。和父親成泰帝一起被流放到留尼旺島。
啟定帝	（在位1916～25）阮朝第十二代皇帝。
保大帝	（在位1926～45）阮朝第十三代皇帝。
潘清簡	（1796.11.11～1867.8.4）順化朝廷中的重要官員，是越南在和法國進行外交談判時的核心人物。曾任南部經略使，但南部最後卻被法國以武力占領全域。潘清簡最後以自殺為這件事情負責。
阮之方	（1800.9.9～1873.10）嗣德帝在位期間的重臣。阮之方鎮壓國內叛亂，引兵和法國作戰，在河內攻防戰時負傷被捕，最後因拒絕法國的照料而死。
農文雲	（～1835）明命帝在位時，北部高地民族不斷發生叛亂。農文雲以清朝的土地為基地，發動游擊戰，最後被阮朝軍隊平定。

鄭檢	（～1570）阮淦過世後當上太師輔佐黎氏，手握朝政大權。
阮潢	（～1613） 阮淦之子，1557年時，在得到鄭檢的許可後前往順化，之後揭開了鄭氏（北部）和阮氏（南部）對抗的序幕。
鄭松	（～1623）鄭檢的次子，於1592年攻破莫氏，占領昇龍城，掌握黎朝的實權。廣南阮氏從1545～1778年，歷10代，233年。鄭氏從1539～1787年，歷11代，278年。
阮文惠／阮惠	（1753～1792.9.16）因對南北對抗造成的社會疲弊感到不滿，阮氏三兄弟在中部的西山揭竿起義。阮文惠鎮壓了南部的嘉定後，在北部紅河三角洲地區擊退了介入此事的清軍，然後以光中帝之名登基。阮文岳（～1793.12.13）統治中部，阮文侶治理南部。西山阮氏從1788～1819年，歷2代，14年。
阮福映／嘉隆帝	（1762～1819.12.19，在位1802～1819）廣南阮氏的遺孤，借助國外的力量擊敗西山勢力後，建立阮朝，統一越南。
百多祿	（Pierre Joseph Georges Pigneau, 1741～1799）身為阮福映參謀的法國傳教士。為了換來路易16的軍事援助，在保障法國利益下，簽訂了《法越凡爾賽條約》。
黎愍帝／黎昭統	（～1793.10，在位1786～1788）黎朝的末代皇帝，因受到阮文惠的攻擊，於1789年流亡到中國，在尋求清朝援助未果後，死於北京。後黎朝後期從1533～1788年，歷16帝，257年。
陳光耀	阮文惠陣中的猛將。雖然在擊敗清朝時立下戰功，但在1802年和嘉隆帝的軍隊作戰時敗北了。雖然嘉隆帝讚賞他的武勇，希望能加以勸降，但卻被陳光耀以「不事二君」拒絕後，被處斬。
裴氏春	西山陣中熟悉訓練大象的女將軍。在1802年敗給嘉隆帝之後，處以被大象踩過的死刑。
阮攸	（1765.1.3～1820.9.16）越南國民文學最高傑作，長篇詩作「金雲翹傳」的作者。
阮嘉韶	（1741～1798.6.23）「宮怨吟曲」詩的創作者。
亞歷山德羅	（Alexandre de Rhodes, 1591～1660）法國傳教士，1624年前來越南傳教。製作以羅馬字母標記越南語的字典。

黎利／黎太祖	（1385.9.10～1433.10.5，在位 1428～1432）清化人，在明朝統治越南期間，於藍山揭竿起義，經過10餘年的抗爭後終於擊敗明軍，恢復越南的獨立。
阮廌	（1380～1442.9.19）以戰略家和政治顧問的身分，從旁輔佐黎利的起義行動，最後達成目標。阮廌不但是越南的國民詩人，由黎利發出去的文章，也皆出自他的手筆。1428年打贏明朝後，阮廌執筆「平吳大誥」一文。之後因黎太宗的過世而遭到連累，被處以死刑。他以詩人和愛國者的身分，備受越南人景仰。
阮氏路	阮廌的妾。因黎太宗的過世而遭到連累，被處以死刑。
黎來	和黎利一起並肩作戰，對抗明朝。1419年，當黎利被敵軍包圍，情況極度危急時，黎來裝扮成黎利，幫助他脫身，最後死於戰場上。
陳暠	1427年，在黎利取得勝利之後，雖以陳氏的後裔被立為國王，但於1428年自殺身亡。
黎太宗	（1423～1442.9.7，在位1434～1442）雖然師事阮廌，但卻在阮氏路日夜陪侍期間過世了。
黎聖宗	（1442.8.25～1497.3.3，在位1460～1497）黎聖宗博學而聰明，在位期間大力推行改革，也被稱為越南中興之祖，史稱其在位期間為「光順中興」。在他執政時，除了建立從中央到地方村落的完備行政組織，還頒布《洪德律例》，穩固邊境，確立了安全保障的體制。對外方面，黎聖宗侵略占婆王國，合併鎮寧。後黎朝前期從1428～1527年，歷9帝，99年。

第三章　南進的時代·接觸國際社會

莫登庸	（1483.12.22～1541.9.11，在位1527～1529）在黎朝衰敗時，殺害了光紹帝和恭帝後奪權。莫氏政權從1527～1592年，共歷5代，65年。
阮淦	（～1545）為反抗莫登庸的簒權亡命哀勞。1533年時擁立黎朝後裔黎莊宗登基。雖然擁有軍力，但在1545年時遭到莫氏毒殺身亡。阮淦為廣南阮氏的始祖。

陳守度	（1194～1264）祖先出身福建，逼迫李惠宗（1211～1224）自殺，並將惠宗7歲的女兒和自己的外甥結婚，進而掌握朝政實權。幾乎完全消滅了李氏一族。
陳太宗	（1218.7.17～1277.5.4，在位1225～1258）整備制度肅正綱紀的有為君主。1258年時，擋下了元軍第一次進攻。
陳聖宗	（1240.10.12～1290.6.3，在位1258～1278）拒絕了元朝要求他入朝、繳納租稅、交出子弟當作人質的要求。
陳仁宗	（1258.12.7～1308.11.16，在位 1279～1293）1285年時，元軍帝2次入侵越南。雖然仁宗曾一度避難至清化，但最後還是身先士卒，擊退了元軍。創立越南佛教的竹林派。
陳國峻（陳興道）	（1229.1.6～1300.9.3）元軍來襲時陳朝軍隊的總指揮，曾2度擊敗元軍。1288年時在白藤江大破元軍。
陳平仲	1285年在對抗元軍對抗時奮勇作戰，他的英勇連元軍都稱讚。被捕之後元軍雖然欲招降，卻被陳平仲以「我寧可為南方的厲鬼，也不做北國的王」拒絕，最後遭到斬首。
陳慶余	1288年，元軍第3次進攻越南時，在雲屯監視元軍的補給船隊，是最後讓元軍覆滅的功臣之一。
范五老	1288年時，在元朝和越南國界附近的藍山伏擊元軍，阻斷其退路後加以殲滅。1297年，攻破哀勞。
陳英宗	（1276.10.25～1320.4.24，在位1293～1314）取占婆王的女兒為妻，從占婆手上得到2州。
陳明宗	（1300.9.4～1357.3.10，在位 1314～1329）率先修建堤防和水利工程
陳睿宗	（在位1374～1377）遠征占婆時死於對方的陷阱，導致陳軍大敗。陳朝從1225～1399年，歷12帝，174年。後陳朝從1407～1413年，歷2帝，7年。
胡季犛	（1336～1407，在位 1399～1400）1389年時讓長女當上皇后後，掌握朝中實權，把首都遷到清化。1400年將國號改為大虞，推動改革。為了強調越南的獨特性而採用字喃。
胡漢蒼	（在位1400～1407）敗給入侵越南的明朝軍隊後，於1407年和胡季犛一起被押送至金陵（南京）斬首。胡氏政權從1399～1407年，2帝，8年。

曲承美	曲承顥之子，他因無視南漢政權接近後梁，而在930年被南漢軍擒住。從曲氏時代到越南獨立為止的這段時間，稱為南北紛爭時代。
楊廷藝	（～937.4）愛州出身，是曲氏手下的一位將軍，曾進攻大羅城，並擊退南漢的攻勢，後成為節度使。遭到部下矯公羨暗殺。
吳權	（897.3.12～944.1.18）愛州出身，為楊廷藝的女婿。938年時，他幫助矯公羨，率軍在白藤江擊敗了南漢軍，使越南脫離中國的統治。人稱吳王，吳氏政權從939～967年，共29年。
丁部領	（924～979）華閭人，在吳氏滅亡後十二使君群雄割據的時代，先是掌握了主導權，進而統一天下。他自稱皇帝，確立了越南從中國獨立出來的事實，諡名為丁先皇，備受民眾愛戴。丁朝傳兩代，968～980年，共13年。
陳明公	名為陳覽，是十二使君的其中一位，因從事貿易而獲得巨大的收益。他是丁部領的伯樂，把軍隊交給丁來管理。
范白虎	他在與陳明公生意往來的過程中，逐漸和丁部領熟識，進而幫助丁建立政權。
黎桓／黎大行	（941.8.10～1005.4.19）曾為丁部領手下的十道將軍，在宋軍入侵時稱王，981年在白藤江擊敗宋軍，維持了越南的獨立。黎朝歷3代，981～1009年，共29年。
李公蘊／李太祖	（974.3.8～1028.3.13，在位期間1010～1028）北江人，黎朝滅亡後稱帝。定都於昇龍（今天的河內，阮朝時更名為昇隆）。
李太宗	（1000.7.29～1054，在位1028～1054）在南部持續出現叛亂的地方作戰。對佛教的普及做出貢獻。
李聖宗	（在位1054～1072）李朝第三代皇帝，將國號改為大越，修復文廟。
李仁宗	（1066.2.22～1128.1.15，在位1072～1127）李朝第四代皇帝，設立國子監，在文化和軍事上都有建樹。
李常傑	（1035？～1105.7）擊退宋軍拯救國家，用「南國山河南帝居」這句話，顯示出越南氣概的勇將。
李英宗	（1136.5～1175.8.14）被宋朝封為安南國王。李朝從1010～1225年，共歷9帝，215年。

趙嫗	（226.10..2～248.2.21）出生清化，她在得到漢人及越南人統治階層的協助後，成為反抗漢朝統治行動的領導人物。是和徵氏姐妹一樣，在越南知名度很高的女性。
區憐	日南郡占族的領袖。137年叛漢，自稱為林邑王。在和漢朝達成協議後，建立了占婆王國。
李賁／李南帝	（503.10.17～548.5.24）李賁為漢人，541年時因反抗中國南北朝時期的政權，於544年時建立萬春國，定都於龍邊，自稱為李南帝，最後在和梁朝作戰時病逝。他也被稱為「前李南帝」。
趙光復	（～571）曾在李賁手下擔任將軍，和梁軍作戰。自稱為趙越王。
李佛子	（在位572～602）擊敗與其相爭的趙越王後，自稱為南越王，其後死於隋軍的劉方之手，也被稱為「後李南帝」。反抗中國的時代從541～602年，共62年。
晁衡／阿倍仲麻呂	（701？～770）晁衡曾是日本的遣唐留學生，他在唐代宗時任安南都護，鎮壓了山岳地帶的部族叛亂。
李嗣先／丁建	687年時，因反對唐朝對農民課徵的重稅，而起兵造反。
梅叔鸞	722年時，因反抗地方行政官吏，進而占領今天的廣南一地，自稱為「黑帝」，之後被唐朝平定。
馮興／布蓋大王	（736.12.31～790.3.2）為反抗交州都護府的暴政，和弟弟馮駭一起進入當時的府治，澄清都護的行政，死後被民眾當作神明尊崇。
高駢	唐末，在雲南的南詔王國侵略交州時，於864年率軍擊敗南詔軍，之後成為靜海軍節度使，興建大羅城。越南受到唐朝統治的時間為603～906年，共304年。

第二章　越南獨立和國家體制

曲承裕	（～907.7.23）海陽人，在唐末906年時，自稱為交州節度使，並得到唐朝默認。
曲承顥	（～917）曲承裕之子，也自稱交州節度使，制定了行政區劃、租稅制度和戶籍。

書中主要人物檢索

（ ）內若無特別說明，則為人物的出生和死亡日期

第一章　中國統治的時代

雄王	成立文郎國的越南建國之王。文郎國的首都位於永富省豐州。歷代國王皆稱為雄王，據說該國從BC2800～BC258年為止，共傳了18代，持續2622年之久。
安陽王	兼併文郎國，成立甌貉國，並在古螺（今天的河內近郊）築城。安陽王的時代從BC257～BC208年。因其姓「蜀」，此一時期也稱為「蜀時代」。
趙陀	出生於中國的河北省，因反抗秦朝，在中國南部自稱為南越皇帝，領有交趾（今天的越南北部）一地。趙氏時代從BC207～BC111，共傳5世，97年。
錫光	漢人，在王莽之亂（8～23）時為交趾太守，對漢室忠心耿耿。把儒教帶進越南，教導人民禮儀。
壬延	透過錫光被任命為九真太守，據說是他教導越南人民農業技術。
士燮	（187～226）東漢末期的交趾郡太守，一般認為是他導入了漢字。士燮的行政寬大，受到民眾尊敬，因此也被稱為士王。
杜慧度	（373？～423）任交州刺史時曾和占婆交戰。他生活簡樸，建立學校，是一位嚴以律己，但施政寬鬆的人物。
徵氏姐妹	（14～43 4.6或3.18）徵側和徵貳是河內西北方一帶豪族的女兒，為了抵抗漢代交趾郡太守的暴政，率領65郡的地方豪強起兵發動叛亂。在40～43年的3年間，曾讓越南暫時脫離中國的統治，建立政權。徵氏姊妹的行動是越南人民的精神支柱。
馬援	擊敗二徵姊妹叛亂的漢朝伏波將軍。他在壓制了越南的豪族勢力後，讓漢朝直接統治越南。漢朝支配越南為BC110～39年，以及43～186年。

1993	1/16　日本宮澤喜一首相在曼谷提議成立「印支綜合發展論壇」（FCDI）
1993	5/23—28　柬埔寨進行選舉／FUNCINPEC黨成為第一大黨／7/1　成立臨時國民政府／制憲會議制定新憲法／9/19　成立新政府／9/24　西哈努克即位為王
1993	7/14　越南國會通過新的土地法，讓土地使用權的讓渡具體化
1994	2/3　美國全面解除對越南的禁運措施
1994	7/7　柬埔寨國會一致通過紅色高棉為非法組織
1995	4/5　設立湄公河委員會（MRC）／參加國有越南、柬埔寨、寮國、泰國
1995	4/17　越共書記長杜梅訪日
1995	7/28　越南加盟東南亞國家協會
1995	8/6　美國在越南開設大使館
1995	9/26　越南正式加盟亞太經濟合作會議（APEC）
1996	1/14　聯合國難民署（UNHCR）於6月結束對越南「船民」（boat people）的支援活動
1996	6/28　越南共產黨第8次全國代表大會／繼續革新路線，透過工業化和近代化，設立到2020年為止的經濟社會發展計畫目標

1989	9/1　公布關於修正胡志明遺書之事
1989	9/26　駐留在柬埔寨的越軍全部撤回
1990	3/12　越南共產黨8中總會否定多數政黨制度
1990	6/4　於東京舉行柬埔寨和平會議
1990	7/18　美國國務卿貝克（Baker）聲明要和越南進行對話／8/6　美、越初次對話
1990	9/3　阮文靈總書記等一行秘密訪中，和中國的政府高層對談
1990	11/17　越南共產黨10中總會宣布「越南的社會主義進入長期的移行階段」
1991	6/24　越南共產黨第7次全國代表大會／選出杜梅出任新的總書記／維持黨的指導性、堅持改革路線、經濟開放體制／全面提出胡志明思想
1991	6/28　解散經濟互助委員會（Comecon）
1991	7/28　越共中央政治局委員黎德英秘密訪中／中、越在柬埔寨問題取得共識
1991	10/17　柬埔寨高棉人民革命黨改為「人民黨」，放棄一黨獨裁
1991	10/23　柬埔寨4方和18個關係國簽署巴黎和平協定（全稱為：全面政治解決柬埔寨衝突協定）
1991	11/5　杜梅總書記和武文傑總理訪中／中、越兩國宣布外交正常化
1991	11/14　西哈努克議長，時隔13年重新回到柬埔寨金邊
1991	12月　1975年後，印度支那共產生165萬名難民
1992	3/15　柬埔寨過渡時期聯合國權力機構（UNTAC）正式成立
1992	4/20　越南公布新憲法，繼續一黨獨裁、市場經濟、改革路線
1992	6/20　柬埔寨復興會議於東京舉行／對柬援助8.8億美元
1992	10/14　日本的國際維和行動部隊（PKO）本隊進入柬埔寨
1992	11/6　時隔14年，日本再次對越南提供援助

1984	12月～　越南在乾季對柬埔寨發動大型攻勢
1985	10/15　戈巴契夫，蘇聯共產黨中央委員會發表「改革重組」政策
1986	10/11　雷根・戈巴契夫會談（雷克雅維克會談）
1986	12/5　越南共產黨第6次全國代表大會／革命第一代引退，阮文靈任總書記／推動經濟改革政策的派系獲得主導權／革新政策
1987	6/17　阮文靈任總書記表明要推動革新政策
1987	8/1　美國總統特使維西（Vessey）訪河內，和越南達成盡快尋找下落不明的美軍，和展開人道援助活動
1987	8/20　越南共產黨3中總會議上，決定推動社會主義改造，革新經濟管理制度，進行革新社會主義國家管理、革新國營企業、廢止國家補助制度、增產食糧・食品、增產消費物資、擴大出口的3大經濟計劃等。
1987	12/2　柬埔寨的西哈努克和洪森在巴黎進行第一次會談，雙方在政治解決方案上達成共識
1988	3/14　因南海和南沙群島領有權問題，中、越兩國海軍交戰
1988	7/11　越南舉行第15次國會／國家經濟分為國營、公私合營、集體、家庭、私營五個部門
1988	7/25　柬埔寨四方在雅加達舉行第一次非公開會談
1988	7/26　越南和美國的專家，針對搜尋越戰中行蹤不明的美國士兵，在河內進行討論
1988	12/22　越南國會通過，從憲法前文中削除法國殖民主義、日本帝國主義、美國帝國主義、中國霸權主義、柬埔寨反動主義等文字
1989	6/3　解放軍以武力鎮壓在天安門進行民主化運動的學生／第2次天安門事件
1989	7/11　金邊政府發表柬埔寨永久中立宣言
1989	7/30　在法國巴黎召開柬埔寨問題國際會議
1989	8/15　越南共產黨7中總會／決定面對蘇聯和東歐的新局勢，以及思想工作任務，堅持社會主義建設，不採行多數政黨制度

1977	9/27　柬埔寨共產黨創立17周年的紀念集會上，波布總書記首次出現大眾面前，顯示已掌握黨內權力／柬埔寨共產黨創立於1960年
1977	9/28　柬埔寨波布首相一行訪中，親中路線明確
1977	12/16　越南軍進攻柬埔寨，位於兩國邊境的軍事衝突惡化／12/31　越南和柬埔寨斷交／1978/1/16　越軍撤退
1978	4/26　日本政府承認印度支那難民的定住條件
1978	4/30　越南華人開始大量返回中國／中、越紛爭浮上檯面
1978	5/26　發生在柬埔寨東部的叛亂以失敗收場／韓桑林等人流亡越南
1978	5/30　中國宣告終止對越南的援助，兩國關係惡化／7/3　來自中國的技術援助人員，全數由越南北部回國／8/12　中、日簽訂《中日和平友好條約》
1978	11/3　蘇聯和越南簽訂《蘇越友好合作條約》
1978	12/2　柬埔寨組成救國民族統一戰線，發表11項行動綱領
1978	12/23　越南人民軍第4軍（九龍兵團）進攻柬埔寨
1979	1/1　中、美外交正常化
1979	1/7　柬埔寨金邊淪陷
1979	1/9　成立柬埔寨人民革命評議會（韓桑林政權）
1979	2/17　中國軍隊越過中、越國界全面發動攻勢／3/18　中國軍隊全部撤退
1979	4/9　日本政府決定開設印度支那難民定住中心
1979	9/21　在聯合國大會上，以75票對25票，承認波布政權繼承柬埔寨的代表權
1979	12/15　柬埔寨波布總理下台／停止民主柬埔寨憲法
1980	3/9　民主柬埔寨政府首腦訪中，華國鋒總理表示會全面支持
1980	3/20　柬埔寨時隔5年發行貨幣瑞爾（Riel）／3/25　開始流通
1981	6/22　柬埔寨反越3派和民主柬埔寨成立聯合政府
1982	3/27　越南共產黨第5次全國代表大會／改採實際路線

1974	1/11　中國發表再次發表領有中沙、東沙、西沙群島的宣言／1/17　南越政府軍和中國軍在西沙群島發生武裝衝突／1/20　中國軍占領全域／2/22　南越政府軍占領南沙群島主要的15個島嶼中的6座島／2/5　菲律賓主張領有南沙群島部分島嶼主權／2/7　台灣政府對南越主張的南沙群島領有權表達抗議
1974	8/8　美國總統尼克森宣布辭職後，由福特繼任
1975	1/1　越南南方民族解放陣線發動對福隆省同帥發動攻擊，1/7　城陷
1975	3/10　北越正規軍攻擊邦美蜀／在太原中部高原地帶發起大規模攻勢／3/29　攻下峴港／黨政治局決定在4/30（進入雨季）前解放西貢
1975	4/17　紅色高棉攻占金邊金邊，高棉共和國崩壞
1975	4/30　北越正規軍進入西貢／總統楊文明投降／越南共和國滅亡
1975	9/22　黎筍等人代表越南勞動黨和政府訪中，但在霸權問題上中、越發生對立／10/1　黨、政府代表團訪蘇以及東歐8國，簽訂多項條約
1975	12/2　寮人民民主共和國成立／蘇發努馮總統，凱山首相
1976	4/5　在北京天安門追悼周恩來的集會群眾，因執政當局的取締而爆發衝突，演變成（第一次）天安門事件
1976	4/14　成立民主柬埔寨政權／波布首相／西哈努克卸任國家主席
1976	4/25　越南舉行南北統一選舉／6/24　越南召開統一國會／7/1　南北統一。越南社會主義共和國成立
1976	9/23　越南的黨和政府代表團訪中，但在霸權問題上中、越發生對立
1976	12/14　越南勞動黨召開第4次全國代表大會／更名為「越南共產黨」／黎筍任總書記／加強對中國的批判
1977	8/18　日本福田赳夫首相發表對ASEAN及印度支那的政策／福田主義

1966	7/17　胡志明宣揚徹底抗戰／發表北越動員計畫
1967	8/8　成立東南亞國家協會（ASEAN）
1968	1/30　北越解放軍戰線發動春節攻勢（Tet Offensive），同時襲擊南部主要城市
1969	6/8　成立越南南方共和國臨時革命政府／7/8　美軍第一次撤軍，將士兵送回美國本土
1969	7/25　尼克森總統明確表示，強化亞洲諸國的自主防禦，減輕美國負擔的方針
1969	9/2　胡志明主席過世／11/16　美萊村屠殺事件曝光
1970	3/18　柬埔寨驅逐元首西哈努克，龍諾將軍掌握實權
1970	5/1　南越政府和美軍進攻柬埔寨
1970	5/3　柬埔寨民族統一陣線、王國民族聯合政府在北京成立／5/4　4名美國大學生在參加反戰運動時遭到州兵射殺，反戰示威遊行擴大至全國
1971	1/30　美軍和南越政府軍開始進攻寮國
1971	6/12　《紐約時報》刊登美國國防部的機密文件
1971	7/15　尼克森公布訪中計畫／8/15　尼克森發表保護美元的政策
1972	2/21　尼克森訪中／中美發表《上海公報》／嚴詞抨擊北越強硬行動
1972	6/11　華盛頓・揭露水門事件
1972	9/29　日本田中角榮首相訪中，日中外交正常化
1973	1/27　美國、北越、南越簽訂和平協議
1973	1/28　越戰終止／龍諾總統停止柬埔寨政府軍的攻擊行動／2/22　寮國停戰成立。巴特寮在寮國東北部和南部發動大型攻勢
1973	3/29　美軍撤退完畢，解散美軍司令部
1973	9/21　日本和北越建立大使級別的外交關係

1954	10月　越南勞動黨政治局秘密設立「越南勞動黨南部委員會」
1955	3/2　柬埔寨西哈努克退位／4/7　組成人民社會同盟「桑功」
1955	4月　保大帝遭廢黜／6/14　吳廷琰就任國家元首
1955	10/26　發表越南共和國（南越）宣言／吳廷琰成為第一位總統
1956	9月　越南共產黨黨中央執行委員會第10次會議指出「土地改革的指導方式出現重大錯誤」
1959	1/13　在越南勞動黨中央委員會第15次擴大會議中，決定以武力解放南越（第15號決議）
1960	9/5　越南勞動黨第3次代表大會／決定以武力解放南部／黎筍被選為第一書記
1960	12/20　南越解放民族戰線在西寧成立
1962	2/8　美國成立軍事援助越南司令部（MACV）
1962	7/17　在日內瓦舉行和平解決寮國問題的會議／7/23　簽訂簽署了《關於寮國中立的宣言》
1962	7/20　柬埔寨共產黨書記杜斯木遭到暗殺，由波布（原名：沙洛特紹）代替他的職位
1963	2/20　柬埔寨共產黨召開第3次黨大會，波布被選為總書記
1963	11/1　發生反吳廷琰的軍事政變／吳氏兄弟被殺害
1963	11/22　美國總統甘迺迪迪在達拉斯遇刺身亡／詹森繼任為美國總統
1964	2/7　南越解放勢力攻擊波來古（Pleiku）的美軍宿舍／3/2　美軍開始經常對北越進行空襲
1964	3/8　美國海軍陸戰隊3500人抵達峴港／4/2　設置國際軍事司令機構（IMCO）／韓國、澳洲、紐西蘭和泰國等，加入戰局／6/18　美軍以B52轟炸機攻擊北越／美國國內出現反越戰的行動
1964	8/7　美國國會通過《東京灣決議》
1966	5/16　中國共產黨發出「5/16」通知／開始進行文化大革命

1945	3/9　日軍解除法國印度支那軍的武裝（明號作戰）／3/11　保大帝宣布「越南獨立宣言」／3/13　西哈努克國王宣布「柬埔寨獨立宣言」／4/8　琅勃拉邦國王宣布「寮國獨立」
1945	8/15　日本向盟軍無條件投降／8/16　越盟下令發動攻勢／8/19　佔據河內的行政機關／8/22　順化設立革命委員會／8/24　保大帝退位／8/25　西貢成立南部暫定抵抗委員會（陳文朝擔任議長）／8/26　越盟進入河內，接收政府機關／8/28　成立越南民主共和國臨時政府
1945	9/2　胡志明主席發表越南民主共和國獨立宣言
1945	9/23　法軍占領西貢／10月　法國壓制金邊
1946	11/21　法軍和越盟在海防發生武裝衝突／12/19　法、越在河內發生全面衝突／爆發（第一次）印度支那戰爭
1946	12/20　印度支那共產黨發布對法抗戰指令／胡志明宣揚全國抗戰
1949	7/2　南部成立越南國（保大擔任元首）／10/1　中華人民共和國成立
1950	6/19　成立柬埔寨臨時抗戰政府（山玉明擔任議長）
1950	6/25　韓戰爆發／10月　美國軍事援助顧問團（MAAG）進駐西貢
1951	2/19　召開越南共產黨第2次黨代表大會／印度支那共產黨分別在越南、寮國、柬埔寨成立政黨，並將印度支那共產黨更名為越南勞動黨
1951	9/30　成立高棉人民革命黨
1953	10/17　法國把軍事權讓給柬埔寨，柬埔寨完成完全獨立
1953	10月　越南勞動黨發表土地改革綱領（第5次中央委員會 第1次全國幹部會議）
1954	5/7　法軍於奠邊府投降／法軍戰死者和下落不明人數達17萬2000人
1954	7/20　在日內瓦簽訂停戰協定／以北緯17度線為界，劃出臨時軍事分界線
1954	9/8　組成東南亞條約組織（SEATO）

1924	阮愛國以工作員的身分被共產國際派到廣東／1925年　6月　由阮愛國發起，在廣東成立越南青年革命同志會
1925	潘佩珠在上海被捕／河內的軍事法庭判他終生監禁／得到減刑後改為自宅監禁／1940/10/29　在順化家中過世
1925	印度支那南部開發出橡膠農園後，有20萬越南契約勞工從東京地區移住過去
1926	3/24　潘周楨過世／有數千人參加他在西貢舉行的葬禮上
1930	2/3　在阮愛國主持下，統合了不同共產主義團體後，創立越南共產黨（香港．九龍）／10月　更名為印度支那共產黨／由陳富擔任第一任總書記／1935年　3月　在中國的澳門舉行第1次黨大會
1930	2/9　越南國民黨（阮太學）在安沛發動襲擊法軍軍營的起義，以失敗收場／阮太學等領導者遭到處決
1930—1931	中部義靜的反稅鬥爭擴大，數千名農人往地方行政機關移動，建立自主組織，沒收地主的財產，實現「義靜蘇維埃」／越南各地發生要求提高生活水準的示威遊行，但遭到法國當局的鎮壓
1939	9/1　德軍入侵波蘭／第二次世界大戰爆發
1940	9/26　日本印度支那派遣軍進駐北印度支那．海防
1940	11月　越南共產黨中央委員會，決定開始準備對法國和日本的武裝抗爭
1941	2/8　阮愛國經由中國回到越南／在北坡建立根據地
1941	5/19　經印度支那共產黨第8次中央委員會決定，創設越南獨立（越盟）
1941	7/28　日本軍進駐越南南部芽莊等地
1941	12/8　日本軍襲擊美國珍珠灣，開啟太平洋戰爭
1942	8/29　胡志明在中國遭到國民黨逮捕
1944	10月　胡志明回到越南／12/22　組成越南武裝解放宣傳隊／1944年末～45年　越南出現大量餓死的民眾（以北部最為嚴重）

1897	2月　保羅·杜美總督上任／杜美推出一系列能從殖民地獲得利益的政策，例如增加人頭稅和土地稅，把鹽、酒和鴉片的專賣收歸殖民政府，獨占利益／奪取柬埔寨國王的徵稅權／1898年　設立法國遠東學院
1899	4/15　依據法國總統的命令，把寮國納入聯邦內，成立法屬印度支那聯邦
1900	將廣州灣劃入印度支那聯邦
1904	4月　潘佩珠成立革命運動組織（之後的維新會），選出彊㭿為會長／1905/4　潘佩珠赴日，和康有為梁啟超見面／和大隈重信、犬養毅、根津一等人見面／在潘佩珠了解到培育人才的重要性後，開始展開送越南青年到日本留學的運動／1906年　彊㭿和潘周楨赴日
1906	10/15　潘周楨寫信給印度支那總督，向其建議，應對殖民地進行根本的改革，廢止傳統的考試制度
1907—1908	開始執行越南青年赴日留學的「東遊運動」
1907	在河內開設「東京義塾」／東京義塾遭到殖民地當局勒令關閉，並逮捕了相關人士
1909	法國要求日本遵守《日法協約》，驅逐所有在日本留學的越南學生
1912	2月　潘佩珠在廣東成立「越南光復會」
1913	2/10　北部抗法志士黃花探遭到暗殺身亡
1916	5/3　維新帝因反抗法國，和父親成泰帝一起被法軍逮捕後，流放到留尼旺島
1919	6月　阮愛國和潘周楨等人，把「由越南愛國者團體提出的，關於越南人民的要求一覽」請願書，交到巴黎和會（於凡爾賽宮舉行）上
1920	12/26　阮愛國在於法國土爾召開的第18次法國社會黨大會上，代表印度支那，發表抨擊殖民地統治的言論
1922	潘周楨在啟定帝出席馬賽殖民地博覽會時，發表了一封用詞辛辣，抨擊順化政府公開信
1924	6/18　范鴻泰在廣東謀刺印度支那總督馬蘭失敗後，自殺

1866	12月　南部抗法志士武維楊（千戶楊）死亡
1867	6/15　法國合併交趾支那全境／經略大臣潘清簡服毒自殺
1867	7/15　法國迫使暹羅承認對柬埔寨的保護條約
1868	10/27　南部抗法志士阮忠直遭到處決
1873	法國商人涂普義和雲南的貿易遭到越南禁止／10/20　法軍（安鄴大尉）突然占領河內／欽命大臣阮知方在城內負傷後，憤而絕食身亡／12月　清朝黑旗軍前來支援，法軍戰敗，安鄴被殺
1874	3/15　法越簽訂《第二次西貢條約》（又稱《甲戌和約》）／割讓交趾知那6省
1875	5月　南部抗法志士阮友勳遭到處決
1882	4/25　法軍（李維業上校）占領河內／總督黃耀在城陷之際自殺
1883	5/19　清朝劉永福的軍隊擊敗法軍，李維業陣亡／8/25　法越簽訂《第一次順化條約》（又稱《癸未和約》）／安南、東京成為法國保護領
1884	6/6　法越簽訂《第二次順化條約》（又稱《甲申和約》、《巴德諾和約》）／越南成為法國的保護國，法國總督在外交上代表越南，越南官員在法國的指揮下執行政務。越南幾乎已經完全成為法國的殖民地
1885	7/5　咸宜帝的攝政阮文祥和尊室說企圖發動軍事政變失敗後，帶著咸宜帝出逃／發布「勤王詔」／阮文祥被逮捕後，流放到大溪地
1885	6/9　中、法簽訂《天津條約》／清朝承認越南受到法國保護，中國和越南的宗主關係解除
1887	10/17　法國在印度支那設置總督府
1888	11/1　咸宜帝被法軍逮捕後流放到阿爾及利亞，並在那裡度過餘生／尊室說逃往中國廣西
1893	10/3　法國逼迫暹羅放棄對柬埔寨的控制（《法暹條約》）
1895	11/11　中部抗法志士潘廷逢在叢林中過世

1788	黎氏向清朝求援，清朝派遣20萬軍入昇龍城／1789年　1月　阮文惠擊敗清軍／被追擊的黎昭統帝逃往清帝國／清朝封阮文惠為安南國王，後黎朝滅亡 7月　百多祿主教的法國私人部隊抵達越南／阮福映得到葡萄牙、英國、暹羅、柬埔寨的援軍和彈藥後，開始反攻
1789	9月　阮福映的部隊奪回西貢
1792	9月　阮文惠過世／1801年　5月　阮福映占領順化，於淨江（瀘江）擊敗西山軍
1802	5月　阮福映於順化即帝位，定年號為嘉隆。7月　進入昇龍城
1804	1月　清朝定阮朝的國號為「越南」／阮福映稱帝／統一越南全境
1806	柬埔寨安贊二世承認越南的宗主權
1815	7月　公布《嘉隆律例》
1820	7月　明命帝禁吸食鴉片
1824	12月　拒絕和法國簽定貿易條約
1833	禁止人民信仰基督教和在越南傳教／8月　農族的農文雲反叛／1835年　亂平／1836年　公告處死傳教士
1840—42	中英鴉片戰爭／1841年　越南併吞柬埔寨
1846	暹羅和越南決定對柬埔寨的共同保護權
1847	4月　法國軍艦在峴港擊沉5艘越南軍艦／1851—52年　嗣德帝展使兩名傳教士／1857年　斬首兩名西班牙傳教士
1858	9/1　法・西聯軍登陸後占領峴港／1859/2/18　法軍占領西貢／1861年　占領嘉定、美湫／1862/3　占領崑崙島、邊和、巴地、永隆
1862	6/5　簽訂《第一次西貢條約》（又稱《壬戌和約》）／割讓交趾支那東部三省、為法國開三個港口、對法・西賠償2000萬法郎、允許基督教傳教
1863	8/11　柬埔寨諾羅敦國王和法國簽訂保護條約
1864	10/20　南部抗法志士張公定，遭到法軍殺害
1866—67	德・拉格雷在湄公河進行探險

1615	成立交趾支那基督教會／葡萄牙商人在澳門耶穌會的支援下，於交趾支那設立商館／1626年　成立東京基督教會
1627	鄭氏要求阮氏繳納租稅，遭到阮福源拒絕／鄭氏軍隊向阮氏發動攻擊，由此展開鄭、阮的軍事衝突／亞歷山德羅神父抵達河內／亞歷山德羅神父把越南語用羅馬字母標記
1653	阮氏進攻鄭氏，合併慶和／1658年　占領邊和、巴地
1679	明朝滅亡後，龍門總兵楊彥迪率兵3000人，船50艘，來到順化附近外海，向越南政府提出依附的請求／在阮福瀕的指示下，楊一行人來到南部湄公河三角洲，開發嘉定、邊和、美湫等地
1692	7月　禁止基督教的傳播，燒毀教會和教典／1712年　3月禁教
1698	阮氏政權把到湄公河為止的土地併入交趾支那
1754	9月　禁止荷蘭傳播基督教／1764年　7月　將清帝國商人的居住地劃定在固定區域內
1771	阮氏三兄弟（阮文岳、阮文惠、阮文侶）在平定省西山起兵
1774	12月　鄭軍攻入順化，阮福淳逃往廣南
1775	2月　阮文岳的部隊宣誓效忠鄭氏後，開始攻擊廣南／有一說認為阮福淳在搭船逃往嘉定時，因碰上沉船事故而身亡，或是成為俘虜／1776年　3月　阮文惠的部隊進攻嘉定。阮氏政權的阮福映倖存下來
1778	阮文岳稱王，將首都設在平定的闍槃
1783	阮福映獲得百多祿的援助
1785	1月　阮文惠在美湫擊敗阮福映和暹羅的聯軍
1786	6月　阮文惠往北進攻，占領富春（今天的順化）。7月進軍紅河三角洲
1787	4月　阮文岳在歸仁稱帝，把在順化的阮文惠封為北平王，把嘉定分給阮文侶，並封其為南定王，確立統治形態。百多祿代替阮福映，前往法國尋求軍事援助，和法國簽訂《法越凡爾賽條約》

1470	8月　占婆的茶全王發動攻勢／11月　黎軍反擊／1471年　3月　占婆首都毗闍耶跋摩被攻陷。6月　將占婆併入廣南道
1477	推行土地改革及分配公田
1479	8月　進攻哀牢、盆蠻、老撾。12月　在盆蠻設置鎮寧府
1479	吳士連完成《大越史記全書》（內容從越南建國到黎太祖為止）
1482	7月　製作戶籍／1483年　建造文廟／1484年　建立會試合格者最初的紀念碑
1483	公布《洪德律例》（使用到18世紀末為止）
1511	武瓊編纂《大越通鑑通考》（書中把從鴻厖氏開始到十二使君時代為止的歷史稱為外紀，從丁部領到黎朝初期為止的歷史稱為本紀）
1514	9月　黎嵩編纂《大越通鑑總論》
1521	7月　莫登庸掌握實權／1526年　12月　莫登庸除掉光紹帝／1527年　6月　莫登庸稱帝，開啟莫氏政權／黎朝的舊臣在各地掀起叛亂
1533	1月　阮淦在哀牢擁立黎朝的子孫黎莊宗即位，改元元和／元和年間，有一位名為伊尼斯的人，開始在越南宣揚基督教
1540	11月　莫登庸降伏明朝／阮淦起兵／中國人、日本人、葡萄牙人在中部會安開築商港
1545	5月　阮淦於陣中遭到來降的莫氏陣中的將軍毒殺／鄭檢掌握實權／黎朝皇帝被包圍在義安
1557	阮潢察覺和鄭檢的關係惡化後，提出到順化駐留的請求，獲准後赴任。之後開啟鄭氏和阮氏的南北對立
1592	1月　鄭松攻擊昇龍城，莫軍因死傷慘重而棄城。12月　莫茂洽被殺／1593年　1月　莫敬止被殺　4月　黎氏回到昇龍城／莫軍在各地發動叛亂
1599	由鄭松裁決所有國事
1611	阮潢首次對占婆用兵，置富安府

1348	爪哇的商船來到雲屯海庄（今天廣寧省的沿岸地區，和外國進行貿易的中心地）／1349年　北方的商船也抵達越南
1352左右	占婆軍占領吳哥首都
1367	元朝滅亡／1368年　明太祖（洪武帝）即位
1376	陳睿宗進攻占婆／1377年　占婆王制蓬峨誘敵深入，擊敗陳朝軍隊，陳睿宗戰死
1389	黎季犛將長女嫁給陳順宗為后／1390年　陳軍襲擊占婆，除掉制蓬峨／1397年　首都移至清化／將四書五經譯為字喃
1400	黎季犛稱帝，國號大虞，之後改名為胡季犛。將帝位讓給兒子胡漢蒼／1402年　胡漢蒼對占婆用兵
1406	明朝派10萬名廣西的士兵入侵越南／80萬大軍從兩面發動攻勢／明軍廢除胡漢蒼，要求恢復陳朝／胡軍敗退／明軍進入越南都城／1407年　胡軍和明軍決戰，胡軍的水師戰敗
1407	陳朝陳藝宗的次子，以簡定帝之名召集軍隊（後陳朝）／1409年　重光帝上台，／明軍俘虜簡定帝後，送到南京處決／1413年　重光帝逃到寮國後被捕，再護送途中過世／後陳朝滅亡
1417	明朝將安南改為交趾／人口520萬人
1418	2月　黎利於清華梁江藍山鄉，糾結地方豪強舉兵反明，獲得各地響應／1426年　10月　擊敗明朝的王通，朝首都進逼／1427年　6月　明軍增援12萬軍勢，但被黎利擊敗。9月　明軍增援15萬軍勢，被黎利擊敗，死者5萬。11月　王通提出講和，12月　王通率明軍返回中國／1428年　3月　陳氏後裔陳暠成為安南國王，之後於逃亡中死去
1428	4月　黎利即位（黎太祖），首都從昇龍移至東京，國號為大越
1442	9月　黎太宗於巡幸時突然過世，阮廌和阮氏路遭到處決
1455	潘孚先受命編纂《大越史記》（內容從陳太祖到明朝撤退為止）
1460	6月　黎聖宗即位（光武中興）
1463	2月　實施科舉考試／1467年　政府下達製作全國和各村落的地圖

1181—1200左右	闍耶跋摩七世建立柬埔寨的最大版圖／建立巴戎寺等眾多寺院／1182年　暹羅國來貢
1223	陳守度成為殿前指揮，掌握朝中實權／1225年　讓8歲的外甥當上皇帝，自稱為禪皇，以國尚父的身分掌握朝政／李朝滅亡，陳朝建立
1242	制定村落的行政組織／宮廷的權限到省、郡為止
1253	陳太宗建立國子監，集合全國儒學者於此講述四書五經
1257	元朝為進攻南宋，向越南提出借道的要求，但遭陳朝拒絕／元朝進攻陳朝，占領首都昇龍城／元軍因酷暑和糧食不足而撤退
1272	黎文修受皇帝之託，編纂越南最早的歷史書《大越史記》（記錄從趙陀時代開始，到李朝末年的歷史，全書共30卷）／1274年　元軍進攻日本（文永之役）
1276	元朝平定中國後，要求越南國文親自來朝，繳納租稅
1280	制定木材和織物的計量標準
1281	元軍進攻日本（弘安之役）／1283年　獲得將有50萬元軍進攻越南的情報／興道王陳國峻以國公的身分統帥全軍
1283	元朝的唆都攻擊占婆，占領首都
1284	12月　50萬元軍開始進攻
1285	元軍占領昇龍城，殘殺百姓／唆都率50萬大軍從占婆來攻／3月　陳仁宗逃到清化／元軍占領紅河三角洲一帶／陳軍展開游擊戰後，元軍開始撤退，過程中唆都被殺，5萬多人成為俘虜
1287	12月　30萬元軍從海、陸進攻越南／陳朝朝廷再次離開昇龍城／民眾將糧食藏起來，其後元軍因糧食不足，放火燒了昇龍城後，徹退／1288年　越南軍在雲屯消滅了元軍的補給艦隊／4月　陳國峻於白藤江殲滅元軍，俘虜烏馬兒／1293年　元朝雖然計畫再次進攻越南，但因忽必烈於1294年過世而取消
1306	陳英宗的女兒玄珍公主嫁給占婆王制旻／1307年　越南合併占婆2州

944	吳王過世後，國內局勢混亂／地方豪強群雄割據，進入十二使君（12位地方豪強）時代／967年　丁部領掌握主導權
968	丁部領稱帝，將首都設在華閭，國號為大瞿越（大越國之意）／970年　使用第一個越南年號「太平」。向宋朝朝貢，受封交趾郡王
979	丁部領因繼承人問題而遭到殺害／十道將軍黎桓擁立皇太子登基，擔任攝政，成為掌握朝中實權的副王／980年　得知宋朝派兵來進攻時，黎桓被推舉為帝（黎大行皇帝）
981	宋朝發動海陸兩軍進攻越南／黎桓在白藤江全面擊敗宋朝的水軍，並於支稜關戰勝陸軍，宋朝敗退／986年　宋朝封黎桓為安南都護
1010	李公蘊即帝位（李太祖），首都設在昇龍城（今天的河內），改元順天
1029	挖掘道內（Dau Nay）運河／1050年　挖掘拉木（Ra Mu）運河
1036	農族的農智高叛變，自稱皇帝
1054	李聖宗將國號定為大越
1055	占婆入貢／1067年　哀牢（寮國的一部分）入貢
1070	修復文廟／整備翰林院
1075	獲得宋朝的王安石將派兵大舉入侵越南的情報後，李常傑將軍率10萬大軍向宋朝發動攻擊／1076年　宋朝率領占婆、真臘進攻越南，李常傑在如越江（棣江）和富良江（紅河）大破宋朝水軍
1086	成立科舉制度／1089年　完善官僚制度
1104	李常傑進攻占婆／1105年　李常傑過世／1108年　建設木障堤防
1113—1150左右	柬埔寨蘇利耶跋摩二世建立吳哥窟
1128	柬埔寨發動攻勢／1145年　柬埔寨占領占婆
1164	宋朝封李英宗安南國王，把交趾國改為安南國

40—43	徵側、徵二姊妹發動叛亂，占領65座城，脫離漢朝統治，徵側自稱為女王／漢朝遣伏波將軍馬援前去平亂，43年消滅徵氏姊妹後，確立漢朝的直接統治
137	區憐反叛漢朝，144年和漢朝議和，成立林邑國
150左右	扶南王國出現在湄公河流域
248	趙夫人發動叛亂（現在的清化省）
399	占婆的范胡達攻擊日南、九真／413年　刺史杜慧度抵禦范胡達的攻勢，並將其擊斃／415年　杜慧度進攻占婆
5世紀左右	柬埔寨人侵略扶南
541	李賁發動叛亂／544年　李奔自稱南越帝，成立萬春國／548年　李賁遭梁朝軍隊圍攻後病死／趙光復擊退梁軍／李賁的族將李佛子成為其後繼者，仍以李南帝自稱／602年　隋朝攻擊李佛子，將其俘虜後殺害／605年　隋朝向占婆發動攻勢
679	唐朝在交州設安南都護府，把廣州分出去，統轄12州／758年　改為鎮南都護府
722	梅叔鸞發動叛亂
766—91	馮興發動叛亂
767	崑崙、闍婆（爪哇）來襲，攻陷城池／768年　再改回安南都護府，由日本人晁衡（阿倍仲麻呂）任安南都護
860	在中國雲南興起的南詔王國襲擊交州，攻陷府城／862年、863年　南詔軍來襲／864年　高駢將軍來援／866年　攻破南詔軍
907	唐朝滅亡，劉龑在廣州建立南漢／交州的曲承顥自稱交州節度使／曲承美向後梁請求後，得到節度使名號／923年後梁滅亡，南漢進攻交州／曲承美被捕後遭到殺害／931年　曲承美的部下楊廷藝擊退南漢軍，自認節度使／937年楊廷藝遭到部將矯公羡殺害／938年　矯公羡的部將吳權崛起，南漢接受矯公羡的請求，派遣艦隊前來馳援，但在白藤江中了吳權的計策，導致全軍覆沒
939	吳權稱王（前吳王），首都設在古螺城。脫離中國獨立

越南年表

以文化藝術中央委員會製作的資料（1989）為依據。
從清化的度山，挖掘出舊石器時代前期的遺構

BC 20000—BC 11000	在永富省挖掘出中石器時代的遺構（山圍文化）
BC 10000—BC 8000	以印度支那半島為中心，發現許多洞窟的遺構（和平文化）（根據法國的研究指出，該文化可能存在的時間為BC 3000—5000，在是否存在栽培稻作上仍存在爭議）
BC 6000—BC 5000	挖掘出新石器時代的遺構／末期發現稻作栽培（北山文化）
BC 2800	文郎國成立（位於北部紅河三角洲的越池附近）／雄王（根據傳說得知）
BC 2000—BC 1400	高地以及紅河三角洲地區，出土大量青銅製裝飾品（永富省馮元遺跡）（馮元文化，青銅器文化時代）
BC 1400—BC 1100	銅豆遺跡（銅豆文化，青銅器文化時代）
BC 1100—BC 800	扪丘遺蹟（扪丘文化，青銅器文化時代）
BC 800—BC 300	東山遺跡（東山文化，青銅器文化時代）／中部發現占婆文化
BC 400	紅河上流地區出現了鐵的製鍊、鍛冶技術
BC 258	西甌併吞文郎國，更名為甌貉國／安陽王築古螺城
BC 208	趙陀滅甌貉國／BC207 趙陀反抗秦朝，割據中國南部，自號「南越皇帝」
BC 111	漢朝進攻廣東滅趙王朝，並於該地設交趾郡，人口約98萬人

No.94. 1989.
Nguyen Tai Thu [The Roles Played by Confucianism, Taoism and Buddhism in the Shaping and Evolutions of National Cultural and Spiritual Values]『VNST』No.94. 1989.
Nguyen Khac Vien [On the Historical Role of Confucianism]『VNST』No.94. 1989. Truong Chinh [Reflections on the Spiritual Values of the Vietnamese]『VNST』No.94. 1989.
A. B. Poliakov [On the Date of Construction of Van Mieu and the Beginnings of Confucianism in Vietnam]『VNST』No.101. 1991.
Nguyen Hue Chi [The Quynh Lam Pagoda or the Integration of Buddhists, Taoist and Confucian Thoughts under the Ly-Tran]『VNST』No.108. 1993.
M. Jumsai [The History of Laos] Bangkok. 1971.
Nguyen Du [Kieu] Nguyen Khac Vien (法語翻譯),『FLPH』Hanoi. 1974.
Nguyen Tai Thu Edit. [History of Buddhism in Vietnam] National Centre of Social Sciences Institute of Philosophy, Hanoi. 1992.

and Texts] RED RIVER,『FLPH』Hanoi.
Keith Weller Taylor [The Birth of Vietnam] University of California Press. 1983.
Viet Chung [Recent Findings on the Tay Son Insergency]『VNST』No.81. Hanoi. 1985.
Nguyen Khanh Toan, Dang Thai Mai and Phan Huy Le [Nguyen Trai (1380-1442)] The Committee for Social Sciences of the Socialistic Republic of Vietnam, Hanoi. 1980. [Nguyen Trai] RED RIVER,『FLPH』Hanoi. 1980.
Nguyen Van Huyen [The Ancient Civilization of Vietnam]『TGP』Hanoi. 1995.
Nguyen Van Duong [Tuyen Tap Phan Chau Trinh] Nha Xuat Ban Danang. 1995.
Tran Ky Phuong [Museum of Cham Sculpture in Da Nang]『FLPH』Hanoi. 1987.
Uy Ban Khoa Hoc Xa Hoi Viet Nam [Lich Su Viet Nam Tap 1] Nha Xuat Ban Khoa Hoc Xa Hoi, Hanoi. 1976.
M. L. Manich Jumsai [History of Thailand and Cambodia] Bangkok. 1970.
Phan Huy Le (其他), [Ancient Town of Hoi An]『VNST』No.100. Hanoi. 1991.
Nguyen Du [Kim Van Kieu] Saigon. 1960.
Tran Quoc Vuong and Nguyen Vinh Long [Hanoi, From Prehistory to the 19th. Century]『FLPH』Hanoi. 1977.
Hoa Bang. 特集. [The Temple of Literature and the National Academy]『VNST』No.48. 1991. [Nghe Tin]『VNST』No.59. 1979.
Thu Trang [Relation between Phan Chau Trinh and Nguyen Ai Quoc]『VNST』No.74. 1984.
Tran Quoc Vuong [Vietnamese Civilizaiton (10th-15th century)]『VNST』No.77. 1985. Nguyen Tai Can and Nadnna V. Stankievitch [Nom Character, A Cultural Achievement of the Ly-Tran Period]『VNST』No.77. 1985.
Viet Chung [Dai Viet Culture]『VNST』No.77. 1985.
[Hue II]『VNST』No.83. 1986.
Thu Trang [Two Talks Given by Patriotic Scholar Phan Chau Trinh in Saigon]『VNST』No.91. 1989.
[The Cham Culture in Southern Vietnam]『VNST』No.92. 1989.
Dao Duy Anh [On Confucianism, Taoism and Buddhism in Vietnam]『VNST』

參考文獻

以下所列舉的只是普通參考文獻中的一小部分而已（日文書籍）

楊廣咸，《安南史》，東亞研究所，一九四二年
潘佩珠，《越南亡國史及其他》，長岡次郎、川本邦衛 編譯，平凡社，一九六六年
喬治・賽代斯（George Cœdès），《印度支那文明史》，文藝春秋，一九六七年
松本信廣，《越南民族小史》，岩波書店（新書），一九六九年
防衛廳防衛研修所戰史室，《錫唐・明號作戰》，淺雲新聞社，一九六九年
川本邦衛，《胡志明的詩與日記》，朝日新聞社，一九七零年
山本達郎 編，《越南中國關係史》，山川出版社，一九七五年
藤原利一郎，《東南亞史的研究》，法藏館，一九八六年
坪井善明，《近代越南政治社會史》，東京大學出版會，一九九一年
吉田元夫，《胡志明》，岩波書店，一九九六
接下來列舉的是較容易取得的文獻，『FLPH』是[Foreign Language Publishing House]、『VNST』是[Vietnamess Studies]、『TGP』是[The Gioi Publishiers]的略稱。
Nguyen Phut Tan [A Modern History of Viet-nam (1802-1954)] Saigon. 1964.
The Commission for the Study of the History of the Party [50 Years of Activities of the Communist Party of Vietnam]『FLPH』Hanoi.1980.
Nguyen Khac Vien [Vietnam—A Long History]『TGP』Hanoi. 1993.
Tran Ky Phuong [CHAM RUINS. Journey in Search of An Ancient Civilization]『TGP』Hanoi. 1993.
Phan Huy Le [The Traditional Vietnamese Villages; The Process of History and Economic-Social Structure] Hanoi. 1985.
Nguyen Khac Vien and Huu Ngoc [Vietnamese Literature. Historical Background

半島之龍

越南脫離中國，追求自由與認同的原動力

物語 ヴェトナムの歴史──一億人国家のダイナミズム

作者：小倉貞男｜譯者：林巍翰｜校訂：鄭天恩｜總編輯：富察｜責任編輯：賴英錡｜企劃：蔡慧華｜封面設計：木木lin｜內頁排版：宸遠彩藝｜社長：郭重興｜發行人兼出版總監：曾大福｜出版／發行：八旗文化／遠足文化事業股份有限公司｜地址：231新北市新店區民權路108-2號9樓｜電話：02-2218-1417｜傳真：02-2218-8057｜客服專線：0800-221-029｜E-mail：gusa0601@gmail.com｜Blog: gusapublishing.blogspot.com｜法律顧問：華洋法律事務所／蘇文生律師｜印刷：成陽印刷股份有限公司｜出版日期：2020年12月初版一刷｜定價：480元

國家圖書館出版品預行編目(CIP)資料

半島之龍：越南脫離中國，追求自由與認同的原動力/
小倉貞男著；林巍翰譯. -- 一版. -- 新北市：八旗文化出版：遠足文化發行, 2020.12
面；　公分
ISBN 978-986-5524-31-9(平裝)

1. 越南史

738.31　　109016115

東南亞

與海洋

東南亞
與海洋